विवेक की आवाज

अन्धविश्वास उन्मूलन पर दस भाषण

D1878388

विवेक की आवाज

अन्धविश्वास उन्मूलन पर दस भाषण

डॉ. नरेन्द्र दाभोलकर

प्रधान सम्पादक
डॉ. सुनीलकुमार लवटे

अनुवादक एवं समन्वयक
डॉ. चन्दा सोनकर

अभिलेखक
भाग्यश्री भागवत

सार्थक
राजकमल प्रकाशन का उपक्रम

मूल मराठी ग्रंथ 'विवेकाचा आवाज' का हिन्दी अनुवाद।

ISBN : 978-93-94902-44-2

मूल्य : ₹199

© डॉ. शैला दाभोलकर

पहला संस्करण : 2022

स राजकमल प्रकाशन का उपक्रम
सार्थक

प्रकाशक
राजकमल प्रकाशन प्रा.लि.
1-बी, नेताजी सुभाष मार्ग, दरियागंज
नई दिल्ली-110 002

शाखाएँ
अशोक राजपथ, साइंस कॉलेज के सामने, पटना-800 006
पहली मंज़िल, दरबारी बिल्डिंग, महात्मा गांधी मार्ग, प्रयागराज-211 001
36 ए, शेक्सपियर सरणी, कोलकाता-700 017

वेबसाइट : www.rajkamalprakashan.com
ई-मेल : info@rajkamalprakashan.com

मुद्रक
बी.के. ऑफ़सेट
नवीन शाहदरा, दिल्ली-110 032

VIVEK KI AAWAJ
Andhvishwas Unmulan Par Dus Bhashan
by Dr. Narendra Dabholkar

इस पुस्तक के सर्वाधिकार सुरक्षित हैं। प्रकाशक की लिखित अनुमति के बिना इसके किसी भी अंश को, फ़ोटोकॉपी एवं रिकॉर्डिंग सहित इलेक्ट्रॉनिक अथवा मशीनी, किसी भी माध्यम से, अथवा ज्ञान के संग्रहण एवं पुन:प्रयोग की प्रणाली द्वारा, किसी भी रूप में, पुनरुत्पादित अथवा संचारित-प्रसारित नहीं किया जा सकता।

हम अक्सर कार्यकर्ताओं को एक वाक्य बताते रहे हैं,
अन्धविश्वास उन्मूलन के लिए क्रोध की बजाय करुणा
और
उपहास की बजाय आत्मीयता की अधिक जरूरत होती है।

क्रम

भूमिका

एक ही समय क्लास और मास को अपील हो ऐसा लेखन और भाषण करना डॉ. नरेन्द्र दाभोलकर की खासीयत थी। उनके लेखन और भाषण में सामनेवाले व्यक्ति या समूह को समझाने की जबरदस्त शक्ति थी। और यह सब करते हुए उनसे क्रोध या संताप शायद ही कभी निकला हो। उनके भाषण से या उनके लेखन से कोई अपशब्द कभी नहीं निकला। चाहे वह लिखना या बोलना, औपचारिक हो या अनौपचारिक, किसी निजी बैठक में या किसी सार्वजनिक बैठक में हो। उनका लेखन और भाषण आश्चर्यजनक रूप से समान था। उसमें वैचारिक स्पष्टता, सुसंगति साथ ही विनम्रता और कठोरता का एक अजीब मिश्रण था। इसलिए उनके किसी भी लेखन को सस्वर पाठ के रूप में प्रस्तुत किया जा सकता है और उनके किसी भी भाषण और साक्षात्कार को शब्दों के रूप में मुद्रित किया जा सकता है। ऐसी पठनीयता और श्रव्यता बहुत कम लोगों में पाई जाती है।

डॉ. दाभोलकर ने अपने चालीस वर्षों के सार्वजनिक जीवन में सैकड़ों लेख लिखे और हजारों भाषण दिए। उनके लेखन की बारह पुस्तकें उपलब्ध हैं, जिनकी हजारों प्रतियाँ बिक चुकी हैं। हालाँकि, विभिन्न स्थानों पर उनके हजारों भाषणों में से बहुत कम के ऑडियो/वीडियो उपलब्ध हैं। बेशक, पिछले पाँच वर्षों में डिजिटल मीडिया की आसान उपलब्धता और इसके प्रचार के लिए अनुकूलन में जबरदस्त वृद्धि हुई है। इसलिए, ऐसा लगता है कि अगर डॉक्टर आज जीवित होते, तो वे अधिक रचनात्मक तरीके से और जमीनी स्तर पर बड़े समूहों तक पहुँचने के लिए डिजिटल मीडिया का इस्तेमाल करते।

इस परिप्रेक्ष्य में आईटी कम्पनी मैग्नम ओपस के गिरीश लाड ने डॉक्टर की ताकत और इसकी उपयोगिता को पहचाना। इसलिए 2012 में उन्होंने डॉक्टर की ऑडियो और वीडियो रिकॉर्डिंग की एक विस्तृत श्रृंखला तैयार की। पहले उन्होंने दस ऑडियो भाषण रिकॉर्ड किए। 40-50 मिनट के वे सभी भाषण उन्होंने दो सीडी में उपलब्ध करा दिए। इसके बाद उन्होंने डॉक्टर का सौ मिनट का साक्षात्कार रिकॉर्ड किया। वह एक डीवीडी में उपलब्ध करा दिया। उस सीडी और डीवीडी की पिछले छह वर्षों में हजारों कॉपियाँ वितरित की गई हैं।

इस सीडी और डीवीडी के प्रारूप सभी प्रकार के श्रोता-दर्शकों को मानकर बनाए हैं। इसके अलावा, डॉक्टर और महाराष्ट्र अन्धविश्वास उन्मूलन समिति का कार्य और दायरा इससे संक्षेप में लेकिन अत्यंत समर्पक रूप में अभिव्यक्त हुआ है। इसलिए, ऑडियो और वीडियो रिकॉर्डिंग को लिखित रूप में बदलने का और साधना प्रकाशन से पुस्तक के रूप में लाने का प्रस्ताव गिरीश लाड के सामने रखा और उन्होंने उसे सहर्ष अनुमति दी।

इसी के चलते पिछले वर्ष 'प्रश्न आपका उत्तर दाभोलकर का' यह सौ पन्नों का साक्षात्कार हम पुस्तक रूप में लाए। (उसमें डॉक्टर और अंनिस से पूछे जानेवाले 25 प्रश्नों के उत्तर हैं।) और अब उन दो ऑडियो सीडी में से दस भाषणों को पुस्तक रूप में लाया गया है। ये सभी दस भाषण सात घंटे के हैं। भाग्यश्री को इन भाषणों को ट्रांसक्रिप्ट करने की जिम्मेदारी सौंपी गई थी। उसने यह कार्य अत्यंत निष्ठा से किया है। विषयवस्तु की शुद्धता और भाषा का प्रवाह ऐसा है कि इन भाषणों को पढ़ते समय यह महसूस किया जा सकता है कि हम इसे डॉक्टर के मुँह से और उनकी आवाज में सुन रहे हैं। लिखित शब्दों में कुछ अलग सहजता, शक्ति, प्रभावशीलता होती है, इसका अनुभव करने के लिए इन भाषणों को पढ़ना चाहिए। जिन्होंने डॉ. दाभोलकर की बहुत सारी किताबें पढ़ी है और जिन्होंने उन्हें बिलकुल भी नहीं पढ़ा है वे सभी इसे पढ़ें!

यह पुस्तक साकार होने का श्रेय गिरीश लाड और भाग्यश्री भागवत दोनों को जाता है। आपको बहुत-बहुत धन्यवाद।

—विनोद शिरसाठ
सम्पादक, 'साधना'

मंतव्य

स्वयं के परीक्षण से ही मैं इस बात को महसूस कर रहा था कि पठन संस्कृति दिन-ब-दिन कम हो रही है। वैश्वीकरण की वर्तमान होड़ में तेज रफ्तार से बदलनेवाली भौतिक जीवन शैली, मनुष्य की अतिरिक्त जरूरतें इस विघटन की कारण बनी हैं। तकनीकी विकास के कारण मनुष्य शारीरिक कष्ट से दूर होता जा रहा है। कम समय में अधिक काम करने में वह कुशल बनता जा रहा है, व्यस्त बनता जा रहा है। पढ़ने-लिखने की उसकी इच्छा तो है, लेकिन समय नहीं मिलता।

इस परिवर्तन का विश्लेषण करने पर पता चला कि इसकी वजह से ही पुस्तक व्यावसायिकों एवं पढ़ने की इच्छा रखनेवाले समाज को अधिक समस्याओं का सामना करना पड़ रहा है। वे स्वयं को इस सन्दर्भ में परिवर्तनशील माहौल के साथ समायोजित नहीं कर पा रहे हैं। बल्कि उनकी अड़ियल भूमिका भी उनकी समस्याओं का एक कारण है। स्थावर जमीन का मूल्य बढ़ता गया लेकिन व्यवसायों में अस्थिरता, असुरक्षा का खतरा भी समानान्तर बढ़ता रहा। दस बाय दस के छोटे लेकिन व्यावसायिक दृष्टि से भीड़वाले स्थान पर स्थित कमरे में पुस्तकों की दुकानें खोलने की बजाय अच्छा है कि कपड़ों की दुकानें खोल दी जाएँ। क्योंकि इसमें बड़ी संख्या में ग्राहक और मुनाफा दोनों मिलते हैं। एक ओर पुस्तकों की छपाई, यातायात की जहमत, संग्रह के लिए जगह का अभाव, ये समस्याएँ तो दूसरी ओर पुस्तकों के प्रति घटनेवाला आकर्षण उनकी माँग को भी कम कर रहा है। इन बातों पर गौर करने पर एक सचाई सामने आती है कि पुस्तक इंडस्ट्रीज को परम्परागत पद्धति से इस व्यवसाय को निरन्तर रखना असम्भव हो गया है। इस समस्या का यही एक हल है कि जिस प्रकार हमारे बाकी जीवन को तकनीक ने बदल दिया है, उसी प्रकार हमारी पठन-पाठन संस्कृति में भी कुछ परिवर्तन आवश्यक हो गए हैं। मेरी इसी विचार प्रक्रिया ने एक कल्पना को जन्म दिया। आज किताब हाथ में लेकर पढ़ने के लिए लोगों के पास समय नहीं है, लेकिन हर एक के पास सोशल मीडिया के साथ एक स्मार्ट फोन है। प्रत्येक को किसी न किसी काम के लिए सफर करना पड़ता है। गाड़ी में सीडी प्लेयर होता है, उसके माध्यम से हम पुस्तक भी तो सुन सकते हैं। पुराने जमाने में छपाई की सुविधा नहीं थी, तब श्रव्य साधनों

के आधार पर ही शिक्षा व्यवस्था का काम चलता था, जो काम आँखों का है, वह कान करें तो? जिस प्रकार बचपन में माता-पिता, दादा-दादी, नाना-नानी कहानियाँ सुनाते थे, कहानियों की किताब पढ़कर सुनाते थे, वैसी व्यवस्था आज बड़ों के लिए भी दी जाए तो? यह विचार दिमाग में कौंध गया और साहित्यकार रंगनाथ पठारे से मैंने इस बारे में चर्चा की। उन्होंने एक वाक्य में सकारात्मकता को दर्शाया, "आज के समय की यह माँग है, बस, आँखों की बजाय कानों को तकलीफ देनी है।" तत्पश्चात् मैंने लक्ष्मीकान्त देशमुख से बात की। उन्होंने पानी की समस्या पर लिखी हुई किताब थमा दी, साथ ही इस नई कल्पना की शुरुआत उसी किताब से करने की अनुमति भी दी। उस किताब से छह कथाओं का मैंने चयन किया। उनमें से दो-दो कथाओं की स्टूडियो रेकॉर्डिंग लालन सारंग, विनय आपटे और गिरीश ओक से करवाई। अपने पोता-पोतियों को वह जिस प्रकार सुनवाई जाती है, उसी प्रकार उनका पठन किया गया। उन रेकॉर्ड्स की ऑडियो सीडी बनाई और उनका प्रकाशन दिसम्बर 2011 में साधना साहित्य सम्मेलन में अमोल पालेकर के हाथों उद्घाटन के बाद कोल्हापुर में किया गया। मैं उसी समारोह में डॉ. नरेन्द्र दाभोलकर से प्रथमत: मिला।

2009 में श्री लक्ष्मीकान्त देशमुख, जिलाधीश के रूप में कोल्हापुर आए थे। उनके साथ मिलकर हमने 'सेव द बेबी गर्ल' यह स्त्री भ्रूण हत्या को रोकनेवाला उपक्रम शुरू किया था। इस उपक्रम का कोल्हापुर के डॉक्टरों द्वारा तीव्र विरोध था और उसे मुम्बई उच्च न्यायालय में भी चुनौती दी गई थी। डॉ. दाभोलकर ने उपक्रम की योजना को विस्तार से सुन लिया। उनके स्वयं डॉक्टर होने के कारण उनकी प्रतिक्रिया मेरे लिए अधिक महत्त्वपूर्ण थी। उन्होंने हमारे उपक्रम की प्रशंसा की तथा स्पष्टता से उसका महत्त्व भी समझाया। मैं उसी समय उनसे बहुत प्रभावित हुआ था। सम्मेलन खत्म होने पर हम एक साथ कोल्हापुर से पुणे आ गए थे। उस पाँच घंटों के सफर में बहुत सारी बातें हुईं। विभिन्न विषयों पर चर्चा हुई। बातचीत के दौरान उनका फोन लगातार बज रहा था। आनेवाली कॉल्स में अधिकांश, उनके व्याख्यान हेतु उन्हें निमंत्रण देनेवाली थीं। हमारी चर्चा की शृंखला बार-बार टूट रही थी। आखिर डॉक्टर खीजकर बोले, "अजी, एक समय मैं अनेक स्थानों पर कैसे उपस्थित हो पाऊँगा?" बिलकुल उसी समय मैंने व्याख्यानों के संकलन की सीडी के बारे में उन्हें सुझाव दिया। उस पर उन्होंने ऑडियो बुक की विस्तृत जानकारी ली और हामी भरी। उन्हें कल्पना अच्छी लगी लेकिन उसके लिए उनका निरन्तर दस दिन पुणे में रहना अनिवार्य था। साथ ही दस दिन रेकॉर्डिंग स्टूडियो की उपलब्धता भी जरूरी थी।

अखिर एक स्टूडियो ढूँढ़ लिया। हम पहले दिन सुबह नौ बजे रेकॉर्डिंग स्टूडियो में मिले। वहाँ पर मैं, डॉक्टर और तकनीशियन हम तीनों ही मौजूद थे। रेकॉर्डिंग

किस प्रकार से की जाती है, उस वक्त किस प्रकार से बोलना चाहिए, बीच में कुछ गलती हो जाए तो क्या करना चाहिए, इसकी सूचनाएँ तकनीशियन ने डॉक्टर को दे दीं और पहला व्याखान शुरू हुआ। डॉक्टर ने इस ढंग से व्याख्यान दिया, मानो सामने हजारों की संख्या में श्रोता बैठे हों। वास्तव में श्रोता के रूप में एकमात्र मैं ही वहीं पर था। यह सारा दृश्य बहुत ही लुभावना था। पहला भाषण रेकॉर्ड हुआ और उन्हें साधना मीडिया सेंटर में पहुँचाने के लिए हम निकल पड़े। बातें हो रही थीं और मैंने उनसे कहा, "आप केवल मेरे लिए भाषण दे रहे थे, मैं खुद को भाग्यशाली समझ रहा हूँ।" लेकिन दूसरे क्षण मुझे मेरी गलती का एहसास हुआ कि अभी तक डॉक्टर के विचारों का रुझान मुझमें नहीं हो पाया है। डॉक्टर के चेहरे पर हल्की-सी मुस्कान फैली थी, मैं सकपकाकर बोला, "देखिए ना, अन्धविश्वासों की जड़ें कितनी गहरी हैं। मैंने अनजाने में आपके सामने खुद को भाग्यशाली कहा।" डॉक्टर ने जोर से ठहाका लगाया और बोले, "आप स्वयं को इतनी तकलीफ ना दें, ये हजारों वर्षों के संस्कार हैं, इतनी जल्दी नष्ट नहीं होंगे। आपको एहसास हुआ, यही पहली सीढ़ी है, विवेकशील होने की! परिवर्तन धीरे-धीरे होगा, उसके लिए अधिक आग्रही बनने की आवश्यकता नहीं है।"

लगातार दस दिनों तक रेकॉर्डिंग हुई। मेरे लिए तो यह एक वैचारिक अवसर था। डॉक्टर के साथ हर रोज गपशप होती थी। दस दिन की रेकॉर्डिंग के बाद सी.डी. बनाने का काम शुरू हुआ। इस काम में सुरेन्द्र रानडे और अतुल वाडकर ने बिना किसी शर्त के अपना अनमोल सहयोग दिया। उन दोनों ने पहले ही स्पष्ट किया था, "आपको जितनी चाहिए सी.डी. बनवाइए, उसके लिए जितना जरूरी खर्च होगा, वही दीजिए। इस काम में हमें कोई मुनाफा नहीं चाहिए।" परिणामस्वरूप काम उच्च स्तरीय एवं आसान हो गया। सीडी के कवर का डिजाइन मेरे चचेरे भाई मयूर लाड ने किया। सीडीज बन गईं। उनके प्रकाशन की तैयारी शुरू हो गई। 12 मार्च, 2012 यह तिथि प्रकाशन हेतु निश्चित की गई। मराठी साहित्य सम्मेलन के तत्कालीन अध्यक्ष एवं ज्येष्ठ साहित्यकार वसन्त अबाजी डहाके एवं ज्येष्ठ अभिनेता, दिग्दर्शक गिरीश कुलकर्णी इन दोनों के करकमलों द्वारा साधना मीडिया सेंटर में इसका प्रकाशन समारोह तय हुआ। निमंत्रण-पत्र बनवाकर उनका एक बक्सा एक व्यक्ति ने घर आकर दे दिया। उसी दरमियान मेरे परिवारवालों ने मेरे बेटे का उपनयन करने का कार्यक्रम भी निश्चत किया था। मेरे पिताजी को गलतफहमी हो गई और उपनयन के पत्रों का बक्सा सझकर उन्होंने बक्से को खोल दिया। मेरे मन में विचारों का यह द्वंद्व शुरू था कि एक ओर मैं डॉक्टर के अन्धविश्वास उन्मूलन के भाषणों की सीडीज बनवा रहा हूँ और दूसरी ओर अपने बेटे के उपनयन की तैयारी भी कर रहा हूँ। क्या यह उचित है? मैंने डॉक्टर को मन की यह कशमकश बता दी। वे जोर से हँसे और बोले, "परिवर्तन की शुरुआत हमेशा खुद से करनी

चाहिए। दूसरों को परिवर्तन करने के लिए केवल कहें, उनसे आग्रह या उन पर जबरदस्ती ना करें। जो उम्र में हमसे बड़े होते हैं, उनके विचारों में परिवर्तन लाना मुश्किल होता है लेकिन जो उम्र में छोटे होते हैं उनके विचारों को बदलना सम्भव है। बड़ों के विश्वासों (श्रद्धाओं) का अपमान करना भी ठीक नहीं।"

बातचीत के दौरान चर्चा में आया हुआ यह विषय, उसके आधार पर बनीं ऑडिओ सीडीज, इस बहाने डॉक्टर से हुआ मित्रता का परिचय यह सब मेरे लिए असाधारण बात है। बचपन से ही हमारे मन में उनके प्रश्नों के उत्तर की जिज्ञासा होती है लेकिन संकोच की वजह से हम उन्हें पूछना लाजमी नहीं समझते। पूछने की तीव्र इच्छा के बावजूद उन्हें किससे पूछा जाए, यह मुख्य प्रश्न होता है। क्योंकि परिवार के बड़े सदस्यों से पूछना हो तो, तुम अपने आप को बहुत ज्ञानी समझते हो क्या? ये बातें शास्त्र में लिखी हैं। ऐसे सतही उत्तर मिलते हैं। आज हम इक्कीसवीं सदी में जीते हैं। विज्ञान युग के बुद्धिजीवी हैं, विश्वगुरु बनने की राह पर हैं। इस दृष्टि से महाराष्ट्र के सन्दर्भ में बात करनी हो तो 'शाहू-फुले-आंबेडकर की विचारधारा से प्रभावित महाराष्ट्र' ऐसे गौरवोद्‌गार हम बोलते, सुनते हैं, लेकिन यह जानबूझकर भूल जाते हैं कि शाहू, फुले, आंबेडकर ने वैज्ञानिक दृष्टिकोण को अपनाया था और हम जिसमें जीवित हैं वह इक्कीसवीं सदी वैज्ञानिक सदी है। इन भाषणों की यही विशेषता है कि लोगों के मन में मौजूद अनगिनत प्रश्नों के उत्तर इनसे मिलते हैं तथा उन उत्तरों के वास्तव को स्वीकारने की हिम्मत भी हमें यही भाषण प्रदान करते हैं। इन भाषणों से यह बड़ी गलतफहमी दूर हो जाती है कि, वैज्ञानिक दृष्टिकोण ईश्वर एवं श्रद्धा का विरोध करता है। इसके विपरीत ईश्वर और श्रद्धा के नाम पर समाज का जो शोषण होता है, उसकी सचाई से यह दृष्टिकोण हमें रूबरू कराता है। प्रत्येक कृति का कार्यकारण भाव खोजना, उसके स्वरूप को समझना, उससे निर्मित प्रश्नों का बुनियादी अनुसन्धान कर उत्तरों को प्राप्त करना इस प्रक्रिया से ही वैज्ञानिक दृष्टिकोण विकसित होता है। इस निष्कर्ष की यह मौलिक उपलब्धि डॉक्टर के भाषणों के माध्यम से स्थापित होती है।

डॉक्टर की षड्‌यंत्र से हत्या की गई है लेकिन उनके विचारों के साथ षड्‌यंत्र करना असम्भव है। इन भाषणों के माध्यम से उनके विचारों को उनकी ही आवाज में, प्रवाही वक्तृत्व शैली में ऑडियो सीडीज के रूप में जतन करने का अवसर मुझे मिला है। आज ये भाषण शब्दबद्ध होकर, पुस्तक के रूप में साधना प्रकाशन की ओर से प्रस्तुत हुए हैं, यह बड़े हर्ष की बात है तथा सहजता से ऑडियो सीडीज के निर्माण में मैं एक माध्यम बन सका यह मेरे लिए सन्तोष की बात है।

—गिरीश लाड

वैज्ञानिक दृष्टिकोण-1

सन् 1970 में मैं एम.बी.बी.एस. पास हो गया। सन् 1982 तक मैंने अपने दो अस्पतालों एवं एक रुग्णालय में काम किया। 1982 में ये अस्पताल और रुग्णालय बन्द किए और मैं अन्धश्रद्धा निर्मूलन आन्दोलन का फुलटाइम कार्यकर्ता बन गया। जब मैंने डॉक्टरी इलाज का व्यवसाय बन्द किया, तब जो प्रश्न लोग मुझसे पूछते थे, वही प्रश्न आज भी पूछते हैं। वह यह है कि "डॉक्टर, अन्धविश्वास उन्मूलन का कार्य करने के लिए आपको अपना अच्छा-खासा व्यवसाय बन्द करने की क्या जरूरत थी?" उस पर मेरा उत्तर, "जरूरी है।"

यह जरूरत क्यों है? देखिए, अँधेरे कमरे में मोमबत्ती जलाने से थोड़ी रोशनी होती है, मोमबत्ती की बजाय पेट्रोमैक्स जलाने पर अधिक रोशनी होती है, पेट्रोमैक्स की बजाय ट्यूब लाइट जलाने से हर चीज स्पष्टता से दिखाई देता है और रात्रि की समाप्ति सवेरा होने से होती है। जैसे-जैसे सूरज माथे पर आने लगता है, उसकी किरनें चारों ओर से कमरे में प्रवेश करती हैं और अँधेरा पूरी तरह नष्ट होता है। बिलकुल इसी तरह मनुष्य के जीवन में शिक्षा और विज्ञान का प्रकाश फैलेगा तो उसके जीवन से अज्ञान और उसके कारण निर्मित अन्धविश्वासों का अँधेरा नष्ट हो जाएगा। इसके लिए कुछ अलग करने की जरूरत नहीं है। मेरे विचारों का यही स्वरूप है।

काश, ऐसा होता तो संसार में सबसे अधिक खुशी मुझे ही होती। दो उदाहरण मैं आपके सामने स्पष्ट करना चाहूँगा ताकि आपको वस्तुस्थिति का पता चले। सन् 1853 में भारत में पहली रेल मुम्बई से ठाणे की ओर चल पड़ी। तब तक एक गाड़ी हाथी, घोड़ा, बैल जैसे बिना किसी पशु की सहायता से सैकड़ों लोगों का इधर से उधर वहन कर सकती है, यह विचार ही इस देश के लोगों के दिमाग में नहीं आया था। उन दिनों पाठशालाओं में 'साहब का बेटा कितना ज्ञानी रे, बिना पशु के गाड़ी, कैसे चलाया रे' ऐसी कविताएँ गायी गई थीं। उन दिनों बैलगाड़ी के माध्यम से ठाणे से मुम्बई तक पहुँचने के लिए तकरीबन 24 घंटे लगते थे। इस बात पर गौर करते हुए समय बचाने हेतु रेल ही उपयोगी एवं महत्त्वपूर्ण जरिया थी। रेल की यात्रा उस समय मुफ्त थी बल्कि रेल में बैठने के लिए प्रेरणा देने हेतु फिरंगी ही लोगों को एक रुपया देते थे। क्योंकि, लोगों को यह गाड़ी कोई डाइन लगती

थी। इसका डर इतना फैल गया था कि लोग अन्धविश्वासी हो गए थे। "इस गाड़ी में मत बैठिए, इसमें बिठाकर फिरंगी हमें मुम्बई ले जाना चाहते हैं, जहाँ पर बड़ी इमारतें बनवाई जा रही हैं। उसकी बुनियाद के गड्ढों में हमें ये जिन्दा दफनाएँगे।" ऐसे फतवे भी निकाले गए थे।

गाड़ी में लोगों को बैठने के लिए लोगों को एक रुपया दिया जाता था। तत्काल एक रुपया यह बहुत बड़ी रकम थी। जब बैठनेवालों की संख्या बढ़ने लगी तो उन्हें आठ आने दिए जाने लगे, धीरे-धीरे चार आने और फिर एक दिन मुफ्त यात्रा की गई। लोगों को गाड़ी से यात्रा की आदत होने पर उनसे पैसे लेकर टिकट दिया जाने लगा। लोग रेल से स्वेच्छा से यात्रा करने लगे लेकिन उसे डाइन समझनेवाला उनका अन्धविश्वासी दृष्टिकोण प्रत्यक्ष कृति में बदल गया। जब रेल मुम्बई से ठाणे या ठाणे से मुम्बई के लिए छूटती तब हर बार सुहागन औरतें आतीं, गाड़ी की आरती उतारतीं, हल्दी-कुमकुम का तिलक लगातीं और नीबू-मिर्च, काली गुड़िया गाड़ी पर उल्टी टाँग देती थीं। मैं आज जब भी यह बात बताता हूँ तब श्रोताओं के चेहरे पर मुस्कान झलकती है। लेकिन एक बात सच बताइए, आज भी हमारे अपने घर या पड़ोसी के घर में कोई गाड़ी खरीदकर लाई जाती है, तब भी हम यही करते हैं ना? अर्थात् आज भी हम उतने ही अन्धविश्वासी हैं। हमने विज्ञान की सृष्टि ले ली लेकिन दृष्टि ना ले सके, विज्ञान की निर्मिति को स्वीकार किया लेकिन उसकी बुनियादी विचारधारा को नहीं समझ पाए। यह बड़े दुर्भाग्य की बात है।

कुछ दिनों पहले हमने पुणे के बीस हजार ऑटो रिक्शा का सर्वे किया। पता चला कि, हर अमावस को लगभग अठारह हजार रिक्शा में नीबू-मिर्च एवं काली गुड़िया बाँधी जाती है। नीबू में 'क' जीवनसत्त्व की मात्रा अधिक होती है यह पूरा देश जानता है और इसी देश में कुपोषित बालकों की संख्या भी अधिक है। केवल पुणे शहर में हर महीने अठारह हजार नीबू का 'क' जीवनसत्त्व बेकार में व्यर्थ जाता है। क्या हमने कभी यह विचार भी किया है कि 150 वर्ष पूर्व की कौन सी बातों, आदतों, जीवन पद्धतियों का आज हम अनुकरण करते हैं? हम 150 वर्ष पुरानी पद्धति के कपड़े नहीं पहनते हैं, 150 वर्ष पूर्व उपयोग में लाए जानेवाले अनाज या व्यंजन नहीं खाते हैं। 150 वर्ष पुरानी शिक्षा पद्धति आज हमारे लिए कालबाह्य है। 150 वर्ष पूर्व के यातायात के साधन आज हमने बदल दिए हैं, फिर नीबू-मिर्च और काली गुड़िया को आज भी हमने अपने साथ क्यों रखा है? इसका कारण यह है कि हमने अपनी सुविधा के लिए विज्ञान का उपयोग तो सीख लिया लेकिन उसके दृष्टिकोण को नहीं समझ पाए!

वास्तव में यह बहुत गम्भीर बात है। आन्दोलन के दरमियान का एक अनुभव मैं आपको बताना चाहता हूँ। यह एक अच्छा उदाहरण है। कुछ दिन पहले सत्य साईं बाबा का देहान्त हुआ। सत्य साईं बाबा कहते थे, "My Miracle is my visiting card." "आपका कल्याण करनेवाला महापुरुष मैं ही हूँ, इसका आपको विश्वास दिलाने के लिए, चमत्कार करने की शक्ति मुझे संसार के निर्माता ने दी है।" इसका एक प्रमाण वे स्वयं देते थे। उनसे मिलने के लिए आनेवाले लोगों के सामने वे अपना हाथ घुमाते थे और आपके हाथ में भभूत रखते थे, पुनश्च हाथ घुमाते और सोने-चाँदी का लॉकेट या अँगूठी उनके हाथ में रखते थे, रत्नों के हार भी देने की कहानियाँ सुनी हैं। अब इस बात पर गौर कीजिए कि मेरे या आप जैसे सामान्य इनसान जब उनसे मिलने जाते तो उसे वे भभूत देते थे, अगर कोई विधायक (MLA) या सांसद मिलने जाता तो उनके हाथ में सोने की अँगूठी दी जाती थी। कोई राष्ट्रपति, प्रधानमंत्री अथवा कोई पूँजीपति मिलने जाते तो उनके लिए सोने का लॉकेट बाबा के हाथ में आता था। मतलब बाबा भक्त की हैसियत के अनुसार उसे देते थे। हमारे जैसे आम लोगों की हैसियत भभूत की होती थी। भभूत का अर्थ राख, वह केवल बाबा के पवित्र हाथों से होकर आती थी इसीलिए उसे विभूति या भभूत कहा जाता था। खैर।

तो यह सत्य साईं बाबा लातूर जिले के चाकूर में आनेवाले थे। वजह यह थी कि उनके जीते जी उनके एक भव्य मन्दिर का निर्माण वहाँ पर शुरू था। उन दिनों लातूर जिले में हम अन्धविश्वास उन्मूलन की मुहिम चला रहे थे। अभी-अभी जो बात मैंने कही है, वही बात विभिन्न स्थानों और महाविद्यालयों में हुए अपने भाषणों में मैंने कही है। जिस दिन सत्य साईं बाबा चाकूर में आए, उसी दिन महाराष्ट्र के विधिमंडल की पहली बैठक थी। वास्तव में मुख्यमंत्री विलासराव देशमुख को उस बैठक में उपस्थित रहना चाहिए था लेकिन वे सत्य साईं बाबा के दर्शन के लिए उस दिन चाकूर में थे। बहुत भारी भीड़ थी। हम निदर्शन करनेवाले थे। इसीलिए लातूर, बीड और नांदेड इन जिलों के हमारे सभी कार्यकर्ताओं को पुलिस ने अड़तालीस घंटे पहले ही गिरफ्तार किया था। कार्यक्रम शुरू हुआ और सत्य साईं बाबा ने भाषण देना शुरू किया। पाँच मिनट के बाद वे अचानक रुक गए। उन्होंने अपना बायाँ हाथ हवा में लहराया, एक सोने का लॉकेट निकाला और मुख्यमंत्री के कनिष्ठ बंधु दिलीपराव देशमुख को दे दिया (आज भी वह लॉकेट उनके गले में है)। उन्होंने फिर भाषण शुरू किया। बीस मिनट के बाद फिर रुक गए। दाहिना हाथ हवा में घुमाया, एक सोने का लॉकेट निकालकर मुख्यमंत्री विलासराव देशमुख को दिया (उनके गले में आज भी वह लटकता है)। भाषण का समापन करते समय बाबा ने पुनश्च नीचे की ओर हाथ घुमाया जिसमें से भभूत निकला, उसे सामने की भीड़ में बाँट दिया। अर्थात् हम जो बता रहे थे, वह लोगों के लिए 'आँखों देखा हाल' था।

मेरी 'जंग अन्धविश्वासों की' इस पुस्तक में जो विभिन्न संघर्षों का वर्णन है, उसमें अभी आपको बताया हुआ किस्सा भी है। लेकिन मजेदार बात इसके आगे की है, सुनिए। एक बार महाराष्ट्र के सांस्कृतिक सचिव पटेल का मुझे पत्र मिला।

उसका मजमून था—"आपको यह सूचित करने में हमें खुशी है कि आपकी 'जंग अन्धविश्वासों की' इस किताब के लिए महाराष्ट्र शासन का उत्कृष्ट ग्रंथ निर्माण हेतु दिया जानेवाला 'क्रान्तिसिंह नाना पाटील' पुरस्कार घोषित किया गया है तथा माननीय मुख्यमंत्री विलासराव देशमुख के हाथों वह 25 नवम्बर को औरंगाबाद में आपको प्रदान किया जाएगा, आप उपस्थित रहें।" इसके जवाब में मैंने मुख्यमंत्री को जो पत्र लिखा, वह मेरी 'ऐसे कैसे पनपे पाखंडी' इस पुस्तक में छापा गया है। मेरे उस पत्र में अन्य बातों की चर्चा भी है। लेकिन एक गम्भीर पंक्ति स्पष्टता से लिखी थी—"भारतीय संविधान से असंगत बर्ताव करनेवाले मुख्यमंत्री महोदय के हाथों से यह पुरस्कार लेने के लिए मैं बिलकुल इच्छुक नहीं हूँ। मैं इतनी उद्दंडता से पेश आनेवाला कार्यकर्ता नहीं हूँ कि कोई अगर मुझ पर प्रशंसा के फूल बरसाता है, तो मैं उन फूलों को मसल दूँ!"

मैंने ऐसा क्यों लिखा? उसकी वजह 25 जनवरी, 1950 को मुझे मिली संविधान की एक कॉपी थी। उसमें केवल नागरिकों के लिए लिखित अधिकार थे। मतलब मुझे संचार की स्वतंत्रता का अधिकार है, मैं देश में कहीं भी भ्रमण कर सकता हूँ। अभिव्यक्ति की स्वतंत्रता का मुझे अधिकार है, मैं कुछ भी बोल सकता हूँ, अपने विचार, मत व्यक्त कर सकता हूँ। मुझे जायदाद खरीदने का अधिकार है, मैं अमीर बन सकता हूँ। लेकिन बच्चे बड़े होने पर हम उन्हें सुनवाते हैं कि "आपको अधिकार मिलेंगे, लेकिन आपको अपने कर्तव्य निभाने होंगे।" बिलकुल ऐसे ही विचारों से प्रेरित होकर 1976 में देश के संविधान में नागरिकों के कर्तव्यों के समावेश का प्रबन्ध किया गया। उनमें से एक महत्त्वपूर्ण कर्तव्य है—"It is a duty of every Indian citizen to promote scientific temperament." अर्थात् वैज्ञानिक दृष्टिकोण (साइंटिफिक टेंपरामेंट) का विचार, प्रसार तथा स्वीकार यह प्रत्येक भारतीय नागरिक का कर्तव्य है। गौर कीजिए यहाँ पर वैज्ञानिक दृष्टिकोण को स्वीकार करना या ना करना यह किसी की भी व्यक्तिगत इच्छा पर निर्भर नहीं है बल्कि उसका कर्तव्य घोषित किया गया है। इतना ही नहीं 1987 में देश में नई शिक्षा नीति स्थापित हो गई। इसमें 'वैज्ञानिक मनोभावों का निर्माण' इस महत्त्वपूर्ण अध्ययन इकाई का समावेश किया गया है। महाराष्ट्र में मूल्य शिक्षा का अध्यापन होता है। स्कूली मूल्य शिक्षा के पाठ्यक्रम में वैज्ञानिक दृष्टिकोण को जतन करने की टिप्पणी है।

हम सभी विज्ञान युग के दावेदार हैं। सुबह जागने से लेकर रात सोने तक हम विज्ञान की सहायता से अपना जीवनयापन करते हैं। सुबह उठकर हम 'टूथब्रश' पर 'टूथपेस्ट' लेते हैं और 'वॉश बेसिन' का नल खोल देते हैं। देखिए, इसमें से एक भी सुविधा सौ वर्ष पूर्व उपलब्ध नहीं थी। ना टूथब्रश था ना टूथपेस्ट था न वॉश बेसिन था। उन दिनों सुबह उठकर पेड़ की टहनी लेकर कुएँ से पानी खींचकर निकालना

पड़ता था। आज आपमें से कई लोग विज्ञान के उपाधिधारक होंगे, महाराष्ट्र के महाविद्यालयों में उपर्युक्त सभी बातें मेरी ओर से बताई गई हैं। अब मैं एक सीधा प्रश्न पूछता हूँ और दस सेकेंड रुकता हूँ। जिसकी पाँच इकाइयाँ हैं, उस वैज्ञानिक दृष्टिकोण के सन्दर्भ में यह प्रश्न है—नम्बर एक : 'नागरिक का कर्तव्य' इस रूप में संविधान में वैज्ञानिक दृष्टिकोण का महत्त्व बताया गया है। नम्बर दो : शिक्षा की केंद्रीय इकाई में 'वैज्ञानिक मनोभाव के निर्माण' का महत्त्व बताया गया है। नम्बर तीन : मूल्य शिक्षण में 'वैज्ञानिक दृष्टिकोण' को समाविष्ट किया गया है। नम्बर चार : आपकी वर्तमान जीवनशैली 'वैज्ञानिक दृष्टिकोण' के बुनियाद पर खड़ी है। नम्बर पाँच: आपने जो विज्ञान की शिक्षा ली है, उसका तत्त्वज्ञान 'वैज्ञानिक दृष्टिकोण' ही है। इतने महत्त्वपूर्ण वैज्ञानिक दृष्टिकोण की परिभाषा क्या कोई एक शब्द में मुझे बताएगा?

जिस प्रकार तीसरी-चौथी कक्षा में हमारे लिए कुछ प्रश्न होते हैं। उदाहरण 'पानी' इस शब्द के लिए हम 'जल' वैकल्पिक शब्द लिखते हैं। 'सूर्य' शब्द के लिए 'रवि' तथा चन्द्र के लिए 'शशि'। उसी तरह मेरा भाषण सुनते वक्त कुछ क्षणों के लिए आप भी विचार कीजिए और वैकल्पिक शब्द लिखिए—'वैज्ञानिक दृष्टिकोण'। मेरा यह अनुभव है कि महाराष्ट्र के 99 प्रतिशत महाविद्यालयों में इसका 99 प्रतिशत सही उत्तर नहीं मिलता, जो दिया जाता है, वह भी गलत होता है। वैज्ञानिक दृष्टिकोण की एक शब्द में परिभाषा दी जाती है, 'कार्यकारण भाव की जाँच पड़ताल'। नम्बर एक : प्रत्येक कार्य के पीछे कारण होता है। नम्बर दो : वह कारण मेरी बुद्धि समझ सकती है। नम्बर तीन : संसार के सभी कार्यों के पीछे निहित कारण हम समझ सकते हैं ऐसा बिलकुल नहीं है लेकिन भविष्य में जब भी वे मुझे पता चलेंगे तब उनका स्वरूप मुझे कार्यकारण भाव के कारण ही समझ में आएगा और नम्बर चार : ज्ञान प्राप्ति के इस विश्वसनीय मार्ग से मनुष्य लाभान्वित हुआ है। यह चौथी इकाई वैज्ञानिक दृष्टिकोण के उपर्युक्त चार प्रक्रियाओं से प्राप्त निष्कर्ष है।

मनुष्य जब तक वैज्ञानिक दृष्टिकोण से अनजान था, तब तक वह सृष्टि का सबसे अधिक कमजोर सजीव था। उसकी ऐसी दुर्बल, निरर्थक भावनाएँ थीं कि मेरे जीवन में जो घटनाएँ होती हैं, उनके पीछे ईश्वर है, कोई दैवी शक्ति है, नसीब है, भाग्य है, कर्मविपाक है, पिछले जन्म का पाप-पुण्य है, जन्मघटिका है वगैरह...। ऐसी अनेक बातों का कार्यकारण भाव उसकी समझ से बाहर था। जब उसकी बुध्दि विकसित हुई तब कार्यकारण भाव को वह समझने लगा। परिणामस्वरूप वह स्वतंत्रता से विचार करते स्वनिर्भर बन गया। याद रखिए, यह मनुष्य विकास तथा मनुष्य उत्क्रान्ति की सबसे महत्त्वपूर्ण एवं रोमाँचित करनेवाली घटना है।

क्या हमने इस सन्दर्भ में कभी विस्तार से सोचा है कि इस सृष्टि में मनुष्य

ने सबसे अधिक दुर्बल प्राणी के रूप में जन्म लिया है। वह पंछी की तरह हवा में उड़ नहीं सकता। मछली की तरह वह 24 घंटे पानी में रह नहीं सकता। मनुष्य और हिरन के बीच शर्त लगाई जाए तो हिरन मनुष्य की अपेक्षा तीन गुना तेज गति से दौड़ेगा। क्योंकि हिरन के पैरों की रगों में मनुष्य की अपेक्षा तीन गुना अधिक ताकत होती है, वे बहुत मजबूत होते हैं। हाथी और गैंडे को प्रकृति ने असीम शक्ति प्रदान की है, उन्हें छेड़ने की कोई हिम्मत नहीं करता। शेर और सिंह के नुकीले नाखून और दाँत होते हैं, जिनके उपयोग से वे कच्चे मांस को फाड़कर खा सकते हैं। मनुष्य के लिए वह सम्भव नहीं। सर्दियों में मनुष्य कँपकँपाता है लेकिन भालू अपने बालोंवाली त्वचा के गर्म कोट में आराम से रहता है। वह बर्फीले प्रदेश में भी आसानी से रह सकता है। अँधेरा हो तो बिना दियासलाई या बैटरी जलाए हम देख नहीं सकते, लेकिन बिल्ली का बच्चा अँधेरे में भी सुरक्षित एहसास के साथ घूमता है। मनुष्य बन्दर की तरह एक पेड़ से दूसरे पेड़ पर छलाँग नहीं लगा सकता। मनुष्य और पशुओं में यही प्राकृतिक अन्तर है।

घर में दो-तीन महीने का सुन्दर बालक हो और बड़े शौक से आपने उसे उठाया तो घर की बुजुर्ग औरतें कहती हैं, "बड़े शौक से बच्चे को उठाया है मगर उसकी गर्दन के नीचे हथेली रखो।" मतलब मनुष्य का तीन महीने का बच्चा अपनी गर्दन को सँभाल नहीं सकता और बैल का तीन महीने का बछड़ा अपने सिर से वार (टक्कर) करता है। आपमें से अनेक लोगों ने देखा होगा कि गाय का बछड़ा जन्म के बारह घंटों बाद पैर झटककर खड़ा हो जाता है। मनुष्य का बच्चा बारह घंटे नहीं, बारह दिन नहीं, बारह हफ्ते नहीं, बारह महीने बाद खड़ा होता है तो भी हम कहते हैं, "बिट्टू कब खड़ा हो गया, पता ही नहीं चला!"

खैर, इतना दुर्बल मनुष्य इस सृष्टि का स्वामी बना कैसे, इस पर भी विचार होना चाहिए। लोगों के अनुसार मनुष्य ने अपनी विचार शक्ति और बुद्धि दोनों का उपयोग करना शुरू किया इसीलिए वह सृष्टि का स्वामी बन गया। फिर मैं उनसे यह प्रश्न पूछना चाहता हूँ, सभी प्राणियों को बुद्धि होती है—हाथी अपनी बुद्धि के कारण ही सर्कस में काम करता है। कुत्ते के पास दिमाग है, इसीलिए वह पुलिस के जासूस विभाग में महत्त्वपूर्ण काम करता है। डॉल्फिन मछली में चौथी कक्षा के बच्चों की क्षमता का दिमाग होता है, इसीलिए वह सुरंग ढूँढ़ निकालती है, जहाज को मार्गदर्शन कराती है। अब बताइए, केवल मनुष्य ही बुद्धिमान क्यों?

इस संसार में मनुष्य ने पाँच लाख वर्ष पूर्व प्रवेश किया। उसका शास्त्रीय नाम 'मैन द होमो सेपियकन' ऐसा है। वास्तव में उसका पूरा शास्त्रीय नाम 'मैन द होमो सेपियन-सेपियन' यह है। 'होमो' मतलब 'प्राणी' तथा 'सेपियन' मतलब 'सयाना'। फिर इतना दुर्बल प्राणी सयाना कैसे हो गया? मनुष्य का जन्म पाँच लाख वर्ष पूर्व हुआ। मनुष्य के पूर्वज होनेवाले गोरिल्ला, ओरांग उटांग, चिम्पाजी, एप इन पशुओं

का जन्म डेढ़ करोड़ वर्ष पूर्व हुआ। जिन प्राणी जातियों में मादा बच्चों को जन्म देती है और स्तनपान द्वारा उनका पोषण करती है, उन हाथी, शेर, सिंह जैसे सस्तन पशुओं की उत्पत्ति तीन करोड़ अस्सी लाख वर्ष पूर्व हुई है। अन्दाजन चार करोड़ बरस पहले हाथी का जन्म हुआ। उसका वजन 4000 किलोग्राम है। पाँच लाख वर्ष पूर्व मनुष्य का निर्माण हुआ और उसका वजन 60 किलोग्राम है। मतलब दोनों में तुलनात्मक दृष्टि से किसका दिमाग बड़ा यानी वजनदार होना चाहिए? ऐसा प्रश्न पूछने पर लोग विचारों में खो जाते हैं, क्योंकि उन्हें मालूम होता है कि मनुष्य के शरीर की तुलना में एक से डेढ़ प्रतिशत वजन उसके दिमाग का होता है। 4000 किलोग्राम वजन के हाथी के दिमाग का वजन सिर्फ चार किलोग्राम होता है। मतलब उसके शरीर के वजन के औसत 1/10 प्रतिशत!

अब हमारी आशंका यह है कि हाथी की अपेक्षा मनुष्य का दिमाग इतना बड़ा कैसे? अगर मैं ऐसा कहूँगा! कि मनुष्य ईश्वर को अधिक प्रिय है। उसने हर रोज पेड़ के नीचे बैठकर ईश्वर से प्रार्थना की कि 'हे ईश्वर, बुद्धि दो, बुद्धि दो, बुद्धि दो' तब ईश्वर प्रसन्न हो गया और उससे मनुष्य को दिमाग दे दिया और मनुष्य का दिमाग धीरे-धीरे बढ़ने लगा, तो आप हँसने लगेंगे। आप लोग गणेश की पूजा करते हैं, उसे बुद्धि की देवता मानते हैं। उसका सिर हाथी का है, यह भी आप जानते हैं। अब प्रश्न यह उठता है कि बुद्धि की देवता होनेवाले गजानन ने हाथी को बुद्धि न देते हुए मनुष्य को दी, इसका रहस्य क्या हो सकता है? किस वजह से सिर्फ मनुष्य का दिमाग विकसित होता रहा? अन्य किसी सजीव में यह तरक्की क्यों नजर नहीं आई? इसका उत्तर यह है कि उत्क्रान्ति के दरमियान यह विकास हुआ। मनुष्य भी एक प्राणी ही है, इसीलिए उसे मनुष्य प्राणी कहा जाता है। सभी पशुओं की तरह मनुष्य के भी पंजे होते हैं—मनुष्य का अँगूठा अन्य उँगलियों से अलग हो गया, अन्य उँगलियाँ भी स्वतंत्र हो गईं। वह अपना अँगूठा अपनी अन्य उँगलियों पर रखने लगा। उसने अपने हाथ और उसकी दस उँगलियों को हथियार बनाया और प्रकृति पर प्रक्रिया करने लगा। इस प्रक्रिया के दौरान उसका दिमाग विकसित होने लगा। यह प्रक्रिया हजारों वर्ष हो रही थी। फिर मनुष्य ने जमीन पर पड़ा पत्थर उठाया, उसे पैना बनाया, पेड़ की टहनी तोड़कर उस पत्थर से जोड़ दी और 'कुल्हाड़ी' नामक प्राथमिक हथियार बनाया। यह हथियार धीरे-धीरे विकसित हुआ। प्रकृति पर प्रक्रिया कर नए-नए आविष्कार ढूँढ़ने में मनुष्य का दिमाग कुशल और प्रगल्भ बनता गया। हजारों वर्ष बीत गए और मनुष्य ने धातु की खोज की। उसका उपयोग कर अन्य हथियार बनाए। जैसे-जैसे वह नई खोज करता रहा, प्रकृति पर प्रक्रिया करता रहा वैसे-वैसे उसका दिमाग विकसित होता रहा। एक बात पर गौर कीजिए कि श्रम के आधार पर मनुष्य प्रकृति पर प्रक्रिया करता रहा और उसका दिमाग विकसित हुआ।

'विचार करनेवाला प्राणी' यह मनुष्य की परिभाषा नहीं है क्योंकि सभी प्राणी विचार करते हैं। मनुष्य की व्याख्या है—'Man is tool making animal.' मतलब मनुष्य 'हथियार' अथवा 'साधन' बनानेवाला प्राणी है। नम्बर एक और नम्बर दो : मनुष्य तथा अन्य सभी पशु चार पैरों पर खड़े थे, धीरे-धीरे मनुष्य दो पैरों पर खड़ा हुआ। उसने अपने अगले दो पैरों का रूपान्तरण दो हाथों में किया। उन हाथों के द्वारा प्रकृति पर प्रक्रिया करना शुरू किया। लेकिन जब वह सीधे खड़ा हुआ तब उसका स्वरेन्द्रिय ऊपर की तरफ खिसका। मनुष्य के स्वरेन्द्रिय के जितने कम्पन होते हैं, उतने अन्य किसी भी प्राणी के स्वरेन्द्रिय के नहीं होते। परिणामस्वरूप मनुष्य ने भाषा की खोज की। एक ओर श्रम के माध्यम से प्रकृति से संवाद तथा दूसरी ओर भाषा के द्वारा एक मनुष्य का दूसरे मनुष्य से संवाद के कारण दिमाग विकसित हुआ। किसी भी देवता का पूजा-पाठ, जप-तप, होम-हवन करके उसके दिमाग की उन्नति नहीं हुई।

यही कारण है कि जिस समय हम अन्धविश्वास के शिकार होते हैं, उस समय निश्चित रूप से क्या होता है? आपके शिकार होने से नरेन्द्र दाभोलकर अथवा अन्धश्रद्धा निर्मूलन समिति का कुछ नुकसान नहीं होता। तो किसका नुकसान होता है? जरा सोचिए मैं आपके घर आ गया और घर देखकर अगर मैंने कहा, "अरे वाह, कितना सुन्दर घर है! इतना बड़ा घर, इतने कम समय में बनवाना आपसे कैसे सम्भव हुआ?" आप कहते हैं, "अजी, मैंने नहीं, मेरे पिताजी ने बनवाया है, मुझे तो बस उसे सँभालना है।" दूसरा उदाहरण, गहनों से लदी माँ को देखकर उसकी सहेली अनायास उससे पूछती है, "अरे, इतने सारे गहने! कम उम्र में इन्हें बनवाना भला तुमसे कैसे सम्भव हुआ?" जवाब में माँ कहती है, "नहीं-नहीं, ये मैंने नहीं खरीदे हैं मेरी सास ने मुझे दिए हैं।" अथवा माँ यह भी कहती है कि "यह मेरी माँ ने दिया हुआ स्त्रीधन है, मुझे बस इसे विरासत के रूप में सँभालना है।" एक पीढ़ी से विरासत में मिले घर अथवा गहनों को स्त्रीधन कहकर आप सँभालते हैं, तो आपके पास जो दिमाग का धन है, उसे प्राप्त करने के लिए कम-से-कम 50 हजार पीढ़ियों का अन्तराल पार करना पड़ा है हमें। पाँच लाख वर्ष पूर्व के मनुष्य की प्राचीन गुफाओं में मिली खोपड़ियों में 750 ग्राम के दिमाग के लिए सीमित जगह पाई गई है। आज उसी दिमाग का वजन 1500 ग्राम हो गया है। आप जब उसे भूलकर अन्धविश्वास के शिकार हो जाते हैं तब मानो आप 'विवेकशील मनुष्य' यह अपनी पहचान भूल जाते हैं।

एक बात पर गौर कीजिए, मनुष्य का शास्त्रीय पूरा नाम है, 'मैन द होमो सेपियन-सेपियन' मतलब विवेकी और अतिरिक्त विवेकी नहीं बल्कि उत्तरोत्तर विवेकशील बन रहा मनुष्य। मनुष्य को विवेकशील बनानेवाले इस वैज्ञानिक दृष्टिकोण ने आधुनिक अर्थ में हमारे देश में कब प्रवेश किया? इसने विश्व में कब प्रवेश

किया? वास्तव में चार्वाक और बुद्ध के समय से ही कार्यकारण भाव प्राथमिक अवस्था में था, लेकिन आधुनिक काल का विचार करने पर आधुनिक अर्थ में ही तकरीबन 400 से 500 सालों पूर्व ही यूरोप में इसका प्रवेश हुआ। उसे कॉपर्निकस रिवोल्यूशन कहा जाता है, यह आप जानते ही हैं।

कॉपर्निकस ने गणित का सूत्र बताकर भौगोलिक सच बताया था कि पृथ्वी सूर्य का भ्रमण करती है। भारत में यह सच कॉपर्निकस से 1000 वर्ष पूर्व आर्यभट्ट ने बताया था, लेकिन हम उसकी मौलिकता का जतन न कर सके। आर्यभट्ट को सम्मान न दे सके। आर्यभट्ट के 1000 वर्ष पश्चात् कॉपर्निकस के इसी मत को भी समर्थन नहीं मिला। लेकिन 1609 में गैलीलियो ने दूरबीन खोज निकाली। यह खोज अत्यधिक क्रान्तिकारी थी। इस दूरबीन से देखने पर समन्दर में मीलों दूर होनेवाले जहाज नजदीक नजर आते थे। 'इस मनुष्य ने अजीबोगरीब वस्तु की खोज की है कि मीलों दूरी पर तैरनेवाला दुश्मन का जहाज अब स्पष्टता से नजर आएगा' ऐसा देश-विदेश के राजदूतों ने अपने राजाओं को सूचित करना शुरू किया। गैलीलियो की बेहद तारीफ हुई लेकिन उसे एक दुर्बुद्धि हुई। उसने उस दूरबीन को आकाश की ओर मोड़ दिया और लोगों को यह दिखाना शुरू किया कि हे लोगो, देखिए, चाँद किसी सुन्दरी के मुख के समान नहीं है बल्कि उस पर पहाड़ और दरिया हैं। देखिए सूर्य तेजोमय नहीं है बल्कि उस पर काले धब्बे हैं। आइए मैं आपको यह दिखा दूँ कि जिस प्रकार चाँद की कलाएँ होती हैं, उसी प्रकार शुक्र की भी होती हैं। लोगो, आइए यह देखिए कि जिस तरह चाँद पृथ्वी का समग्रह है, बिलकुल उसी तरह गुरु इस ग्रह के कुल तीन समग्रह हैं।

मुझे यह विश्वास है कि मेरा यह भाषण सुननेवालों में से इक्का-दुक्का ही ऐसा होगा जिसने गुरु के उपग्रह देखे होंगे, शुक्र की कलाएँ देखी होंगी। सूर्य पर होनेवाले काले धब्बे देखे होंगे, चन्द्र के पहाड़ एवं दरिया देखे होंगे। चार सौ वर्ष पूर्व गैलीलियो ने यह बताया था लेकिन उसकी कोई प्रशंसा या उसका कोई सम्मान नहीं हुआ। ईसाइयों के सर्वोच्च धर्म गुरु पोप ने गैलीलियो को धर्मपीठ के सामने हाजिर होने की आज्ञा दी। ईसाई धर्म का यह सर्वोच्च धर्मगुरु, आठवें बर्मन गैलीलियो का मित्र था। वह स्वयं शास्त्रज्ञ था। उसका आदेश गैलीलियो तक पहुँचा, तब गैलीलियो बीमार था। उसने पोप से विनती की "मैं ठीक होने के बाद आ जाऊँगा।" तब गैलीलियो के इस शास्त्रज्ञ मित्र ने गैलीलियो को पुनश्च सूचित किया, "अगर तुम नहीं आ सकते हो तो बेड़ियों में जकड़कर, घोड़े पर डालकर तुम्हें यहाँ लाया जाएगा, क्योंकि तुमने बहुत गम्भीर अपराध किया है।"

इस दूसरे आदेश के पश्चात् गैलीलियो वैटिकन पहुँचा, ईसाई धर्म सभा शुरू हुई। सभी बिशप और कार्डिनल बैठे हुए थे। पोप भी बैठा हुआ था। गैलीलियो को सबके सामने खड़ा किया गया। उस पर दो आरोप रखे गए। पहला आरोप—'तुम

झूठे हो', झूठे क्यों? क्योंकि, हम हर रोज सूर्य को पृथ्वी का भ्रमण करते हुए देखते हैं और तुम सबको यह बता रहे हो कि पृथ्वी सूर्य का भ्रमण करती है, इसीलिए तुम झूठे हो। इससे भी गम्भीर दूसरा आरोप था—'तुम पाखंडी हो।' पाखंडी का अर्थ है—सच्ची धर्मश्रद्धा को न माननेवाला, जो बाइबल में लिखी है। बाइबल में लिखा है—'आकाश में रहनेवाले दयालु बाप ने मनुष्य को दिन में रोशनी हेतु सूर्य और रात को शीतल चाँदनी एवं चन्द्रमा का निर्माण किया है। ये आकाश में लटकनेवाले दो रोशनदान हैं।' यूरोप में सत्रहवीं शती तक यही तत्त्वज्ञान सिखाया जाता था।

गौर कीजिए, तत्कालीन यूरोप में विज्ञान का अच्छा प्रसार हुआ था, फिर भी अरस्तू की सैद्धान्तिक स्थापना को महत्त्व दिया जाता था। यह माना जाता था कि 'Aristotle was the master of all who knows' अर्थात्, लोग जो कुछ भी जानते हैं, उनके पास जितना भी ज्ञान है, उन सभी की बुद्धि का समन्वय अखिर अरस्तू के ज्ञान के सार (essence) में होता है। अरस्तू ने दो कारण बताए थे। उनमें से एक था—'efficient cause' मतलब 'कार्यकारण भाव को खोजने का प्रयत्न।' लेकिन दूसरा था, 'Final cause' मतलब 'आकाश के बाप की इच्छा।' इसीलिए गैलीलियो को यह फर्माया गया कि 'तुमने बाइबल के विरोध में विधान किया, इसीलिए तुम्हें माफी माँगनी होगी।'

यह प्रसंग जब मैं भाषण में बताता हूँ तत्पश्चात् हमेशा पूछता हूँ कि "आपके पास इस सन्दर्भ में कौन सी जानकारी है? गैलीलियो ने माफी माँगी या नहीं?" उत्तर में लोग सदिच्छा से कहते हैं, गैलीलियो ने माफी नहीं माँगी। लेकिन इतिहास यह बताता है, गैलीलियो ने घुटने टेक दिए। बिना शर्त के माफी माँगी। उसने अपने ही मुँह पर तमाचा मारा और बोला, "मैं गलत हूँ। फिर कभी मैं इस तरह की ऊटपटाँग बात नहीं करूँगा।" क्योंकि उससे 25 वर्ष पहले ब्रुनो नामक शास्त्रज्ञ को इन्हीं विचारों को प्रस्तुत करने तथा उसके लिए माफी न माँगने के कारण एक खम्भे में बाँधकर जिन्दा जला दिया गया था। गैलीलियो की इतनी हिम्मत नहीं थी। उसने माफी माँगी, इसीलिए उसे आजन्म उम्रकैद की सजा मिली। जीवन के अन्तिम सात वर्ष में वह अन्धा हो गया था। उसे एकान्त उम्रकैद की सजा सुनाई गई थी।

सोचिए, ऐसा क्यों हुआ? जो हुआ इसका कारण यह था कि भले ही यह सच था कि गैलीलियो ने धर्म के ठेकेदारों के विरोध में बात की थी लेकिन अगर गहराई से सोचें तो वह विश्व का नया कार्यकारण भाव बता रहा था। उससे पूर्व विश्व का कार्यकारण भाव एक ही था और वह था, 'आकाश के बाप की इच्छा!' और गैलीलियो कह रहा था, "आकाश के बाप की इच्छा जो भी हो, सूर्य पृथ्वी का भ्रमण करता है, ऐसा भले ही लगता हो लेकिन वास्तव में पृथ्वी सूर्य का भ्रमण करती है, चन्द्र भी ऐसा ही भ्रमण करता है। इस तथ्य का आकाश के बाप की इच्छा के साथ कोई सम्बन्ध नहीं है।" कार्यकारण भाव के बारे में सोचते हुए अपने

आसपास के तथ्यों को ढूँढ़ने की एक नई दिशा उसके इस खोज से विश्व को मिली। इसी कारण इससे पहले 4,99,600 वर्षों में मनुष्य जाति की उतनी उन्नति नहीं हुई थी, जितनी विगत 400 वर्षों में वैज्ञानिक दृष्टिकोण को समझने के कारण हुई है।

अब इन सभी बातों का सम्बन्ध हमारे देश के साथ है या नहीं? मैं सोचता हूँ, इन सभी बातों का हमारे देश के साथ गहरा सम्बन्ध है क्योंकि हमारे देश में उसके धार्मिक तत्त्वज्ञान में 'कर्मविमाक का सिद्धान्त' है। कर्मविमाक का सिद्धान्त मतलब, 'इस जन्म में मैं जो कुछ भी सह रहा हूँ, इसकी वजह मेरा पिछले जन्म में किया हुआ पाप होता है तथा इस जन्म में जो कुछ भी अच्छा करूँगा उसका फल मुझे अगले जन्म में मिलनेवाला है।' ऐसे विचारों से 'मैं' आत्मनिर्भर नहीं रहता हूँ। मतलब विश्व का अन्य बैंक कहता है, 'आज नगद, कल उधार!' और कर्मविपाक का बैंक कहता है, 'आज उधार, कल नगद!' इन विचारों का हमारे मनपटल पर अभी भी कितना प्रभाव है? इन विचारों के हम कितने प्रशंसक हैं? 'गीतरामायण' के लिए ग.दि. माडगूलकर ने एक गीत लिखा था, जिसे सुधीर फडके ने गाया था—

भाग्य है दुखों से भरा भरत,
नहीं दोष किसी का
लाचार है इनसान दुनिया में
नहीं है दोष किसी का।
न ही माता कैकेयी का दोष,
न ही दोषी तात
राज्य का त्याग, कानन यात्रा,
सब है कर्मजात
खेल है यह मेरे ही पूर्वसंचित का
लाचार है इनसान दुनिया में
नहीं है दोष किसी का।

अर्थात् मेरे बस में कुछ भी नहीं है। मैं जो कुछ भी सह रहा हूँ, वह मेरे भाग्य का खेल है और मेरा यह भाग्य मेरे पिछले जन्म के पापों का फल है। मतलब पिछले जन्म में मैंने कौन-से कर्म किए थे, यह पता होने की कोई गुँजाइश नहीं है और इस जन्म में किए गए मेरे कर्मों के कौन-से फल मुझे अगले जन्म में मिलनेवाले हैं, यह समझने का कोई उपाय भी मुझे पता नहीं है। जाहिर है कर्मविपाक सिद्धान्त कार्यकारण भाव के बिलकुल विरुद्ध है, विपरीत है।

आज की परिस्थिति इस प्रकार है, जो मनुष्य की अन्धविश्वासी मानसिकता को दर्शाती है। लड़का अगर पढ़-लिखकर अच्छे अंक प्राप्त कर डिग्री हासिल करता है और पहले ही इंटरव्यू में अगर उसे अच्छी नौकरी भी प्राप्त होती है तब घरवाले

कहते हैं, "लड़का बड़ा तकदीरवाला है! पढ़ाई पूरी होते ही नौकरी पर लग गया।" अगर इसके विपरीत होता है मतलब मानो लड़के ने शिक्षा पूरी की, नौकरी के लिए पैसे देने के लिए माता-पिता राजी होते हैं, विधायकों की चिट्ठियाँ लेकर लड़का तीन-चार बरस घूमता-भटकता है, लेकिन बेरोजगार ही रहता है तब परिवारवाले कहते हैं, "लड़के की तकदीर ही खराब है। हमने तो कितने पापड़ बेले हैं, अगर उसके नसीब में नौकरी नहीं होगी, तो हम क्या करें?"

बिलकुल यही दृष्टिकोण लड़कियों के बारे में भी होता है। लड़की अच्छे गुणों से पास होती है, अच्छा रिश्ता आता है, पसन्द आती है, कम खर्च में शादी भी तय होती है तो परिवारवाले कहते हैं, "लड़की बड़ी तकदीरवाली है। माता-पिता को कोई तकलीफ नहीं दी इसने!" अगर इसके विपरीत हो जाता है, मतलब लड़की के माता-पिता के लड़का देखने, रिश्ता ढूँढ़ने में जूते फट जाते हैं, लेकिन कहीं भी रिश्ता पक्का नहीं होता है तो कहते हैं, "कानी के ब्याह को सौ-सौ जोखिम। हम कोशिश करें भी तो कितनी, आखिर इसके नसीब में भी सेहरा चाहिए।"

मैं मजाक में ही अनेक बार यह प्रश्न विशेष रूप से महाविद्यालयों में पूछता हूँ कि "मान लीजिए, एक गाड़ी में बैठकर आप यात्रा कर रहे हैं जिसमें आपके साथ और नौ लोग बैठे हैं। गाड़ी के साथ दुर्घटना हुई, नौ लोग जख्मी हो गए और केवल आप ही सहीसलामत बच गए तो आपका..." सभी छात्र जोर से एक ही स्वर में कहते हैं "नसीब!" उस पर मैं फिर मजाकिया मूड में बोलता हूँ कि "ऐसा होना तो नहीं चाहिए मगर मान लीजिए कि इस साल यूनिवर्सिटी की वार्षिक परीक्षा में आपको बहुत कम अंक मिले और घर आने के बाद इसी बात को लेकर आपके पिताजी आप पर जोर से चिल्लाते हैं, "अरे, तुम्हारी पढ़ाई के लिए हम इतना कष्ट उठाते हैं, अध्यापक इतने मेहनत से तुम्हें पढ़ाते हैं और तुम इतने कम अंकों से उत्तीर्ण होते हो? लानत है तुम पर।" तब आपको उनसे कहना चाहिए, "क्या है न पिताजी, आपका कष्ट उठाना आपका नसीब है, मेहनत से पढ़ाना यह अध्यापकों का नसीब और इतने कम अंक प्राप्त करना यह हमारा नसीब है! नसीब अपना-अपना।"

आपको यह समझना चाहिए कि मेरे (प्रत्येक व्यक्ति) जीवन में जो भी घटित होता है, उसका कारण ईश्वर, नियति, नसीब, तकदीर, संचित, कर्मविपाक, पाप-पुण्य, जन्मतिथि नहीं है बल्कि कार्यकारण की वजह है जिसे मैं ढूँढ़ सकता हूँ और उसे बदल भी सकता हूँ।

परिणामस्वरूप, जिस समय आप अपना वैज्ञानिक दृष्टिकोण भूल जाते हैं, तब सहजता से अपने जीवन के सूत्र अन्य के हाथों में सौंपते हैं, यह महात्मा फुले ने डेढ़ सौ वर्ष पूर्व ही बताया था। उन्होंने तत्काल एक प्रश्न पूछा था, "शगुन देखकर प्रत्येक लड़ाई लड़नेवाली पेशवाई डूब गई और बिना शगुन देखे लड़ाई पर

निकलनेवाले फिरंगी जीतते रहे, यह क्यों सम्भव हुआ?" फुले ने और एक प्रश्न पूछा था, "36 गुणों की पत्रिका का अध्ययन कर हमारी माता-बहनों के ब्याह रचाए गए, फिर भी कई असमय ही विधवा हो गईं। गोरी मैडम की पत्रिकाएँ मौजूद नहीं होतीं और वह अपने घर-संसार में सुखी होती है, यह ऐसा क्यों?"

जब दो सेना दल आमने-सामने आते हैं तब दोनों दलों के शस्त्रबल, मनोबल एवं सेनाबल इन बातों पर उस युद्ध का परिणाम निर्भर होता है। आकाश के ग्रह गोल, तारे, सूर्य, चन्द्र, हवा इनके स्थानों का इससे कोई सम्बन्ध नहीं होता है। अगर ऐसा होता तो शगुन देखकर युद्ध शुरू करने हेतु पत्रिका के लिए भटजी सेना के साथ रखे जाते। महात्मा फुले के समय छह-सात वर्षों की बालिका का दस वर्ष के बालक के साथ विवाह होता था। स्वयं सावित्रीबाई का विवाह उम्र के दसवें साल में हुआ तो उन्हें 'घोड़वधू' कहा जाने लगा था। आज भी महाराष्ट्र में बाल-मृत्यु का औसत घटा नहीं है। पहले **वह** अत्यधिक था। इस पर महात्मा फुले ने कहा था, "आप ब्याह के लिए आयु बढ़ा दीजिए और बाल-मृत्यु घटाइए। ऐसा होने पर हमारी माँ-बहनें असमय विधवा होने से बच जाएँगी।"

यह सत्य डेढ़ सौ वर्ष पूर्व जिस महाराष्ट्र में बोला गया था, उसी महाराष्ट्र की वर्तमान स्थिति भयावह है। मेरी इस बात पर विश्वास कीजिए। तकरीबन हर हफ्ते मुझे महाराष्ट्र में कहीं-न-कहीं से किसी-न-किसी लड़के या लड़की का फोन आता है। कभी-कभी उनके माता-पिता भी फोन पर मुझसे बात करते हैं। प्रत्येक की वही एक समान कहानी होती है। एक उदाहरण देता हूँ—मेरे मोबाइल उठाने पर अगर लड़का बोलता है तो वह इस प्रकार, "क्या यह दाभोलकर का फोन है?" मेरे 'हाँ' कहने पर वह कहता है, "आप ही बोल रहे हैं ना?" फिर मैं 'हाँ' कहता हूँ, "क्या आपके पास मुझसे विस्तार से बात करने के लिए समय है?" मेरे कहने पर, "अरे तुम बोलो, मेरा यही काम है।" तो वह बताता है, "मैं आई.टी. इंजीनियर हूँ। मैंने एक लड़की देखी है और वह मुझे पसन्द है। वह डॉक्टर है और हम दोनों एक-दूसरे को पसन्द करते हैं। हम शादी करना चाहते हैं। मेरे परिवार के लोग उस लड़की के परिवारवालों से मिले हैं। उनका घर, रिश्तेदार इन सभी की जानकारी ले चुके हैं, जो उन्हें ठीक लगी है। लड़की के परिवारवालों को भी मेरे घर, रिश्तेदारों के बारे में कोई हर्ज नहीं है।"

उसके इतना कुछ बताने पर मैं उससे कहता हूँ, "अब इन सारी बातों से मेरा क्या सम्बन्ध है? शादी कर लो भाई!" वह कहता है, "अजी डॉक्टर साहब, यहीं पर बात बिगड़ गई है। सब कुछ ठीकठाक हो रहा था कि हमारे एक रिश्तेदार ने बेवजह हम दोनों की पत्रिकाएँ किसी ज्योतिषी को दिखाई हैं। वह ज्योतिषी कहता है, "यह शादी बिलकुल नहीं होनी चाहिए। क्योंकि इन दोनों की पत्रिकाएँ मेल नहीं खाती हैं। यहाँ तक कि इनकी पत्रिका में 'मृत्युखडाष्टक' का योग है। मतलब

इस शादी के छह महीनों के अन्दर लड़का या लड़की के बाप की मृत्यु अटल है।

मैं जब महाविद्यालयों में भाषण के लिए जाता हूँ तब बोलते समय छात्रों से पूछता हूँ, "अगर आपके साथ ऐसा होता है, तो आप क्या करेंगे? शादी करेंगे या नहीं?" मैं उनको यह भी बताता हूँ कि "आप लोग मुझ पर विश्वास करके, बेफिक्र होकर शादी कीजिए, आपके माता-पिता सही-सलामत रहेंगे, यह मैं बाँड पेपर पर लिखकर देने के लिए तैयार हूँ। इसका सामान्य कारण यह है कि मेरे जीवन में होनेवाली घटनाओं का कार्यकारण सम्बन्ध पत्रिका के आधार पर बेबुनियादी ढंग से तय करना इसकी निरर्थकता, नि:शंकता से साबित हो चुका है।" इसीलिए अपनी पसन्द की लड़की से शादी करूँ या ना करूँ, इस बारे में अपने निर्णय को किसी पत्रिका पर निर्भर न रखना मतलब अपने जीवन के सूत्र को अपने ही हाथों में रखना है।

वैज्ञानिक दृष्टिकोण आपको एक नया एहसास देता है। क्या आपको वह शेर पता है?

खुदी को कर बुलन्द इतना
कि हर तकदीर से पहले
खुदा बन्दे से खुद पूछे
बता तेरी रजा क्या है?

अर्थात् तुम अपने आत्मविश्वास को इतना मजबूत बनाओ कि तुम्हारे भविष्य का प्रत्येक अक्षर स्वयं विधाता भी लिखे तो वह भी तुम्हारी इच्छा के अनुसार ही लिखे। संक्षेप में जीवन की ओर सजगता से देखने का, सफल होने का, अच्छा इनसान बनने का दृष्टिकोण ही वैज्ञानिक दृष्टिकोण है। अगर हम इसको स्वीकार करते हैं तो हम अपने जीवन में, सामाजिक स्तर पर, यहाँ तक कि राष्ट्रीय स्तर के जीवन में आमूलचूल परिवर्तन ला सकते हैं, उसे लाने का आप संकल्प करें, यह मेरी आपसे मन:पूर्वक विनती है।

वैज्ञानिक दृष्टिकोण-2

मनुष्य जीवन के इतिहास के बारे में अगर सोचा जाए तो केवल पाँच लाख वर्ष पूर्व ही उसका जन्म हुआ है। शेर का जन्म लगभग चार करोड़ वर्ष पूर्व हुआ है। मनुष्य अपने जन्म के बाद शेर की तरह ही गुफाओं में रहता था। उसकी तरह ही कच्चा गोश्त खाता था। शेर की तरह नंगा घूमता था। फिर ऐसा कौन सा कारण है कि शेर आज भी जंगल में बिलकुल वैसा ही है, जैसा करोड़ों वर्ष पूर्व था और मनुष्य ने कई क्रान्तिकारी खोज किए। मनुष्य की जिज्ञासा दिन-ब-दिन बढ़ती रही और विभिन्न प्रश्न उसे सताने लगे। यहाँ से शेर और मनुष्य में अन्तर आने लगा। मतलब अपनी शिकार से भूख मिटाने के बाद शेर पेड़ की छाँव में आराम से बैठता है, लेकिन कभी आकाश की ओर देखकर उसके मन में यह प्रश्न नहीं उठता है कि आकाश में टिमटिमानेवाले ये तारे आते कहाँ से हैं? यह प्रश्न मनुष्य के मन में आया। धुआँधार बारिश को देखकर शेर ने कभी यह नहीं सोचा कि विशिष्ट समय में ही यह बारिश क्यों होती है? लेकिन मनुष्य ने बारिश के मौसम और उसके विशेष समय के पीछे के कारण को जानना चाहा। हम पहाड़ों या समन्दर को देखकर यह सोचते हैं कि इनके उस पार क्या होगा? अर्थात् हमारा यह विचार मंथन हमारी प्रकृति के बारे में होनेवाली जिज्ञासा के कारण शुरू हुआ। निरीक्षण, तर्क, अनुमान, साक्षात्कार और प्रयोग इनके माध्यम से हमने वैज्ञानिक दृष्टिकोण को सिद्ध किया।

यह सारा तफसील देने से पूर्व अगर वैज्ञानिक दृष्टिकोण का अर्थ आसान शब्दों में बताना हो तो 'जितने प्रमाण, उतना विश्वास' इस वाक्य में उसका सार सिमटा है। हम अपने रोजमर्रा के जीवन में वैज्ञानिक दृष्टिकोण का उपयोग ऋरते ही हैं। इस सार को एक उदाहरण के जरीए मैं समझाना चाहूँगा। मान लीजिए, आपको आरमारी गाँव को जाना है लेकिन वह गडचिरोली जिले में किस स्थान पर है और वहाँ पर पहुँचने का मार्ग कौन सा है, यह प्रश्न स्वाभाविक ही आपके मन में आएगा। आपने एक व्यक्ति से पूछा, "मुझे आरमारी गाँव जाना है, कृपया रास्ता बताएँगे?" वह व्यक्ति कहता है, "आप इस रास्ते से आरमारी पहुँच जाएँगे।" आप फिर उससे पूछते हैं, "लेकिन क्या यह रास्ता यकीनन आरमारी ही जाएगा?" तब

वह कहता है, "पता नहीं, मगर छह महीने पूर्व मैं सपने में इसी मार्ग से आरमारी पहुँचा था।" आप फिर किसी दूसरे से आरमारी का मार्ग पूछते हैं तो वह बताता है, "आप सीधे जाइए, फिर दाएँ मुड़िए, फिर बाएँ मुड़िए, फिर कुछ दूर सीधे जाइए, आप आरमारी पहुँच जाएँगे।" आप पूछते हैं, "यकीनन?" तब वह कहता है, "दो महीने पूर्व बस अड्डे पर एक व्यक्ति दूसरे को बता रहा था कि वह इसी मार्ग से आरमारी होकर आया है। मुझे अभी वह याद आया इसीलिए आपको बता रहा हूँ।" आप किसी तीसरे व्यक्ति से आरमारी को जाने का रास्ता पूछते हैं और उसने एक मार्ग बता दिया तो फिर आप आशंका से पूछते हैं, "पक्का यही रास्ता है ना?" तब वह बताता है, "एक महीने पूर्व मेरा मित्र इसी रास्ते से वहाँ जाकर आया है।" आखिरकार जब आप चौथे व्यक्ति से आरमारी का रास्ता पूछते हैं और उसने रास्ते की जानकारी ब्योरेवार दी तो आप पूछते हैं, "लेकिन आपको कैसे पता कि वह यही रास्ता है?" तो वह कहता है, "परसों आरमारी में मेरा एक काम निकला था, तब मैं खुद इस रास्ते से जाकर आया हूँ।"

अब आप मुझे बताइए आरमारी रास्ते के सन्दर्भ में आप इन चारों में से किस पर अधिक विश्वास करेंगे? छह महीने पूर्व जिसने सपने में रास्ता देखा था, उस पर विश्वास नहीं होगा। बस अड्डे पर दो व्यक्तियों में हुई बातचीत के आधार पर जिसने रास्ता बताया, उस पर कम ही विश्वास होगा, जिसका दोस्त आरमोरी जाकर आया है, उसके कहने पर आपको थोड़ा अधिक विश्वास होगा। जो स्वयं एक विशेष मार्ग से आरमोरी जाकर वापस लौटा है उस पर आप सबसे अधिक विश्वास करेंगे। अर्थात् 'जितने प्रमाण, उतना विश्वास।' ऐसे व्यक्तिगत सन्दर्भ आप रोजमर्रा के जीवन में उपयोग में लाते हैं, वही वैज्ञानिक दृष्टिकोण का सार है।

अभी कुछ देर पहले मैंने आपसे कहा था कि निरीक्षण, तर्क, अनुमान और अनुभव इन तरीकों के जरीए वैज्ञानिक दृष्टिकोण सिद्ध होता है। इन बातों का आपसी सम्बन्ध देखिए—निरीक्षण मतलब क्या? एक उदाहरण के माध्यम से समझेंगे। 28 फरवरी हम 'राष्ट्रीय विज्ञान दिन' के रूप में मनाते हैं। इसका कारण यह है कि नोबल पुरस्कार प्राप्त सी.वी. रामन का 'रामन इफेक्ट' नामक अन्तरराष्ट्रीय स्तर का अनुसन्धान 'नेचर' नामक पत्रिका में 28 फरवरी को ही प्रकाशित हुआ था। लेकिन इस अनुसन्धान के पीछे कौन सी प्रत्यक्ष घटना है? सुनिए, एक बार सी.वी. रामन जहाज से इंग्लैंड जा रहे थे, जबकि वहाँ तक पहुँचने के लिए दो-तीन हफ्ते का समय बीत जाता था। रोज सुबह-शाम रामन जहाज के डेक पर खड़े होते थे। ऊपर असीम नीला आकाश और नीचे विस्तृत नीला समन्दर। वे घंटों देखते रहते थे। वे कह सकते थे कि 'हे ईश्वर, तुम कितने महान हो! ऊपर तुम्हारा बनाया हुआ सुन्दर नीला आकाश है और नीचे कितना असीम नीला समन्दर है!' लेकिन उन्होंने ऐसा नहीं कहा। इस सोच के साथ निरीक्षण करते रहे कि 'ऊपर असीम

नीला आकाश और नीचे विस्तृत नीला समन्दर! ऐसा क्यों?' इस निरीक्षण से ही 'रामन इफेक्ट' का जन्म हुआ।

यूरोप में जो औद्योगिक क्रान्ति हुई, उसके सन्दर्भ में हमें हमेशा एक किस्सा सुनाया जाता है कि एक बार जेम्स वॉट विचारों में खोया हुआ था। बाजू की केतली में चाय उबल रही थी। केतली पर ढक्कन रखा था। कुछ समय बाद वह ढक्कन नीचे गिर गया। जेम्स ने उसे उठाकर पुनश्च केतली पर रखा और काम में लग गया। लेकिन थोड़ी ही देर में फिर ढक्कन नीचे गिर गया। दो-तीन बार यही सिलसिला चलने पर जेम्स ने ऐसा नहीं सोचा कि 'इस केतली में निश्चित ही कोई भूत है, जो ढक्कन को नीचे गिरा रहा है।' बल्कि उसने यह विचार किया कि 'इस केतली में ऐसा क्या है कि ढक्कन बार-बार नीचे गिर रहा है?' जेम्स की इस जिज्ञासापूर्ति के उद्देश्य से भाप से चलनेवाले इंजन की खोज हुई और औद्योगिक क्रान्ति हुई। अर्थात् वैज्ञानिक दृष्टिकोण की शुरुआत ही 'निरीक्षण' से होती है।

हम हर बात का निरीक्षण नहीं कर सकते। तर्क के आधार पर हम तथ्यों को ढूँढ़ लेते हैं। उदाहरण—मान लीजिए आप जंगल में घूमने गए हैं और रास्ता भूलकर भटक गए हैं। दिन ढलने लगा है और रात होने से पहले आपको किसी बस्ती में पहुँचना है क्योंकि जंगली जानवरों का डर है और निश्चित किस दिशा में जाना है ताकि बस्ती में पहुँच जाएँ यह आपको पता नहीं है। ऐसे समय आप एक पेड़ पर चढ़ गए और चारों ओर नजर दौड़ाई। एक दिशा में आपको धुएँ का एक बड़ा रेला ऊपर की ओर उठता हुआ नजर आता है। दूसरी ओर आपको दस-बारह ठिकानों से धुएँ की पतली रेखाएँ ऊपर उठती हुई नजर आती हैं। आप नीचे उतरकर दस-बारह की संख्या में जहाँ से धुएँ की रेखाएँ ऊपर उठने लगी हैं, उस ओर निकल पड़ते हैं। कुछ देर चलने पर आप बस्ती पर पहुँच जाते हैं।

एक बात पर गौर करें, आपने बस्ती को पहले देखा नहीं था, झोंपड़ियाँ नजर नहीं आई थीं, कोई व्यक्ति भी आपने नहीं देखा था, जलते हुए चूल्हों को नहीं देखा था बल्कि केवल धुएँ की पतली रेखाएँ देखी थीं और आप उस दिशा में गए। जहाँ से धुएँ का बड़ा रेला ऊपर उठ रहा था, उधर आप नहीं गए क्योंकि आपको पता था जंगल में आग लगने पर उसी तरह के धुएँ के घने बादल निर्माण होते हैं, स्वाभाविक रूप से उधर जाना पागलपन ही होता। इसके विपरीत जहाँ से दस-बारह जगहों से धुआँ निकल रहा था, निश्चित ही वहाँ इनसानों ने अनाज पकाने के लिए चूल्हे जलाये होंगे यह आपका तर्क था, जो सही था। उधर जाने का निर्णय आपने निरीक्षण के आधार पर नहीं बल्कि 'तर्क' के आधार पर लिया था।

अब 'अनुमान' का एक अजब उदाहरण देखते हैं। मान लीजिए, आपका एक मित्र आपके पास आ गया और कहने लगा, "अरे, आजकल सुबह शीतल हवा के साथ मौसम बड़ा सुहाना होता है। मैं प्रातःकाल आऊँगा, हम दोनों घूमने चलते

हैं।" आपको पता है कि वह आपका मित्र सूर्यवंशी है और सुबह आठ बजे से पहले उसका आना अनिश्चित है। इसीलिए आप कहते हैं, "अरे तुम आओगे, ऐसा कह रहे हो, लेकिन कल सुबह सूर्योदय होगा, इसका कोई भरोसा नहीं।" गौर कीजिए, कल के सूर्योदय का भरोसा आप आज देते हैं जबकि 460 करोड़ वर्ष पूर्व पृथ्वी का जन्म हुआ था और तब से सूरज हर दिन अपने निश्चित समय पर उदित होता है। आज तक उसने कोई कैजुअल लीव नहीं ली। क्योंकि अगर वह लीव लेता है, तो हम सभी की पर्मानेंट लीव निश्चित है। इसीलिए कल सुबह मेरे अपने अस्तित्व पर प्रश्नचिह्न है। लेकिन पिछले 460 करोड़ वर्ष से सूर्य का उदय होता है, इसीलिए कल सुबह भी उसके उदित होने की सम्भावना 'अनुमान' के आधार पर अधिक है।

चौथा मुद्दा है—'अनुभव।' इसके लिए हम आद्य शंकराचार्य का दिया एक उदाहरण देखते हैं। उन्होंने लिखा है कि "अगर आपके पास गाँव के 100 अथवा 10 विद्वान आए और आपको बताने लगे कि 'अग्नि शीतल होती है' तो आप स्वाभाविक रूप से यह मानेंगे नहीं। वे कहते हैं "हमारे पास ग्रंथों का प्रमाण है। अग्नि की शीतलता को सिद्ध करनेवाली 100 किताबें हमारे पास हैं।" तब आप उनसे कहेंगे कि "आप विद्वान हैं। आपका और आपके ग्रंथों का हम आदर करते हैं। लेकिन हमारा अनुभव यह कहता है कि जिस समय हम अग्नि को हाथ लगाते हैं, तब वह जल जाता है। इसीलिए हमारा अनुभव आपके ग्रंथों के, आपके शब्दों के प्रमाणों की अपेक्षा अधिक सत्य एवं महत्त्वपूर्ण है। यह है अनुभव।"

अनुभव का सामान्य होना तथा इसमें निरन्तरता होना जरूरी है। मतलब मैं उदाहरण के जरीए समझाता हूँ। आपके एक मित्र ने आपसे कहा कि "हमारे गाँव में जो बाबा आया है उसके पास अद्‌भुत अँगूठियाँ हैं। अगर हम उसे एक हजार रुपए देते हैं तो वह एक अँगूठी हमें देता है, जिसे पहनने पर नौकरी मिलना तय है। मुझे तो नौकरी मिली ही बल्कि मेरे पड़ोस के एक मित्र को भी मिली।" यह सुनने पर आप उससे क्या कहेंगे? अगर आपने वैज्ञानिक दृष्टिकोण को स्वीकार किया है तो आपको कहना चाहिए कि "देखो भाई हमारे गाँव में तकरीबन एक हजार लोग बेरोजगार हैं। अगर एक हजार रुपयों में नौकरी मिलती है तो हम उन एक हजार बेरोजगारों के लिए अँगूठियाँ खरीदेंगे। उनमें से कम-से-कम 80 प्रतिशत लोगों को अगर नौकरी मिलेगी तो उस अँगूठी के तथ्य को हम मान लेंगे।" मान लीजिए अगर ऐसा हो भी गया तो हमें उसमें पूर्ण रूप से तथ्य नहीं मानना चाहिए, क्योंकि गाँव के पास एक बहुत बड़ी फैक्टरी खुलने से बड़ी संख्या में नौकरियाँ निर्माण हो गई हैं और इस बात की जानकारी आपको होनी चाहिए। अगर उस अँगूठी के कारण नौकरियाँ एक गाँव में मिलती हैं तो भारत के अन्य शहरों के 1000 बेरोजगारों को वह मिलनी ही चाहिए, तभी उसे 'अनुभव' कहा जाएगा। 'अनुभव' बार-बार घटित होनेवाली आम बात है।

वैज्ञानिक दृष्टिकोण का अन्तिम मुद्दा 'प्रयोग' है। किसी भी सिद्धान्त को अचूक प्रयोग द्वारा सिद्ध किया जाना चाहिए। इस प्रयोग के द्वारा प्राप्त निष्कर्ष वैश्विक होने चाहिए। उदाहरण—पानी 1000 सेंटीग्रेड में उबलता है। विशेष तापमान में पानी का उत्कलन बिन्दु बढ़ता है अथवा कम होता है। यह सत्य सभी ओर एक ही है, वैश्विक है। अमरीका भौतिकवादी है इसलिए वहाँ पानी 950 सेंटीग्रेड में नहीं उबलता या बनारस में आध्यात्मिक माहौल है इसीलिए वहाँ पर 1050 सेंटीग्रेड में वह नहीं उबलता ऐसा कतई नहीं। प्रयोग के द्वारा प्राप्त निष्कर्ष सभी ओर समान होते हैं। मतलब जो मुक्त तर्क के आधार पर किया जाता है और जो निरीक्षण, परीक्षण, निश्चित तर्क, गणित तथा प्रत्यक्ष अनुभव और प्रयोग के द्वारा सिद्ध होता है, उस विधान को हम वैज्ञानिक दृष्टिकोण के आधार पर सिद्ध विधान मानते हैं।

वास्तव में उस विधान को 'शास्त्रीय पद्धति के आधार पर सिद्ध हुआ विधान' ऐसा कहना चाहिए। मैं जानबूझ कर 'शास्त्रीय पद्धति और वैज्ञानिक दृष्टिकोण' इन दोनों में अन्तर मानता हूँ। अभी मैंने आपको जो बताई वह शास्त्रीय पद्धति है। इस पद्धति के पायदान, ऑब्जर्व, अरेंज, क्वेश्चन, सिंथेसाइज, जनरलाइज, मेक, हायपोथेसिस, वेरिफाय, कन्क्लूड और इंडक्शन तथा डिडक्शन इस प्रकार दिए जाते हैं। शास्त्रीय पद्धति को मूल्यों की जोड़ देने पर वैज्ञानिक दृष्टिकोण तैयार होता है।

ये मूल्य कौन-से हैं? स्वतंत्रता, सम्यकता, निर्भयता, विनयशीलता एवं जिज्ञासा। वैज्ञानिक दृष्टिकोण के लिए आवश्यक इन पाँच मूल्यों का रुझान जब हमारे जीवन में होने लगता है तब वैज्ञानिक दृष्टिकोण की ओर हमारा रुख होता है। हम उसका अनुकरण करने लगते हैं। इन मूल्यों को हम जैसे ही समझने लगते हैं, उस पर हमारी वैज्ञानिक दृष्टिकोण की स्वीकृति निर्भर होती है। प्रथम मूल्य स्वायत्तता है। स्वायत्तता का अर्थ स्वतंत्रता है। इस विश्व का अस्तित्व स्वतंत्र कार्यकारण भाव से है। मतलब किसी भी अचेतन शक्ति की उपासना करने से विश्व में अपने आप कुछ भी नहीं घटित होता है और किसी दुष्ट शक्ति के प्रकोप के कारण भी इस विश्व में अपने आप कुछ बुरा घटित नहीं होता। जो भी होता है उसके पीछे कार्यकारण भाव होता है और उसकी हम खोज कर सकते हैं। उसके कारण ही यह विश्व स्वयं कार्यकारण भाव से बद्ध है। 'विश्व को स्वतंत्र कार्यकारण भाव की जरूरत है' इस अनिवार्यता को जब आप मान लेंगे तब जीवन को नियंत्रित करनेवाली किसी भी अलौकिक शक्ति का शरणार्थी बनने की आवश्यकता आपको महसूस नहीं होगी।

स्वायत्तता के पश्चात् 'सम्यकता' महत्त्वपूर्ण मूल्य है। सम्यकता का अर्थ समझाने हेतु मैं आपको एक उदाहरण देता हूँ। कुछ वर्ष पूर्व महाराष्ट्र में जुलाई के आखिर तक बारिश नहीं हुई थी। अकाल की स्थिति निर्माण हो गई थी। महाराष्ट्र के तत्कालीन राज्यपाल ने जनता से आवाहन किया कि 'बारिश के लिए प्रत्येक व्यक्ति ईश्वर की उपासना करे।' राज्यपाल ने आवाहन किया इसीलिए शिक्षा प्रबन्धक

ने वह स्वाभाविक रूप से किया। फिर जिला शिक्षा अधिकारियों ने किया। उनके आदेश का पालन स्कूल मुख्याध्यापकों ने किया और स्कूल के छात्र तथा अन्य कर्मचारी वर्ग ने बाहर आकर हाथ जोड़े और आसमान की ओर देखकर कहने लगे, "हे ईश्वर अब तुम ही इस संकट से हमारी रक्षा करो, बारिश होने दो।" उस समय अंनिस ने एक पत्रक इस प्रकार निकाला था कि "यह महाराष्ट्र के समाज सुधारकों की परम्परा का अपमान करनेवाली कृति है।"

आप में से कोई भी यह प्रश्न पूछ सकता है कि यह कृति सही थी या गलत? जब हम संकट में होते हैं, तब ईश्वर को याद करते हैं। ईश्वर की प्रार्थना करने से संकट दूर होता है या नहीं होता है, यह अलग बात है लेकिन जब कोई बीमार मनुष्य डॉक्टर के लाख इलाजों के बावजूद भी ठीक नहीं होता तब ईश्वर के सामने हाथ जोड़कर हम कहते हैं, "अब तू ही इसे बचा सकता है।" बिलकुल इसी तरह अकाल का संकट स्पष्ट दिखाई देने पर ईश्वर की प्रार्थना करने से समाज सुधारकों का अपमान भला क्यों होगा? यह प्रश्न हमसे पूछा गया था।

खास करके एक बात मैं यहाँ बताना चाहूँगा कि महाराष्ट्र में समाजसेवियों की एक बहुत बड़ी परम्परा है। इनके विचारों का सार एक शब्द में 'बुद्धि प्रामाण्यवाद' अथवा 'वैज्ञानिक दृष्टिकोण' है। उस सार के आधार पर हमें सोचना चाहिए कि महाराष्ट्र में जो अकाल सदृश्य हालात निर्माण हुए थे, उसका कारण बारिश का अभाव था या और कुछ? एक उदाहरण बताताता हूँ। इस्रायल के रेगिस्तान में हर वर्ष चार से छह इंच बारिश होती है और वहाँ की खेती देखने महाराष्ट्र का किसान वहाँ पर जाता है। महाराष्ट्र में पिछले सौ वर्ष में हुई बारिश के आँकड़े उपलब्ध हैं। हर तहसील के इस आँकड़े में कोई भी आँकड़ा 10 इंच के नीचे नहीं है, औसत में तो बिलकुल नहीं। अगर महाराष्ट्र में आठ से दस इंच तक बारिश की मात्रा होती है और उसकी तुलना में उस वर्ष बारिश कम हुई थी तो भी 31 जुलाई तक कम क्यों न हुई हो, लेकिन बारिश हुई थी, यह द्रष्टव्य है।

ऐसी स्थिति में अगर आपने उस बारिश की बूँद-बूँद बचाई होती, उसे जमीन में सोखने की व्यवस्था की होती, उसका किफायत से उपयोग किया होता तो आप कम-से-कम एक फसल को पानी से सींच सकते थे, दूसरी फसल की जरूरत भी पूरी हो सकती थी। इस हेतु आपको 'जल है तो कल है' इस मूलमंत्र को उपयोग में लाना चाहिए था।

इस मूलमंत्र को महाराष्ट्र के अनेक महानुभावों ने सिद्ध किया है। औरंगाबाद में प्रताप बोराडे ने सिद्ध किया है। रालेगण सिद्धि में अण्णा हजारे ने सिद्ध किया है। नगर में पोपटराव पवार इसे उपयोग में लाया है। अर्थात् महाराष्ट्र में पर्याप्त बारिश के होने पर भी एकाध वर्ष दीर्घावधि तक न बरसने पर आप ईश्वर के शरणार्थी बन जाते हैं क्योंकि यह आसमानी आपदा नहीं बल्कि सुल्तानी संकट है। राज्यकर्ताओं

की नादानी से उसका निर्माण होता है। यह किसी समस्या को स्वायत्तता से एवं सम्यकता से देखने का दृष्टिकोण है। जब हम वैज्ञानिक दृष्टिकोण को स्वीकार करते हैं तब उसका 'स्वायत्तता' एवं 'सम्यकता' इन दोनों स्तरों पर विचार करना जरूरी होता है। लेकिन इन दो बातों का परस्पर सम्बन्ध हर बार समझ में आएगा ऐसा कतई नहीं।

उदाहरण—महाराष्ट्र में दसवीं एवं बारहवीं की शिक्षा में शिक्षा विभाग की ओर से मेढक विच्छेदन अनिवार्य किया गया और कोंकण में चावल की पैदावार कम हो गई। ऊपरी तौर पर इन दो बातों का सम्बन्ध सुनने में मजेदार लगता है। इन दो बातों का एक-दूसरे से क्या सम्बन्ध है? ऐसा प्रश्न स्वाभाविक है। इसका उत्तर मतलब इनका सम्बन्ध इस प्रकार है—विच्छेदन के लिए मेढकों की अधिक संख्या में जरूरत महसूस होने लगी। इसीलिए रायगढ़, सिन्धुदुर्ग तथा रत्नागिरी जिले के मेढक अन्य स्थानों पर बरामद होने लगे। ये मेढक चावल की फसल पर मौजूद हानिकारक कीटकों का शिकार करते थे इसीलिए इस फसल के लिए वे उपयुक्त थे। इनकी बरामदी से चावल की फसल पर संकट आ गया। परिणामस्वरूप उसकी पैदावार घटने की वजह महाराष्ट्र के शिक्षा विभाग ने पाठ्यक्रम में किया हुआ परिवर्तन ही थी। इस प्रकार इन सभी बातों के परस्पर सम्बन्ध को हमें सम्यक दृष्टिकोण से ही देखना होगा।

वैज्ञानिक दृष्टिकोण का तीसरा महत्त्वपूर्ण निकष शोधकता है। शोधकता मतलब जिज्ञासा के कारण आपके मन में हमेशा प्रश्न निर्माण होने चाहिए। दृष्टि में भी वह जिज्ञासा होनी चाहिए। मैं विभिन्न स्थानों पर जब भाषण देता हूँ तब एक कहानी बताकर हमेशा प्रश्न भी पूछता हूँ। सिसली नामक देश के राजा के दरबार में अनेक पंडित थे। एक दिन दरबार के समय राजा ने पंडितों से पूछा, "पानी से लबालब भरे बर्तन में जिंदा मछली छोड़ने पर पानी बरतन से बाहर नहीं गिरता लेकिन मृत मछली को उसी पानी में छोड़ने पर पानी बरतन से बाहर गिरता है। इसका कारण क्या है?" इसके पश्चात् मैं अपनी तरफ से एक प्रश्न पूछता हूँ कि "अगर लाल मिट्टी के घड़े में और काली मिट्टी के घड़े में पानी रखा जाए तो लाल मिट्टी के घड़े का पानी अधिक ठंडा होगा। ऐसा क्यों?" यह सवाल मैंने अनेक महाविद्यालयों में पूछा है। छात्र अलग-अलग उत्तर देते हैं।

कुछ छात्र बताते हैं, "जिन्दा मछली पानी के ऑक्सिजन को सोख लेती है इसीलिए पानी बर्तन से नीचे नहीं गिरता, जिन्दा मछली पानी पर तैरती है। मृत मछली बर्तन के तल तक जाती है, इसीलिए पानी बर्तन के बाहर गिरता है।" कुछ छात्र बताते हैं, "काली मिट्टी गर्मी को सोख लेती है, इसीलिए लाल मिट्टी के घड़े का पानी अधिक ठंडा होता है।" फिर मैं उनसे कहता हूँ, "अरे तुम्हें यह पूछना चाहिए था कि लेकिन यह सब किसने देखा है?" इस पर सभी छात्र हँसने

लगते हैं। बात सीधी-सी है। पानी से लबालब भरे किसी भी बर्तन में आपने अगर जीवित या मृत मछली छोड़ दी तो वह मछली अपने आकारमान की क्षमता का पानी बरतन से बाहर उड़ेल देगी ही। वैसे ही पानी के ठंडेपन की विशेषता, घड़ा लाल मिट्टी का है या काली मिट्टी का है, इस पर पानी का ठंडा होना निर्भर नहीं बल्कि वह घड़ा कितना सच्छिद्र है इस पर निर्भर है। क्योंकि सच्छिद्र घड़े से पानी का वाष्पीकरण होने की प्रक्रिया अधिक तेज होती है, पानी की गर्मी बाहर फेंक दी जाती है और पानी ठंडा हो जाता है। इस बात के तथ्य को न जाँचते हुए उसकी खोज की कोशिश न करते हुए हमें ऊपरी तौर पर जो बताया जाता है, उस पर हम विश्वास कर उसे सत्य मान लेते हैं। यह मान्यता विज्ञान के विरुद्ध होती है। इसीलिए हमारे पास स्वायत्तता, सम्यकता, शोधकता और विनयशीलता का होना जरूरी है।

वैज्ञानिक दृष्टिकोण हमेशा विनयशील होता है। धर्म कभी भी विनयशील होता नहीं है। धर्म का कहना होता है, जो मैं समझता हूँ वही अन्तिम सत्य है और इस सन्दर्भ में मुझसे कोई प्रश्न नहीं पूछेगा। मेरा उत्तर अचूक है। उस पर आपको अमल करना है। वही आपका काम है। मेरे उत्तर पर प्रश्न पूछा जाएगा तो उसे गम्भीर अपराध माना जाएगा। तो विज्ञान इतना ही कहता है, "आज, इस क्षण में मेरे पास जो प्रमाण है, उसके आधार पर मेरी बात सत्य है। कल अगर इससे अलग, प्रमाण मिलते हैं, तो इस सत्य में भी परिवर्तन होगा।" विज्ञान कभी अन्तिम सत्य का दावा नहीं करता। विज्ञान सत्य की निरन्तरता पर खड़ा होता है लेकिन धर्म 'अन्तिम सत्य' और 'प्रेषित का शब्द ही अन्तिम शब्द' इन दोगली धारणाओं पर खड़ा होता है।

वैज्ञानिक दृष्टिकोण का सबसे महत्त्वपूर्ण निकष 'निर्भयता' है। आगरकर ने कहा है, "सिर्फ ज्ञान की वृद्धि से कोई फायदा नहीं बल्कि उसके अनुसार वर्तन करने का साहस जरूरी है।" तकरीबन 80 वर्ष पूर्व महाराष्ट्र में एक महापुरुष ने देश के वर्तमान संकट को तत्काल भाँप लिया था। वह कहता था, "लोगो, दिन-ब-दिन बढ़नेवाली जनसंख्या देश का बहुत बड़ा संकट बन सकती है, इसीलिए आप जल्द-से-जल्द परिवार नियोजन कीजिए।" 'परिवार नियोजन' राष्ट्र के उद्धार का एक अत्यधिक महत्त्वपूर्ण मार्ग है, जिसे भारत के साथ अन्य देशों ने भी मान लिया है। 80 वर्ष पूर्व प्रबोधन करनेवाला यह कोई सामान्य मनुष्य नहीं था बल्कि जिन धोंडो केशव कर्वे को भारतरत्न मिला, उनका बेटा र. धों. कर्वे था। उस समय लोगों ने उन्हें 'पागल' कहा। उनके खिलाफ मुकदमा दर्ज किया। जिसके कारण र. धों. को मानहानि सहनी पड़ी। फिर भी निडरता से वे इस बात को लोगों को समझाने की कोशिश करते रहे। 70-80 वर्षों के बाद समाज को उनकी बात का महत्त्व समझ में आया। इसीलिए आप निरीक्षण, तर्क, अनुमान, प्रचिति और प्रयोग के द्वारा शास्त्रीय विचार पद्धति का स्वीकार कर सकते हैं। इसके साथ ही स्वायत्तता, सम्यकता,

शोधकता, विनयशीलता और निर्भयता इन मूल्यों को, एहसास को जान लेना, ये बातें निजी जीवन में वैज्ञानिक दृष्टिकोण को स्वीकारने हेतु अत्यधिक महत्त्वपूर्ण हैं।

अब यह सवाल निर्माण होता है कि वैज्ञानिक दृष्टिकोण का भारत में विकास क्यों नहीं हुआ? उसे स्वीकारने में लोगों में इतना पिछड़ापन क्यों है? यह बात सच है कि भारत में वैज्ञानिक दृष्टिकोण का भी एक दौर था। तत्कालीन भारत में तक्षशिला, नालन्दा जैसे अन्तरराष्ट्रीय स्तर के विश्वविद्यालय स्थापित हुए थे। बुद्ध तथा उनके पूर्व चार्वाक और लोकायत ने उस समय कार्यकारण भाव का खुलासा किया था। पाँचवी शती में यहाँ वराह मिहिर ने जन्म लिया। उसने 'सूर्य एक तारा है' यह घोषित किया। उसके पश्चात् आर्यभट्ट ने बताया कि 'मुझे ऐसा लगता है कि भले लगता हो कि सूर्य पृथ्वी का भ्रमण करता है लेकिन वास्तव में पृथ्वी सूर्य का भ्रमण करती है।' शून्य की खोज भारत में हुई और इस खोज के कारण वैश्विक गणित की बड़ी समस्या का हल प्राप्त हुआ। सुश्रुत जैसा एक उच्च स्तरीय बुद्धिमान शल्यविशारद भारत में निर्माण हुआ जिसने रोपण शस्त्रक्रिया का शुभारम्भ किया।

हमारे देश में इतना सब कुछ था, लेकिन तकरीबन सातवीं शती से लेकर अठारहवीं शती तक मतलब लगभग एक हजार वर्ष तक इस देश में एक तमोयुग था। पंडित नेहरू ने 'डिस्कवरी ऑफ इंडिया' में कहा है, "भारत में अनेक राजा-महाराजा हुए, समाजसुधारक हुए लेकिन कोई शास्त्रज्ञ नहीं हुआ।" मतलब यहाँ किसी के मन में प्रश्न ही निर्माण नहीं हुए कि मुगल कौन और कहाँ से आए? उनके शक्ति स्त्रोत, मर्मस्थान कौन-से हैं या थे? इसके विपरीत इस दृष्टिकोण के साथ लोग सहते रहे कि यह हमारे नसीब में लिखा था। नियति की यह परिपाटी ऐसे ही चलती रहती है। इसमें उतार-चढ़ाव तो होते रहते हैं। ये दुखभरे दिन बीतेंगे और सुख आएगा।

मतलब हजारों वर्षों तक हमारे देश ने इस दकियानूसी सोच को स्वीकार किया था। अर्थात् कौन किसके साथ कतार में सम्मान से बैठेगा, किसकी यह हैसियत नहीं है? माथे पर टीका सीधा लगाना चाहिए या आड़ा? चौमास में प्याज और लहसुन का सेवन करें या नहीं करें? जनेऊ कितने धागों का धारण करना चाहिए? गाय की पूँछ मुँह पर घुमाने से क्या पुण्य की प्राप्ति हो सकती है या गोमूत्र पीने से मृत्युपश्चात् स्वर्ग हासिल होता है? ऐसी बहस इस देश में होती रही। यही कारण था कि देश में वैज्ञानिक दृष्टिकोण को स्वीकारने की मानसिकता अथवा उसके लिए पोषक माहौल देश में हजारों वर्षों तक निर्माण नहीं हो सका। ऊपर जिन बातों का मैंने जिक्र किया है आज अगर उनका जायजा लिया जाए तो हम कुछ सीख सकते हैं। माहौल में, लोगों की मानसिकता में परिवर्तन ला सकते हैं।

पहली बात यह है कि हमारी संस्कृति में प्रश्नों को महत्त्व नहीं दिया जाता और कोई पूछे ऐसी मानसिकता नहीं है ऐसा कहें। या प्रश्नों को सुनने की आदत नहीं है ऐसा भी कह सकते हैं। रोजमर्रा के जीवन में हम उदाहरण देख सकते हैं।

बच्चों का मन हमेशा जिज्ञासारत होता है। गुरुजी से लड़का पूछता है, "मास्टरजी, मुझे बताइए कि सूरज उगने से पहले और डूबने से पहले लाल क्यों दिखाई देता है?" पढ़ानेवाली मैडम से पूछता है, "मैडम, ये जुगनू रात में ही क्यों चमकते हैं?" "तितली के पंखों पर इतने रंग कहाँ से आते हैं?" "समन्दर में ज्वार-भाटा क्यों आता है? उस समय उसके पानी में इतनी ऊँची लहरें क्यों उत्पन्न होती हैं?" इन विभिन्न प्रश्नों के उत्तर मास्टरजी या मैडम दे सकती हैं लेकिन उनका तीन शब्दों में उत्तर होता है, "बदमाश, चुप बैठ।" कभी-कभी, "बदमाश, एकदम चुप, हाथ बाँधकर शान्ति से बैठे रहो, वर्ना...।" मतलब ऐसे शान्तिप्रिय समाज में प्रश्न पूछने के साहस को बच्चों में विकसित करना निहायत जरूरी हो जाता है।

महाराष्ट्र के एक बड़े शास्त्रज्ञ ने स्वयं के बारे में एक हकीकत बताई है। वे इंग्लैंड पढ़ने के लिए गए थे। उन्होंने चौथी कक्षा में पढ़नेवाली अपनी बेटी को वहाँ के स्कूल में दाखिल कराया। विदेशी माहौल की शिक्षा उनकी बेटी को रास आएगी या नहीं, इस बात को लेकर वे चिन्तित थे। एक दिन बेटी को पढ़ानेवाले अध्यापक से उनकी भेंट हुई। तब शास्त्रज्ञ ने पूछा, "मेरी बेटी पढ़ाई में कैसी है?" अध्यापक ने कहा, "आपकी बेटी बड़ी मेधावी है लेकिन उसकी एक समस्या है।" शास्त्रज्ञ के होश उड़ गए।" कौन सी समस्या है?" उनके पूछने पर अध्यापक ने कहा, "आप घबराइए नहीं, इसमें आपका दोष नहीं बल्कि आपकी शिक्षा व्यवस्था का दोष है। आपकी बेटी कोई प्रश्न ही नहीं पूछती। एक वर्ष पश्चात् जब आप भारत वापस लौटेंगे तब आपकी बेटी प्रश्न करने लगेगी।" विदेश की पाठशालाओं में बच्चों को बिलकुल प्राथमिक कक्षाओं से ही विश्वकोश, ज्ञानकोश दिए जाते हैं। उन कोशों का शीर्षक 'टेल मी व्हाय?' ऐसा होता है। 'लेकिन क्यों' इस प्रश्न के साथ ही ज्ञान की शुरुआत होती है। हमारे यहाँ यह शुरुआत ही नकारात्मक होती है।

मैं पूरे महाराष्ट्र में भ्रमण करता हूँ। दो महीने पूर्व काम के बहाने एक घर गया था। वहाँ की एक महिला एम.एस-सी., बी.एड. की उपाधि धारक थीं। उनकी तीन-चार साल की बेटी बड़ी प्यारी थी। मैंने उसकी तारीफ की तो महिला ने कहा, "डॉक्टर, आप इसकी तारीफ ना करें, बहुत बदमाश है यह!" मैंने पूछा, "क्यों, क्या हुआ?" उन्होंने कहा, "देखिए, घर की सारी व्यवस्था मुझे ही देखनी पड़ती है। स्कूल जाना, बच्चों की पढ़ाई सब जिम्मेदारी मेरे ऊपर है।" हर नौकरीपेशा औरत को यह सब करना पड़ता है, इसीलिए मैंने पूछा, "लेकिन लड़की की बदमाशी से इसका क्या सम्बन्ध?"

मेरे इस प्रश्न पर उन्होंने स्पष्ट किया, "अजी, आपको बता तो रही हूँ। पिछले हफ्ते स्कूल जाने में मुझे देर हुई थी। इसे नहलाने मैं गुसलखाने में ले गई। नहाते वक्त यह जिद पकड़कर कहने लगी, "माँ, दो महीने पहले तूने मुझे जय साबुन से नहलाया था, जो गुलाबी था। उसके बाद लक्स था जिसका रंग नीला था। अब तूने

हमाम लगाया है जो हरा है। तीनों साबुन के रंग अलग-अलग हैं, फिर भी इनका झाग सफेद ही है, ऐसा क्यों?" मैंने स्वाभाविक तौर पर ही पूछा, "फिर आपने क्या किया?" उन्होंने कहा, "क्या कर सकती थी, बस कान के नीचे एक तमाचा जड़ दिया। फिर चुप हो गई और मैं स्कूल जा पाई।" मतलब देखिए, हम बच्चों के साथ कितना गलत बर्ताव करते हैं। बच्चे अपनी जिज्ञासा के आधार पर अपने आजूबाजू की परिस्थितियाँ, घटनाएँ एवं वातावरण का अर्थ जान लेने की कोशिश करते हैं और हम स्कूल में पढ़ाने की केवल खानापूर्ति करते हैं। ऐसे माहौल में जीनेवाले समाज में वैज्ञानिक दृष्टिकोण का पनपना बहुत मुश्किल होता है।

हमारी समाज व्यवस्था में वैज्ञानिक दृष्टिकोण न पनपने की दूसरी वजह, परिवार व्यवस्था में मौजूद एकाधिकारशाही है। एक ताजा उदाहरण देता हूँ। घर में माँ से पूछे जानेवाले छोटे प्रश्न, जैसे—'माँ, मैं सिनेमा देखने जाऊँ?', 'माँ, मैं ट्रिप के लिए जाऊँ?' या बेटा पूछता है, 'माँ, मुझे इस तरह की पैंट चाहिए, खरीद लूँ?' इन प्रश्नों पर माँ का उत्तर होता है, "थोड़ा ठहरो, 'वे' आएँगे तो हम तय करेंगे।" मतलब हर घर में एक 'वो' होता है, जो सर्वज्ञ होता है, सभी प्रश्नों के अचूक उत्तर उसके पास ही होते हैं, इस मान्यता के कारण परिवार में खुला संवाद नहीं होता है। सदस्यों में मानसिक समन्वय नहीं होता है। हमारे यहाँ कहा गया है, 'बालादपि सुभाषितम ग्राह्यम्' अर्थात् छोटा बच्चा अगर सुभाषित कहता है तो भी हमें सुन लेना चाहिए। परिवार में संवाद होना चाहिए इसका मतलब प्रत्येक की मनमानी हो ऐसा कतई नहीं। बल्कि सभी में एक-दूसरे के मतों का आदर होना चाहिए। आज के 10 से 15 साल के बच्चे जिस सफाई से कम्प्यूटर चलाते हैं उस तरह उनके पिता नहीं चला सकते। इसका कारण, यह भाषा ही इसी पीढ़ी की है। जाहिर है, परिवार में मौजूद ऐसी एकाधिकारशाही वैज्ञानिक दृष्टिकोण के पनपने में एक बाधा है।

हाल ही के दिनों में महाराष्ट्र में इस दृष्टिकोण के आड़े आनेवाली एक तीसरी समस्या उत्पन्न हो गई है। वह है, महापुरुषों का उदात्तीकरण अथवा दैवीकरण। हम जिन महापुरुषों का आदर करते हैं, उनके सम्बन्ध में हम कमाल के संवेदनशील होते हैं इसीलिए समीक्षा के आधार पर किसी महापुरुष के बारे में कहा हुआ कोई तथ्य हमें उनकी बदनामी लगता है, उन पर आरोप लगता है। अभी जो बात मैं आपको बताने जा रहा हूँ वह तकरीबन 15-16 वर्ष पूर्व की है।

'बंध-अनुबंध' कमल पाध्ये द्वारा लिखित एक पुस्तक है। उनके पति प्रभाकर पाध्ये मराठी के प्रसिद्ध लेखक एवं पत्रकार थे। इस पुस्तक में कमल पाध्ये ने लिखा है कि संगीत की एक निजी महफिल में डॉ. बाबासाहब आंबेडकर आए थे। वहाँ पर पाध्ये दंपती भी उपस्थित थे। कुछ समय बाद आंबेडकर उठकर चले गए। पाध्ये दंपती को लगा, आंबेडकर शास्त्रीय संगीत से अनजान हैं, इसीलिए वे उकता गए और चले गए। यह पाध्ये दंपती का आकलन था। भारत में आंबेडकर को जिन

कारणों से महापुरुष माना जाता है उन कारणों का उनके शास्त्रीय संगीत के ज्ञान या अज्ञान से कोई सम्बन्ध नहीं है, लेकिन कमल पाध्ये ने आंबेडकर के शास्त्रीय संगीत के ज्ञान के बारे में जो मत व्यक्त किया था, उसके लिए उन्हें कड़े विरोध का सामना करना पड़ा। कइयों ने तुनककर पूछा, "आप आंबेडकर के बारे में ऐसा विधान कैसे कर सकती हैं?" इस उदाहरण से स्पष्ट होता है कि हमने महापुरुषों का दैवीकरण और उदात्तीकरण किया है, परिणामस्वरूप आज की समाज व्यवस्था की मीमांसा करना दिन-ब-दिन मुश्किल होता जा रहा है।

वर्तमान समाज मन पर पिछड़ी प्रथा-परम्पराओं का जो प्रभाव है वह वैज्ञानिक दृष्टिकोण के पनपने में चौथी बड़ी बाधा है। महाराष्ट्र में मनाई जानेवाली 'वट पौर्णिमा' जब उच्च शिक्षित महिलाओं द्वारा मनाई जाती है तब यह हैरान करनेवाली बात होती है। इस पूजा के बारे में स्वातंत्र्यवीर सावरकर ने कहा है—"बरगद का पेड़ जब तक खड़ा है, तब तक मुसाफिरों को छाया देता है। जीर्ण होने पर उसकी छाँव में बैठे, सोये मुसाफिरों पर वह गिर जाता है और उनकी जान लेता है। अपनी पनाह में आए मनुष्य को छाँव देनी है या उनकी जान लेती है, यह सोचने की क्षमता जिस पेड़ में नहीं है, उसकी पूजा अपनी मनोकामना पूर्ति के लिए करना क्या पागलपन नहीं है? यह असत्य की पूजा नहीं? 'सत्यमेव जयते' यह हमारे देश का घोषवाक्य है और 'असत्यमेव जयते' के आधार पर हमारा वर्तन है। हमारे यहाँ किए जानेवाले पाखंड ऐसे वर्तन के उदाहरण हैं। 'पर्यावरण जिन्दाबाद' के नारे लगाकर बरगद जैसे बहुपयोगी पेड़ की टहनियाँ तोड़कर घर लाई जाती हैं और उनकी पूजा की जाती है। पुनर्जन्म की केवल कल्पना को महत्त्व देकर जिसमें जीवित हैं, उस वर्तमान जन्म में पाखंड किए जाते हैं। उन टूटी टहनियों से 'अगले सात जनम तक यही पति मिले' ऐसी मजेदार प्रार्थना की जाती है।"

इस पाखंड में निहित जो अन्तर्विरोध है, उसे मेरे एक अध्यापक मित्र ने अन्य अध्यापकों को समझाया। ये सभी प्राथमिक अध्यापक पर्चे जाँच रहे थे। उनमें गपशप भी हो रही थी। एक अध्यापक ने कहा, "आप महिलाएँ इस व्रत के द्वारा एक प्रकार से अपने पति को जल्दी ही मार देने की योजनाएँ बनाती हैं।" उनके साथ काम करनेवाली महिला अध्यापिकाएँ स्वाभाविक रूप से खीझ गईं। कहने लगीं, "अगर आपको हमारे व्रत पर विश्वास नहीं है तो ना सही लेकिन हमारी धर्म भावनाओं को दुखाने का आपको अधिकार नहीं है। सात जन्मों तक यही पति मिले तथा उसकी दीर्घायु की मनोकामना लेकर हम यह व्रत करते हैं।" उस अध्यापक ने पुनश्च कहा, "अजी, इसीलिए तो कह रहा हूँ कि आप पति को स्वयं से पहले यमलोक भेजने की योजना बनाती हैं।" अध्यापिकाएँ गुस्सा हो गई। अध्यापक ने समझाने के अन्दाज में कहा, "देखिए, आपको अपने से उम्र में बड़े पति की अपेक्षा होती है", वह बोली, "सही है, विवाह बंधन में बंधने से पहले देखा जाता

है कि पुरुष स्त्री से कम-से-कम चार वर्ष उम्र में बड़ा हो, मतलब स्त्री अगर 22 वर्ष की हो तो पुरुष 26 वर्ष का होना चाहिए। यह हमारी परम्परा है।" अध्यापक आगे बोले, "मतलब आपको अगर सात जन्मों तक यही पति चाहिए हो तो उसकी मृत्यु आपसे चार वर्ष पूर्व होनी चाहिए वरना वह अगले जन्म में आप से चार वर्ष पूर्व जन्म कैसे लेगा?"

वास्तव में यह उपर्युक्त दलील ऐसे पाखंडी रीति-रिवाजों के खोखलेपन को बहुत अच्छे ढंग से स्पष्ट करती है। महाराष्ट्र की वर्तमान स्थिति यह बताती है कि गुजरे हुए दस सालों में वैभवलक्ष्मी के व्रत का प्रसार बाढ़ के पानी की तरह महाराष्ट्र में फैला है। केवल अनपढ़ ही नहीं बल्कि शिक्षित उच्चशिक्षित महिलाएँ मुम्बई जैसे शहरों में ही नहीं, छोटी बस्तीवाले देहातों में भी यह व्रत मनोभाव से करती हैं। इसका उद्देश्य धन सम्पन्नता की प्राप्ति होता है। इस पूजा के लिए वे विभिन्न पेड़ों की टहनियाँ, पत्ते लूट लेती हैं। दूसरे दिन पूजा की सामग्री कुआँ, नदी, तालाबों में डालकर वहाँ का पानी दूषित करती हैं। इस सारे ढोंग का पर्दाफाश करने के लिए अन्धश्रद्धा उन्मूलन का आन्दोलन तो सक्रिय होता रहा है लेकिन ऐसी हानिकारक, गलत प्रथाओं को अगर समर्थन नहीं देना है तो वैज्ञानिक दृष्टिकोण को अपनाना होगा। उसके लिए परिवार के एकाधिकार तंत्र को त्यागना होगा, प्रश्न पूछने की आदत डालनी होगी। महापुरुषों का उदात्तीकरण एवं उस सन्दर्भ में संवेदनशीलता को टालना होगा। सदोष रीति-रिवाजों को त्याग देना होगा। इनके अलावा अन्य दो कारण ऐसे हैं जिनके कारण वैज्ञानिक दृष्टिकोण नहीं पनप सका।

हमारे देश में आज भी 'ब्रह्म और परमब्रह्म' इन दोनों का मिलन होता है, जिसके कारण हमारे जीवन का उद्धार होता है। ब्रह्म और परमब्रह्म ही सच है, बाकी सब झूठ है ऐसा बताया जाता है। सभी बाबा तथाकथित साधु, संत, महंत, प्रवचनकार यही बताते हैं। इनमें से किसी ने भी ब्रह्म या परमब्रह्म को नहीं देखा। वे उसे 'माया' कहते हैं। हम प्रत्येक क्षण में लौकिक जीवन जीते हैं लेकिन इस देश में किस प्रकार इस मानसिकता को स्थापित किया गया?

इस सन्दर्भ में एक कहानी मैं सुना रहा हूँ, जिसे शायद आप जानते होंगे। जंगल में एक मास्टरजी अपने छात्रों को पढ़ा रहे थे। वे छात्रों से कह रहे थे, "बोलो अहं ब्रह्मास्मि। ब्रह्मं सत्यम् जगत् मिथ्या।" अर्थात् मैं ब्रह्म हूँ। ब्रह्म सत्य है और संसार मिथ्या है। मास्टरजी पाठ पढ़ा रहे थे तभी सामने से एक बौराया हुआ हाथी मास्टरजी की ओर आता दिखाई दिया। मास्टरजी घबरा गए। पोथी के सारे पन्ने इकट्ठा कर झट से एक पेड़ पर चढ़े। छात्र भी स्वाभाविक रूप से भागकर झाड़ी की ओट में छिप गए। हाथी आया ऊधम मचाया और कुछ देर बाद दूर निकल गया। हाथी के जाने पर मास्टरजी इत्मीनान से पेड़ से उतर गए, उनको देखकर छात्र भी लौट गए। मास्टरजी उनसे कहते हैं, "चलो बैठो, पढ़ाई शुरू करो। कहो,

"अहं ब्रह्मास्मि। ब्रह्मं सत्यम जगत् मिथ्या।" एक चालाक छात्र ने मास्टरजी से पूछा, "मास्टरजी, एक प्रश्न पूछूँ?" मास्टरजी, "हाँ, पूछो।" छात्र ने कहा, "अगर संसार मिथ्या है तो फिर कुछ देर पहले हाथी आने पर आप क्यों भाग खड़े हुए?" मास्टरजी छात्र से अधिक चालाक थे। इसीलिए तो उन्होंने 2000 वर्ष तक अपनी हुकूमत चलाई। बोले, "गजोपि मिथ्या, पलायनापि मिथ्या," अर्थात् हाथी आया था यह भी झूठ और मैं भाग गया यह भी झूठ। जिस संसार और सृष्टि का चिन्तन कर उसके आधार पर वैज्ञानिक दृष्टिकोण को विकसित किया जाता है, उसी संसार को 'माया' कहकर उसे झूठ बतानेवाली सीख जहाँ दी हो, वहाँ वैज्ञानिक दृष्टिकोण विकसित नहीं होगा।

इस देश में वैज्ञानिक दृष्टिकोण के विकसित न होने का प्रधान कारण यहाँ की जाति व्यवस्था तथा पुरुष प्रधान व्यवस्था है, क्योंकि इस देश में हमने पचास प्रतिशत महिलाओं की शिक्षा का अधिकार ही नकारा है। बहुसंख्यक जाति के लोगों को शिक्षा से दूर रहने के लिए मजबूर किया, जो पढ़ पाए उनका ज्ञान उनकी जाति परम्परा तक ही सीमित रहा। मुठ्ठीभर लोग वेदशास्त्र पर अपना अधिकार जमाए बैठे रहे। वेदशास्त्र से औपचारिक ज्ञान प्राप्ति की गुँजाइश नहीं थी। जाहिर है, देश के 96-97 प्रतिशत लोग अगर औपचारिक ज्ञान से वंचित रहते हैं और शेष तीन प्रतिशत लोग अगर तत्त्वज्ञानात्मक ज्ञान को सर्वव्यापी ज्ञान समझते हैं तो ऐसी व्यवस्था में यह देश हजारों वर्ष पिछड़ जाता है, इसमें कोई सन्देह नहीं। एक दौर में इस देश का विज्ञान बहुत उल्लेखनीय था। यूरोप के साथ व्यापार वृद्धि थी, इस देश से उच्च स्तरीय कपड़ा एवं मसालों की चीजें यूरोप में बरामद होती थीं। लेकिन यह सब कुछ बीच में गुजरे एक हजार वर्ष के दौरान थम-सा गया।

सोचिए, वैज्ञानिक दृष्टिकोण के इस अभाव के कारण यह देश केवल पिछड़ गया, ऐसा ही नहीं बल्कि यह देश फिर से पराश्रित होने लगा। इसकी आत्मनिर्भरता कमजोर हो गई। इस देश से समन्दर के जरीए उस पार जाने पर पाबन्दी आ गई। सावरकर जिसे 'छह सुनहरी बेड़ियाँ' कहते थे, उसमें से एक बेड़ी, 'सागर पार जाने की पाबन्दी' है। इसके कारण यहाँ तक नौबत आ गई कि 'वास्को-द-गामा' को वहाँ के राजा और व्यापारियों ने कहा, "अरे, वह भारत देश कहाँ है? उसे ढूँढ़ो।" एक समय था जब वहाँ के व्यापारी इधर आते थे। उनके पास उच्च स्तर के रेशम के वस्त्र हुआ करते थे, मसालों की चीजें हमें उनसे मिलती थी। उनसे व्यापार करना बहुत फायदेमन्द साबित होता था। और वास्को-द-गामा भारत में आ गया। उसके पीछे डच, फ्रेंच और फिर फिरंगी आ गए। फिरंगी प्रथमत: व्यापार हेतु आए थे। धीरे-धीरे सेना लेकर आ गए और यहाँ की आजादी ले गए। मतलब वैज्ञानिक दृष्टिकोण के अभाव में हमने बहुत कुछ गँवाया है, वैश्विक होड़ में निम्न पायदान पर आ गए। वैज्ञानिक दृष्टिकोण के न पनपने के यह परिणाम हैं।

इसे विकसित करने हेतु प्रश्न पूछने की मानसिकता का समर्थन, पारिवारिक एकाधिकारशाही का खात्मा, महापुरुषों का उदात्तीकरण, रूढ़ि-परम्पराओं के प्रभाव पर रोक, ब्रह्म तथा माया के विचारों का त्याग, वास्तविक तथ्यों का स्वीकार, जातिभेद एवं पुरुषप्रधान संस्कृति का त्याग निहायत जरूरी है। यह करते समय वैज्ञानिक दृष्टिकोण को किस प्रकार से समझना चाहिए, इसका स्पष्टीकरण पंडित जवाहरलाल नेहरू ने सन् 1953 में देश की संसद में विज्ञान सम्बन्धी नीति को लेकर दिया था। विश्व के बहुत कम देशों ने ऐसी नीति अधिकृत पद्धति से अपनी संसद में प्रस्तुत की है। उस समय इस सन्दर्भ में नेहरू ने जो भाषण दिया था, उसकी पाँच पंक्तियाँ इस प्रकार हैं—Scientific temperament is a process of thinking method of action, search of truth, way of life, spirit of a free man. वैज्ञानिक दृष्टिकोण का अर्थ क्या है? तो It is a process of thinking.

अर्थात् हमने अभी-अभी जिनकी चर्चा की थी वे निरीक्षण, अनुमान, तर्क, प्रचिति, प्रयोग ये तत्त्व। लेकिन क्या यह सिर्फ प्रोसेस ऑफ थिंकिंग है? अर्थात् नहीं। It is a method of action. अर्थात् आपको कैसी कृति करनी चाहिए, आपकी कौन सी कृति अचूक एवं फलदायी सिद्ध होगी, यह भी वैज्ञानिक दृष्टिकोण ही आपको बताता है। इतना ही नहीं It is search of truth मतलब सत्य क्या है? यह जानने हेतु जो प्रक्रिया आवश्यक है, वह भी आपको वैज्ञानिक दृष्टिकोण ही सिखाता है। लेकिन क्या बस इतना ही काफी है? मुझे लगता है कि पंडित जवाहरलाल नेहरू ने कहे अन्तिम दो वाक्य अत्यधिक महत्त्वपूर्ण हैं। It is way of life, It is a spirit of free man. अर्थात् मुझे अपने जीवन को किस प्रकार से जीना चाहिए, इसका दिग्दर्शन वैज्ञानिक दृष्टिकोण करता है। यशपाल जैसे भारतीय शास्त्रज्ञ का कहना है, "वैज्ञानिक दृष्टिकोण आकलन की परिपक्वता निर्माण करता है।" इस देश की अनेक समस्याएँ इसके अभाव से ही निर्माण हुई हैं। वैज्ञानिक दृष्टिकोण के आधार पर आम आदमी के जीवन में अगर आकलन की परिपक्वता को लाया जाए तो वह अपने जीवन की समस्याओं को सुलझाने में आत्मनिर्भर बनेगा।

जलगाँव में आयोजित पुलिस अफसरों के एक शिविर में जब यह सब मैं बता रहा था तब एक डी.वाई.एस.पी. का दर्जा होनेवाले अधिकारी खड़े हो गए और बोले, "डॉक्टर, अब तक तो आप बहुत सीधी बात कर रहे थे, समझ में आ रही थी। लेकिन अभी आपने कहा कि इस देश में अनेक समस्याएँ आकलन की परिपक्वता के अभाव में निर्माण हुई हैं। वैज्ञानिक दृष्टिकोण के आधार पर यह परिपक्वता विकसित की जाए तो हम बहुत अच्छी तरह से देश की समस्याओं को सुलझा सकते हैं। यह बात मेरी समझ में नहीं आई। जरा ढंग से समझाइए।" मैंने कहा, "अच्छा ठीक है। क्या आपने यह सुना है कि 2020 तक भारत महासत्ता

बनने जा रहा है?" उन्होंने कहा, "हाँ।" मैंने कहा, "क्यों जी, 2020 में आखिर ऐसा क्या होनेवाला है जो देश महासत्ता बनेगा?" उन्होंने थोड़ा सोचा और बोले, "आज हमारे पास अणुबम है, 2020 में हम हायड्रोजन बम तैयार करेंगे।" फिर मैंने दूसरे अधिकारी से भी यही सवाल पूछा। उन्होंने उत्तर दिया, "2020 में हमारे पास अन्तर्राष्ट्रीय स्तर के मिसाइल होंगे, जिससे हम आज की तुलना में तीन गुना अधिक क्षमता से मतलब 1200 मील तक उन्हें दाग सकते हैं।" फिर मैंने तीसरे अधिकारी से वही प्रश्न पूछा। इस पर उन्होंने कहा, "आज हमने चन्द्रयान मुहिम शुरू की है। 2020 में शायद हमारा चाँद पर बसेरा होगा।" चौथे से भी मैंने वही प्रश्न पूछा, तब वे कहने लगे, "मानव संसाधन के विकास में आज भारत विश्व में छठे पायदान पर है। 2020 में वह दूसरे नम्बर पर होगा और इस तरह से भारत महासत्ता बनेगा।"

इतने सारे जवाब सुनने के बाद मैंने उनसे कहा, "आज एक मामले में भारत विश्व में एक नम्बर पर है, और इतनी जल्द उसके दूसरे नम्बर पर आने की कोई गुंजाइश नहीं।" इक्कीसवीं सदी शुरू होने पर वैश्विक बैंक ने यह विधान किया था, यह किस सन्दर्भ में था, क्या आप जानते हैं?" ऐसा प्रश्न पूछने पर अधिकांश लोगों का 'जनसंख्या' उत्तर था। दरअसल इक्कीसवीं सदी के आरम्भ के परिप्रेक्ष्य में वैश्विक बैंक ने यह कहकर खतरे की घंटा बजाई थी कि "India will have 54 percent's of the total illiterate population of the world when it will be stepped in the 21st century." अर्थात् पूरा विश्व जब इक्कीसवीं सदी में प्रवेश करेगा उस समय एक विशेष बात भारत के हिस्से में आएगी। विशेष यह होगा कि 600 करोड़ जनसंख्यावाले विश्व में जितने अनपढ़ होंगे उनमें से 54 प्रतिशत अनपढ़ अकेले भारत में होंगे। बाकी 46 प्रतिशत शेष विश्व से होंगे।

अब हमें यह सोचना चाहिए कि जो देश हायड्रोजन बम तैयार कर सकता है, वह अपने सभी बंधुओं को क्या साक्षर नहीं कर सकता? आज के भारत में स्थिति यह है कि एक लाख नवजात शिशुओं में से 500 शिशु जन्म के तुरन्त बाद मृत हो जाते हैं। इस मामले में हम हमारे पड़ोसी बांगलादेश से दो कदम आगे हैं। गर्भावस्था में जितनी बड़ी संख्या में हमारी माँ-बहनें मर जाती हैं उतनी पड़ोस के मामूली 'सिलोन' जैसे देश में नहीं मरतीं। अन्तरखंडीय मिसाइल बनानेवाला हमारा देश क्या यह गर्भवती माँ-बहनों की मृत्यु का सिलसिला नहीं रोक सकता? जनवरी महीना शुरू होते ही इस देश के तीन लाख देहातों में हमारी माता-बहनें एक घड़ा पानी के लिए मीलों तक दर-दर भटकती हैं। जो देश चाँद पर बसेरा करने के सपने देखता है, जो देश मानव-संसाधन के तंत्रज्ञान में दूसरे नम्बर पर आने की घोषणा करता है क्या वह अपनी ही माँ-बहनों के लिए उनके घरों में नल के पानी की व्यवस्था नहीं कर सकता?

अब हमें यह भी सोचने की जरूरत है कि उपर्युक्त कोई भी समस्या चुनाव की समस्या क्यों नहीं हो पाती? इसका कारण यह है कि इस देश की अनेक समस्याएँ आकलन की परिपक्वता के अभाव से निर्माण हुई हैं, जो केवल वैज्ञानिक दृष्टिकोण के विकास से ही दूर हो सकती हैं। इसके विकास से ही यहाँ का सामान्य आदमी बेरोजगारी, स्वास्थ्य, शिक्षा के सन्दर्भ में निर्मित प्रश्नों के कारण पूछेगा। अपनी जीवनशैली में परिवर्तन ला सकेगा। इस सामान्य मनुष्य को अपने जीवन को विकसित करने का बल सिर्फ वैज्ञानिक दृष्टिकोण ही दे सकता है। इस बारे में नेहरू का पाँचवाँ वाक्य है—'Scientific temperament is a process of thinking, method of action, search of truth, way of life.' उनका अन्तिम अत्यधिक महत्त्वपूर्ण वाक्य है, 'It is a spirit of a free man.' मतलब वैज्ञानिक दृष्टिकोण ही स्वतंत्र मनुष्य की सामर्थ्य है, वही उसका सही आत्मज्ञान है। आत्मसम्मान है।

आज के जनतंत्र में हमारा आत्मज्ञान, हमारा आत्मसम्मान चुनाव प्रक्रिया में व्यक्त होता है। वह आत्मसम्मान कभी धर्म, कभी जाति, तो कभी गुंडागर्दी, हुकुमशाही की शरण में चला जाता है। कभी पैसों के लिए कमजोर होकर कलंकित होता है। यह sprit of free man हमेशा के लिए अगर आपको मजबूत स्वस्थ रखना हो तो उसके लिए वैज्ञानिक दृष्टिकोण का टीका ही सही इलाज है। जीवन में एक बार यह टीका लेने से आपका वजूद खनकते सिक्के की तरह कायम रहता है। यही कारण है कि वैज्ञानिक दृष्टिकोण एवं स्वस्थ जनतंत्र का एक-दूसरे से गहरा सम्बन्ध है। इसीलिए वैज्ञानिक दृष्टिकोण की शुरुआत अन्धविश्वास के उन्मूलन से होती है। स्वस्थ, मजबूत जनतंत्र वाले देश तक की यात्रा यह वैज्ञानिक दृष्टिकोण ही हमें करवाता है। मैं स्वयं यह सोचता हूँ कि इस सारी सम्यकता पर अगर ध्यान दिया जाए तो अपने आप को अथवा समाज को बदलने के लिए वह निश्चित ही दिशादर्शक सिद्ध हो सकती है।

‘फलज्योतिष’ शास्त्र क्यों नहीं?

अन्धविश्वास उन्मूलन आन्दोलन के दौरान लोग हमें बताते हैं कि आपका अन्धविश्वास उन्मूलन का यह कार्य बहुत मौलिक है, महान है। आप पाखंडी बाबा, साधुओं का भंडाफोड़ करते हैं। उनके ढोंग का पर्दाफाश करते हैं। यह बहुत जरूरी है। भूत की कल्पना और मानसिक स्वास्थ्य के सन्दर्भ में आप जो जानकारी देते हैं वह सही है। भानमती जैसी घटनाओं को आप प्रत्यक्ष जाकर उसके डर का खोखलापन स्पष्ट करते हैं यह और भी अच्छा है। अन्धविश्वास उन्मूलन आन्दोलन को सही बतानेवाले लोग, जब हम ‘फलज्योतिष यह कोई शास्त्र नहीं बल्कि पाखंड है’ ऐसा कहते हैं तो हमारा विरोध करते हैं। ‘दाभोलकर तो काम से गए’, ‘आन्दोलन बिगड़ गया’ उनके ऐसे जुमलों की बुनियाद किस मान्यता से बनी है? वे कहते हैं कि ‘ज्योतिष का दो हजार वर्षों का इतिहास है, इसीलिए वह शास्त्र है।’ वे ऐसा भी कहते हैं कि ‘दिल्ली से लेकर गली, मुहल्ले में रहनेवाले सभी स्तर के लोग ज्योतिषशास्त्र को मानते हैं और उसे न माननेवाले आप कहाँ के तीसमारखाँ हैं?’ कभी-कभी ‘दाभोलकर, आप डॉक्टर हैं। हमें आपके क्षेत्र का कोई ज्ञान नहीं है। क्या हम इसके बारे में कभी बात करते हैं? नहीं ना? वैसे ही ज्योतिषशास्त्र के बारे में आप कुछ नहीं जानते तो फिर इस सन्दर्भ में आप क्यों बोलते हैं?’ ऐसे टेढ़े सवाल भी किए जाते हैं। इन सभी सवालों के बहुत सही जवाब मेरे पास हैं।

पहली बात तो यह है कि ज्योतिषशास्त्र का दो हजार वर्षों का नहीं बल्कि तकरीबन छह-सात हजार वर्षों का इतिहास है। बैबेलोनियन संस्कृति में 4000 वर्ष पूर्व आकाश में स्थित ग्रहों के सन्दर्भ में लिखी टिप्पणियाँ पाई गई हैं। इन टिप्पणियों के आधार पर तत्कालीन लोगों को इस बात का पता चला कि आकाश में कुछ विशेष ग्रहों के दिखाई देने के पश्चात् बारिश होती है। बारिश के बाद नाईल नदी की रेत दोनों किनारों पर फैलने से खेती के कामों के लिए तैयारी में रहना चाहिए। मतलब आरम्भ की कुछ शतियों में उन लोगों ने ग्रहों का जो निरीक्षण किया उसमें खगोलशास्त्र, गणित तथा फलज्योतिष भी था। दूसरे शब्दों में उसमें एस्ट्रॉनॉमी मैथेमेटिक्स और एस्ट्रॉलॉजी भी थी।

जैसे-जैसे विज्ञान का विस्तार हुआ, उसका प्रसार हुआ वैसे ही खगोलशास्त्र सम्पूर्ण शास्त्र बन गया। गणित को भी शास्त्र माना गया लेकिन फलज्योतिष को शास्त्र का दर्जा नहीं मिला। तब तक फलज्योतिषियों में अनेक हितसम्बन्धों का निर्माण हुआ था। एक ओर यह मानसशास्त्र होता है कि मनुष्य के मन में अपने भविष्य के प्रति जिज्ञासा होती है। यही कारण था कि बहुसंख्य लोग इस विषय की ओर आकर्षित हो गए थे और दूसरी ओर फलज्योतिष कहनेवालों में मिलीभगत हो गई थी। उन्हें मुआवजे के रूप में पैसा, कीर्ति एवं लोकप्रियता मिल रही थी। उनमें से कुछ ज्योतिर्विद्याविशारद बन गए थे, कुछ ज्योतिर्भास्कर बने थे। कुछ महिलाएँ ज्योतिष्पति बन गई थीं। फलज्योतिष का कोई शास्त्रीय आधार न होकर भी केवल दो-चार वर्षों का उसका इतिहास बताकर वह चलाया जाता रहा। केवल हजारों वर्षों के इतिहास की कसौटी पर कोई बात 'शास्त्र' का रूप नहीं ले सकती।

दिल्ली से लेकर गली-मुहल्ले तक अनेक क्रियाएँ-प्रतिक्रियाएँ, घटनाएँ होती रहती हैं, लेकिन जरूरी नहीं कि वे सभी उचित या प्रमाणित हों, यही निकष फलज्योतिष पर भी है। दिल्ली से गली-मुहल्लों तक लोग शराब पीते हैं, तमाखू-गुटखा खाते हैं, जो स्वास्थ्य के लिए हानिकारक है। दिल्ली से लेकर गली-मुहल्लों तक लोग भ्रष्टाचार करते हैं जो देश और समाज को नुकसान पहुँचाता है तो क्या इसका समर्थन करना ठीक है? बिलकुल उसी तरह दिल्ली से लेकर गली-मुहल्ले तक लोग भविष्य देखते हैं, उस पर विश्वास रखते हैं, जिसका कोई शास्त्रीय आधार नहीं है, तो क्या इसका भी समर्थन होना चाहिए? इसका इतना ही अर्थ है कि गलती करनेवाला व्यक्ति एक व्यक्ति है या अनेक इस पर उसका उदात्तीकरण निर्भर नहीं होता है। वह गलती ही रहेगी।

तीसरा मुद्दा यह है कि हम वैद्यकशास्त्र के बारे में चर्चा नहीं करते इसीलिए आप भी ज्योतिषशास्त्र के बारे में ना बोलें तो अच्छा है। इस विधान में यह मान लिया गया है कि वैद्यकशास्त्र की तरह फलज्योतिष भी एक शास्त्र है। हम जादू-टोना, भानमती, टोना-टोटका इन पाखंडों की पोल खोलते हैं। इतना ही नहीं तो इस सन्दर्भ में कानून पारित करने के लिए महाराष्ट्र सरकार से हमारा तकाजा है और वह कानून बनेगा, यह हमें विश्वास भी है। अगर हमसे कोई यह सवाल करता है कि "आप जादूटोना नहीं कर सकते, टोना-टोटका या भानमती क्या है, यह आपको पता नहीं तो आप इस बारे में इतने बेपरवाह होकर चर्चा कैसे कर सकते हैं? उसके लिए कानून बनाने की माँग क्यों करते हैं?" इसका सीधा जवाब यह है कि भले ही हम इन बेतुकी, बेबुनियाद बातों को नहीं जानते लेकिन शास्त्र की बुनियाद होनेवाले वैज्ञानिक दृष्टिकोण को जरूर जानते हैं। वह कहता है कि कोई भी कार्य बेवजह नहीं होता। हर कार्य की प्रेरणा का एक कारण होता है तथा एक विशेष पद्धति के द्वारा उसकी जाँच-पड़ताल भी की जा सकती है। जिस प्रकार भानमती, टोना-टोटका, जादू-टोना, डायन आदि बातों का कोई कार्यकारण भाव नहीं है, उसी

प्रकार फलज्योतिष जिसे लोग शास्त्र कहते हैं उसका कोई कार्यकारण भाव नहीं है। इसका मतलब यह है कि किसी भी कुशल ज्योतिषी को आप यह कह सकते हैं कि 'नरेन्द्र दाभोलकर ऐसा कहते हैं कि ज्योतिष नामक शास्त्र ने अपनी कोई भी हायपोथेसिस या परिकल्पना जाहिर नहीं की है। क्योंकि कोई भी शास्त्र स्वयं को सिद्ध करने के लिए अपनी परिकल्पना को स्पष्ट करता है। उसे सूक्ष्म जाँच-पड़ताल की कसौटी पर खरा उतरना पड़ता है। तभी वह सिद्धान्त में रूपान्तरित होता है।

भविष्यवेत्ताओं ने ऐसी कोई भी परिकल्पना आज तक नहीं दी है। वे जिन परिपकल्पनाओं के आधार पर अपना व्यवहार तय करते हैं उनको मैं स्पष्ट करता हूँ। उन परिकल्पनाओं के तीन भाग हैं। पहला : आकाश में स्थित ग्रह मानव जीवन पर अपना निरन्तर प्रभाव डालते हैं। दूसरा : व्यक्ति जिस घड़ी में जन्म लेता है, वह घड़ी उसके सम्पूर्ण जीवन को प्रभावित करती है। तीसरा : इनकी वजह से मनुष्य के नसीब का केवल पता ही नहीं चलता बल्कि वह तय भी होता है और उसमें परिवर्तन भी होता है। कुछ मिलाकर अवकाश के ग्रह मनुष्य की तकदीर के निर्माता होते हैं ऐसा कुछ इन लोगों का आग्रह होता है। ये तीन परिकल्पनाएँ अगर हम सूक्ष्मता से जाँच लें तो 'फलज्योतिष शास्त्र नहीं है' इस निष्कर्ष का सत्य उजागर होने में काफी मदद होगी।

मनुष्य जीवन पर निरन्तर परिणाम करनेवाले आकाशस्थ ग्रहों में हमारे सौरमंडल में नवग्रहों का तत्पश्चात् नक्षत्र और अन्य राशियों का समावेश होता है। अब जिन नौ ग्रहों को लोग ज्योतिष मानते हैं, उनकी स्थिति को देखते हैं। इनमें से एक सूर्य है, लेकिन सूर्य ग्रह नहीं बल्कि तारा है। चन्द्र भी ग्रह नहीं मगर पृथ्वी का उपग्रह है। राहु और केतु ये दो खतरनाक ग्रह मानो दाउद की गैंग से आतंक फैलाने हेतु लाए जाते हैं, उनका तो अस्तित्व ही नहीं है। वे छेदन कक्षा अथवा सम्पात बिन्दु हैं। अगर नौ में से चार चीजों का अस्तित्व ही नहीं है तो यहाँ ज्योतिषशास्त्र का 44 प्रतिशत पाखंड सामने आता है। और एक बात, अगर ज्योतिषियों ने 'चन्द्र' इस उपग्रह को अपनी गिनती में रखा है तो वास्तव में गुरु के 45 उपग्रहों की आज तक खोज हुई है तो उन्हें इस शास्त्र में क्यों नजरअन्दाज किया गया है? इस प्रश्न का उत्तर उन्हें देना चाहिए, मगर मिलता नहीं। इसीलिए मनुष्य का जीवन नवग्रहों पर निर्भर है। यह विधान ही वास्तव में निरर्थक है।

मैंने अनेक स्थानों पर बहुत बार यह प्रश्न पूछा है कि पृथ्वी पर स्थित मनुष्य के लिए विश्व का कौन सा ग्रह अधिक खतरनाक है? मुझे अधिकतर स्थानों पर इस प्रश्न का उत्तर 'शनि' मिला। शायद ही 'मंगल' का नाम लिया गया। लेकिन सच यह है कि पृथ्वी ही मनुष्य के लिए सबसे खतरनाक ग्रह है। नवग्रहों में से एक। मेरा और आपका पूरा जीवनयापन इस पृथ्वी पर ही होता है। शनि पर प्लॉट का मूल्य क्या है? वहाँ के वातावरण की स्थिति क्या है? वहाँ पीने के लिए पानी

उपलब्ध है या नहीं? इन आशंकाओं से मेरा और आपका कोई सम्बन्ध नहीं है, क्योंकि अपना पूरा जीवन हम इसी पृथ्वी पर जीते हैं। इस सत्य के बावजूद पृथ्वी को हमारी जन्मपत्रिका में स्थान क्यों नहीं है? इस प्रश्न पर ज्योतिषी कहते हैं, 'वह केंद्र में है, इसीलिए उसका उल्लेख नहीं है।' अब देखिए, ज्योतिष महानुभावों के इस विधान ने गैलीलियो, कॉपर्निकस से लेकर जयंत नारलीकर तक सभी शास्त्रज्ञों की प्रतिभाशाली खोज एवं सिद्धान्तों को एक झटके में तोड़ दिया।

एकाध घटना या बात का परिणाम देखने हेतु उस घटना या सम्बन्धित बात की जाँच-पड़ताल किस प्रकार से होती है इस पर अगर आप गहराई से सोचें तो कुछ बातें जरूर पता चलेंगी। मान लीजिए कि किसी विशिष्ट जड़ी-बूटी का अर्क लेने के पश्चात् उसका पेशेंट के स्वास्थ्य पर कौन सा परिणाम होता है यह देखना पड़ेगा। लेकिन अगर 100 प्रकार की विभिन्न जड़ी-बूटियों का मिश्रण कर उनका अर्क मरीज को दिया जाए और उसका स्वास्थ्य ठीक हो जाए तो यह कहना कठिन होगा कि उन सौ में से किस जड़ी-बूटी की मात्रा से वह मरीज ठीक हो गया। बिलकुल उसी तरह, नवग्रह, आपकी राशियाँ तथा आपके नक्षत्र इनमें से किसका परिणाम आपके भाग्य/भविष्य पर होता है, इसका पता लगाना हो तो किसी एक विशिष्ट राशि या नक्षत्र को ध्यान में लेकर बाकी राशियों, नक्षत्रों के परिणामों को नजरअन्दाज कर देना चाहिए। अगर ऐसी कोई सुविधा ना हो तो, अमुक शनि करता है, तमुक मंगल या गुरु करता है। इन विधानों की कोई वैचारिक बुनियाद नहीं है।

दरअसल किसी भी बात का दीर्घकालीन तार्किक निरीक्षण ही उसे शास्त्र की कसौटी पर खरा सिद्ध करता है। लेकिन ज्योतिषशास्त्र के लिए यह असम्भव है। इसका पहला कारण देखिए—आपको बताया जाता है कि आपके नवग्रह आपकी राशि और नक्षत्रों के बीच से गुजरकर अपनी दिशा तय करते हैं। प्रत्यक्ष में वास्तव यह है कि ये नवग्रह, नक्षत्र तथा राशियाँ इनके बीच अनगिनत मीलों की दूरी है और यह खगोलशास्त्रीय सत्य सर्वज्ञात भी है। इनके बीच कम-से-कम पचास हजार अरब मीलों का अन्तर है। हमारे अकेले सूर्यकुल में नौ गृह हैं। हमारा सूर्य जिसका हिस्सा है उस आकाशगंगा में सूर्य से भी विशालकाय 270 अरब तारे हैं। अब तक ऐसी 1000 करोड़ आकाशगंगाएँ खोजी जा चुकी हैं। हमारे जीवन पर परिणाम करनेवाले ग्रह, राशियों एवं नक्षत्र का निरीक्षण करने के लिए समान स्थिति का सिलसिला जरूरी है तभी वह सम्भव है। वास्तव में इतना अगाध विश्व अगर हमारे इर्द-गिर्द घूमता रहता है तो अन्तराल के असीम संसार को मद्देनजर रखते हुए ऐसी स्थिति की पुनरावृत्ति असम्भव ही है।

और एक उदाहरण देखिए, अगर किसी विशिष्ट पेड़ पर पूरे साल में एक ही बार फूल खिलता है, तो उसका निरीक्षण हम कर सकते हैं। दस वर्षों में एक बार वह खिलता है, तो भी निरीक्षण सम्भव है। सौ वर्षों में एक बार खिलता है,

तो उसका निरीक्षण थोड़ा कठिन लेकिन सम्भव है। 1000 वर्षों के दरमियान एक ही बार खिलनेवाले इस फूल का निरीक्षण एक सपना होगा, लेकिन वह सच हो सकता है मगर, कोई फूल पेड़ पर एक लाख अथवा एक करोड़ वर्षों के दौरान एक ही बार खिलने की उसकी विशेषता है तो, उसका निरीक्षण केवल असम्भव है। ग्रह स्थिति भी इसी तरह नामुमकिन है, तो फलज्योतिष के निरीक्षण की कोई गुँजाइश है ही नहीं। तो कुल मिलाकर निष्कर्ष यही निकलता है कि फलज्योतिष की कोई भी शास्त्रीय बुनियाद वास्तव में नहीं है।

आकाश का अन्तराल बारह हिस्सों में विभाजित है। ये बारह हिस्से कायम हैं, उनका गुणांकन दिया गया है। बस इसी संरचनात्मक परिकल्पना पर पूरा फलज्योतिष खड़ा है। हालाँकि अन्तराल का यह विभाजन ही हास्यास्पद है क्योंकि पृथ्वी तथा शेष सभी ग्रह निरन्तर घूमते रहते हैं। हमारी पृथ्वी एक दिन में चौवन हजार मील रफ्तार से भ्रमण करती रहती है। अब प्रश्न यह है कि जो पृथ्वी इस प्रकार से घूमती है, उसके आसपास के अन्तराल में स्थित हिस्से कायम कैसे रह सकते हैं? इस आधार पर उन्हें गुण दिए जा सकते हैं। इस बात का कोई प्रमाण तो होना चाहिए। अर्थात् यह पूरी तरह से शास्त्रीय है। ज्योतिषी कहते हैं कि मंगल और रवि पुरुष प्रकृति के ग्रह हैं। बुध और शनि षंढ हैं। इसका मतलब क्या? मंगल और रवि, बुध और शनि क्या हैं? इसका अधिकांश ज्ञान अब खगोलशास्त्र के पास है। ऐसी वस्तुस्थिति के बावजूद कोई ग्रह पुरुष प्रकृति का है, कोई ग्रह स्त्री प्रकृति का है और राशियाँ पृथ्वी, जल, वायु, अग्नि से निर्माण हुई हैं। इन विधानों की सत्यता का कोई प्रमाण मौजूद नहीं है। जाहिर है, फलज्योतिष को शास्त्र का दर्जा नहीं प्राप्त हो सकता।

और एक महत्त्वपूर्ण बात, जिस पर आधुनिक शास्त्र ने गौर किया है, पर ध्यान देना जरूरी है। यह बात फलज्योतिष की 'शास्त्र' के रूप में बताई जानेवाली खोखली बुनियाद ही उखाड़कर रख देगी। हम मानते हैं कि पृथ्वी दो प्रकार की गति में भ्रमण करती है। पहली, वह सूर्य के चारों ओर घूमती है। दूसरी, वह स्वयं के चक्कर काटती है। लेकिन क्या आप जानते हैं कि उसकी एक तीसरी गति भी है? जिसे परांचन या वॉबलिंग कहा जाता है। मतलब पृथ्वी सूर्य के चारों ओर घूमती रहती है और साथ ही चक्राकार घूमनेवाले भँवरे की तरह लुढ़कती-पुढ़कती हुई अपनी यात्रा करती है। इस परांचन गति के कारण उसे अपनी मूल स्थिति में आने के लिए छब्बीस हजार वर्षा की दीर्घावधि लगती है। इसका कारण यह है कि वह 360 अंश में घूमती है। इसीलिए अगर आज उसका अक्ष ध्रुव की तरफ है तो 2000 वर्षों के पश्चात् वह नक्षत्र की तरफ होगा। इसी प्रक्रिया पर आधारित ज्योतिष विचारों का अस्तित्व अगर 2000 वर्षों से माना जाए तो वर्तमान स्थिति में पृथ्वी का परांचन एक घर से आगे खिसका हुआ है। मतलब पहले जो वृषभ राशि के नक्षत्र थे वे अब मिथुन राशि में आ गए हैं और उनकी बुनियाद परिवर्तित

हो गई है। इन सभी बातों का कुल परिणाम यही स्पष्ट करता है कि आकाशस्थ गृहगोलों का पृथ्वी पर स्थित मनुष्य जीवन पर निरन्तर परिणाम होता है, यह कथित परिकल्पना खारिज हो जाती है।

दूसरी यह परिकल्पना चलाई जाती है कि ग्रहगोलों का यह परिणाम व्यक्ति के निश्चित जन्म समय पर आधारित होता है। मेरी पत्नी स्त्रीरोग विशेषज्ञ है। हर महीने मेरे अस्पताल में 30-40 बच्चे जन्म लेते हैं। बच्चा जन्म लेने के बाद जब डॉक्टर बाहर आते हैं तो प्रतीक्षा में बैठे रिश्तेदार पहला प्रश्न यह पूछते हैं, 'डॉक्टर, लड़का है या लड़की?' आजकल यह प्रश्न पूछा नहीं जाता क्योंकि बच्चा जन्म लेने से पहले ही चुपचाप सोनोग्राफी कराके इस प्रश्न का उत्तर प्राप्त किया जाता है। दूसरा प्रश्न, 'डॉक्टर टाइम क्या हुआ है?' ऐसा प्रश्न पूछनेवाले लोग मेरे अपने पेशेंट होते हैं और मैं मानूँ या नहीं मानूँ लेकिन एक व्यवसायी होने के नाते मुझे उनके इस प्रश्न का उत्तर, बच्चे का जन्म समय बताकर देना ही पड़ता है।

दरअसल, बच्चे का जन्म समय बताने में मुझे कोई आपत्ति नहीं है, लेकिन मेरे मतानुसार कुल सात बार यह जन्म समय तय होता है। इनमें से कौन सी घड़ी सही और अचूक माननी चाहिए, यह बताना बड़ा मुश्किल है। नम्बर एक—स्त्री की गर्भनलिका में जब स्त्रीबीज और पुरुषबीज का मिलन होकर एम्ब्रिओ नामक फैलोपिअन ट्यूब में तैयार होता है, जो गर्भ को जन्म देता है, यह सही मायने में पहला समय होता है। प्रत्यक्ष जन्म से 9 मास 9 दिन पहले। मगर फैलोपिअन निर्माण होने की सही घड़ी कोई नहीं बता सकता। दूसरा समय तब होता है जब पेट में पलनेवाला बच्चा कुछ महीनों का होने पर डॉक्टर्स को गर्भपात करने की कानूनन अनुमति नहीं होती क्योंकि उस बच्चे को जीवनदान मिलने की अधिक सम्भावना होती है। मतलब कानून के मुताबिक जिस समय बच्चे को जनन क्षमता प्राप्त होती है क्या वह उसका जन्म समय माना जाना चाहिए?

तीसरा समय तब होता है जब बच्चा प्रत्यक्ष जन्म लेता है। यह घटना किसी रॉकेट का उड़ान नहीं होती कि उसका काउंट डाउन करें। 3-2-1 टँ टँऽऽ और बच्चे का जन्म हुआ। यह मान्यता भी गलत है, तर्कशुद्ध नहीं है। वास्तव में कुछ अवस्थाओं के माध्यम से बच्चे का जन्म होता है। बच्चे का सिर प्रथमत: बाहर आता है और उसे पूर्णत: बाहर आने के लिए कुछ मिनटों का समय लगता है। एक घंटा भी लगता है लेकिन यह अपवादात्मक स्थिति होती है। तो सन्दिग्धता यह है कि बच्चे का विशिष्ट समय कौन सा माना जाना चाहिए? जब उसका सिर बाहर आता है तब, वह पैरों सहित पूर्ण रूप से बाहर आता है तब? इन कुछ मिनटों के दरमियान कौन-से विशिष्ट नक्षत्र में बच्चे का जन्म हुआ है, यह भला कैसे तय हो सकता है? चौथी बात, सभी बच्चे सिर के बल जन्म नहीं लेते बल्कि कुछ पैरों की तरफ से भी बाहर आते हैं अर्थात् उनकी यह स्थिति माँ के गर्भ में उत्पन्न तत्कालीन

परिस्थिति पर भी निर्भर होती है। पैरों की तरफ से जन्म लेनेवाले बच्चों को 'पायालू' कहा जाता है और वैद्यकीय भाषा में डॉक्टर इस क्रिया को 'ब्रीच डिलीवरी' कहते हैं। ऐसी परिस्थिति में वही प्रश्न लौटकर उपस्थित होता है कि बच्चा किन विशिष्ट लम्हों में जन्म लेता है? पैरों की तरफ से बाहर आता है तब या सिर की तरफ से बाहर आता है तब?

पाँचवी बात, जन्म लेनेवाला हर बच्चा अपनी माँ के अस्तित्व से नाल के माध्यम से जुड़ा होता है। हम डॉक्टर उसे काटकर अपनी माँ से बच्चे को अलग करते हैं। इस दुनिया में उसके स्वतंत्र अस्तित्व की शुरुआत होती है। क्या इस घड़ी को उसका जन्म समय माना जाना चाहिए या नहीं? अगर नहीं तो फिर वह विशिष्ट समय उपर्युक्त बताई गई अवस्थाओं में से किसे माना जाए? यह प्रश्न निरुत्तर ही रहता है।

छठी बात, हर एक बच्चे को जन्म के बाद रुलाना अनिवार्य होता है। अगर वह नहीं रोता है, तो यह डॉक्टर के लिए अत्यधिक चिन्ता की बात होती है। जन्म लेने के तुरन्त बाद बच्चे को हाथ में उल्टा लटकाकर हम डॉक्टर को उसकी पीठ पर जोर से थप्पड़ लगाने पड़ते हैं। यह देखकर कोई हमें कह सकता है कि "अरे आप एक डॉक्टर होकर भी इतने निर्दयी कैसे? इस नवजात शिशु पर इस तरह से थप्पड़ मारना आपको शोभा नहीं देता।" लेकिन बच्चा जब टँहँऽऽ करके रोना शुरू हो जाता है तो आपकी दृष्टि में वह रोता है लेकिन गर्भाशय में महीनों तक सिकुड़े हुए उसके फेफड़ों का प्रसरण हो जाता है और वह इस दुनिया में पहली साँस लेता है। मतलब वास्तव में वह उसी समय इस दुनिया में जन्म लेता है। जाहिर है, पुनश्च वही आशंका कि इनमें से बच्चे का विशिष्ट समय कौन सा माना जाए? ज्योतिष या भविष्यवेत्ताओं को खामोश करनेवाला प्रश्न! यह सन्दिग्धता यहीं पर खत्म नहीं होती। आपको यह भी पता होगा कि जिस महिला की प्राकृतिक जचगी होना सम्भव नहीं होता उसे सिजेरियन बताया जाता है।

इसी सन्दर्भ में दो महीने पूर्व मेरे अस्पताल में घटा वाकया बताता हूँ। एक महिला ने गर्भवती होने पर ट्रीटमेंट के लिए स्वयं को हमारे यहाँ भर्ती किया था। जाँच और ट्रीटमेंट ठीक-ठाक था। आखिरी जाँच के बाद मेरी पत्नी ने उसे बताया कि "अब समय आ गया है, तुम कल सुबह आ जाना, भूलतज्ञ भी हैं, तुम्हारा ऑपरेशन कर देंगे।" उस महिला ने ना की रट लगानी शुरू की। "वो क्या है ना बाई, और दो दिन हम रुक नहीं सकते क्या?" मेरी पत्नी ने पूछा, "पैसों की अड़चन है क्या? या तुम्हारा पति बाहर गाँव गया है? क्या बात है?" उस पर महिला ने कहा, "नहीं बाई, वो ऐसा है ना, इतने दिन रुक गए हैं तो अभी और दो दिन रुकते तो...दो दिन बाद गुढ़ी पाडवा है ना! साढ़े तीन शुभशगुनों में से एक। मेरा बच्चा इस दिन जन्म लेगा तो मुझे बहुत खुशी होगी!" अब बताइए, अगर हम

समय चुनकर बच्चे को जन्म देकर उसका भविष्य बदल सकते हैं तो हम ब्रह्मदेव के भी बाप बन गए हैं!

इस बात को समझने की कोशिश करें कि विशिष्ट जन्म समय पर जीवन का भविष्य निर्भर होता है यह बहुत बड़ा अन्धविश्वास है। मान लीजिए, किसी एक स्थान पर एक ही समय तीन टेबल रख दिए गए हैं। उन पर ऐसी तीन गर्भवती महिलाओं को सुला दिया गया जिनकी डिलीवरी का समय नजदीक आ चुका है। उनमें से एक खेत मजदूर की पत्नी है, दूसरी गाँव के किसी रईस व्यापारी की बेटी है तथा तीसरी मुकेश अंबानी जैसे देश के सबसे अमीर उद्योगपति की बेटी अथवा बहू है। एक ही समय सिजेरियन के द्वारा तीनों महिलाएँ अगर बच्चों को जन्म देती हैं, तो ज्योतिष के अनुसार उन तीनों बच्चों का भविष्य समान होना चाहिए। हम यह भी मान लेंगे कि बच्चे के जन्म के बाद खेत मजदूर की पत्नी अपने नवजात शिशु को लेकर खुद को सँभालते हुए जितना सम्भव हो, उतनी शीघ्रता से घर जाएगी, क्योंकि बिना मजदूरी किए उसका गुजारा नहीं होगा। शस्त्रक्रिया के दस दिनों बाद गाँव का व्यापारी गाड़ी में अपनी बेटी को घर ले जाएगा। अंबानी अपनी बेटी या बहू को हेलिकॉप्टर से अपने घर ले जाना चाहेंगे जिसके लिए अस्पताल के पास हेलिकॉप्टर लैंडिंग के लिए खुली जगह के बारे में पूछताछ करेंगे। इसका अर्थ यह हुआ कि मनुष्य का भविष्य ग्रहगोलों की गति पर नहीं बल्कि उसकी सामाजिक स्थिति पर निर्भर होता है। मनुष्य इस स्थिति को बदल सकता है, वही उसका निर्माता होता है। इसीलिए खेत मजदूरन, व्यापारी की बेटी और अंबानी की बहू या बेटी इन तीनों के एक ही समय जन्म लिए बच्चों का भविष्य एक समान हो यह जरूरी नहीं, वे खुद उसके निर्माता होंगे। जाहिर है, विशिष्ट जन्म समय पर मनुष्य का भविष्य आधारित होता है यह दूसरी परिकल्पना एक झूठ के सिवाय कुछ नहीं।

तीसरा सिद्धान्त और भी घातक है। भटकानेवाला है। आप इस कल्पना को पहले से ही मानते हुए चलते हैं कि ज्योतिष के कारण ही मनुष्य को अपने भविष्य की जानकारी मिलती है। कब कौन सा संकट आनेवाला है, उसकी तीव्रता को कम करने के लिए क्या करना है, वगैरह ज्योतिषी ही आपको बता सकते हैं। आप अपने जन्म के साथ ही भविष्य को लिखकर लाते हैं और ज्योतिषी उसमें काल के अनुसार होनेवाला परिवर्तन बताते हैं। उदाहरण—आप जिस रेल में बैठकर पुणे से मुम्बई की ओर सफर कर रहे हैं, वह पहले से निश्चित पटरी पर चलती है, अपने मार्ग को वह हरगिज नहीं बदल सकती। लेकिन यहाँ, स्थान-स्थान पर लगे सूचना फलकों को देखते हुए उसे चलना है। जैसे, 'सावधान', 'धीमी गति से चलें', 'आगे खतरनाक मोड़ है', 'फलां अन्तर पर सुरंग है' आदि।

कुल मिलाकर आपके दिमाग में यह परिकल्पना दृढ़ बनाई जाती है कि आप अपना भाग्य जन्म के साथ ही प्राप्त करते हो। ज्योतिषी के द्वारा बताए विशिष्ट

कालखंड में सम्भाव्य संकटों से बचने के लिए आपको सावधानियाँ बरतनी होती हैं। ज्योतिषी यह संकेत आपकी कुंडली में मौजूद तथाकथित ग्रहगोलों को देखकर देते हैं। इस परिकल्पना को सच मान लेना मतलब मानवजाति में मनुष्य के रूप में होनेवाले अस्तित्व को ही दुत्कारना! इसे सच मान लेना मतलब इस बात से इनकार ना करना कि जिस देश में 2000 वर्षों तक स्त्रियों की कुंडली में शिक्षाधिकार के ग्रह नहीं थे और सावित्रीबाई फुले के जन्म के साथ वे निर्माण हो गए। सावित्रीबाई ने स्त्री शिक्षा अधिकार का आन्दोलन शुरू किया और विगत 100-125 वर्षों में भारतीय महिलाओं की कुंडली में शिक्षा प्रदान करनेवाले ग्रहों ने तपाक से प्रवेश किया। इन स्त्रियों का नसीब ही बदल गया, नियति बदल गई। क्यों बदल गई? इसकी वजह ग्रहगोल नहीं बल्कि पुरुषों के समान स्त्रियों को भी शिक्षा का अधिकार देने हेतु बनी देश की नीति और कानून है। 100-150 वर्ष पूर्व मनुष्य की मृत्यु का प्रमाण अधिक था। 40-50 की उम्र में उसका मृत्यु योग होता था। आज उसकी आयु में कमाल का परिवर्तन हो गया है। जब देश स्वतंत्र हुआ तब उसकी उम्र औसत 27 वर्ष की थी। आज 60 वर्षों बाद वह आयुर्मान औसत 67 वर्षों में तब्दील हो गया है। सभी भारतीयों के मृत्युयोग लम्बे समय के लिए आगे निकल गए। संक्षेप में मनुष्य अपने जीवन को दो आधारों पर जीता है। एक आधार अनुवंश से मिली रंगकोशिकाएँ और गुणकोशिकाएँ होती हैं तो दूसरा आधार वह जिस समाज और परिवार का हिस्सा होता है, वहाँ की स्थिति। इन दोनों स्तर पर उसका जीवन संघर्ष जारी होता है। नसीब/तकदीर ये केवल कल्पनाएँ हैं। इनके संकेत देनेवाला फलज्योतिष भी एक घातक परिकल्पना है, जिसे सच मानने की भूल मनुष्य करता है।

कुछ लोगों का कहना है कि आपका नसीब किसी इमारत की मंजिल पर बिठाई पानी की टंकी के समान होता है। मतलब नसीब या भाग्य उसमें मौजूद पानी की तरह होता है। आपके घर में उसमें से कितना पानी आएगा यह उस टंकी में लगाए वाल्व पर निर्भर होता है। बिलकुल उसी तरह आपको भाग्य की कितनी रसीद देनी है, यह आकाश में तरंगने वाले ग्रहगोल तय करते हैं। वे आपके जीवन को नियंत्रित करते हैं।

कुछ लोगों को और दो कदम आगे जाकर यह कहना ठीक लगता है कि आकाश के ये ग्रह ही मनुष्य का सम्पूर्ण जीवन नियंत्रित करते हैं। यह सुनने के बाद मुझे कवि कुसुमाग्रज की पंक्तियाँ याद आती हैं—

यह क्षुद्र गुड़िया कौन करे निर्माण?
बेताल नचानेवाला सूत्रधार कौन?
माटी में ही अन्तत: उसका निर्वाण?
स्वामित्व विश्व का आखिर हमारे हाथ में
माटी पर चढ़ना एक नया स्तर अन्त में!

इसमें 'स्वामित्व विश्व का आखिर हमारे हाथ में' यह जिस प्रकार मिट्टी के कण कहते हैं, उसी प्रकार भ्रमण करनेवाले ग्रहों का कहना है, ऐसी मनुष्य को नियतिवादी, दैववादी बनानेवाली भूमिका यहाँ पर है। इसीलिए किसी भी हालत में हम फलज्योतिष को सच नहीं मान सकते।

एक ऐसी भी दलील दी जाती है कि मनुष्य के शरीर में 70 से 80 प्रतिशत पानी है और हमें यह तथ्य मालूम है कि पृथ्वी पर भी 70 से 80 प्रतिशत पानी है। इसी कारण मनुष्य का शरीर और पृथ्वी के बीच साधर्म्य है। ग्रहों के मनुष्य जीवन पर होनेवाले परिणामों की यह भी एक वजह है। देखिए, मूल में मनुष्य के शरीर में 70 से 80 प्रतिशत पानी है, यह तुलना ही भ्रामक है। मतलब अगर हाथी और चूहे की तुलना जिस मूर्खता का प्रदर्शन करती है, यह तुलना भी वैसी ही है। मतलब चूहा काला है, हाथी भी काला है। चूहे की एक पूँछ है, हाथी को भी है। चूहे के चार पैर हैं, हाथी के भी हैं, इसीलिए 'चूहा हाथी ही है' यह तुलना जितनी मजेदार और मनोरंजक वैसी ही मनुष्य और पृथ्वी की तुलना है।

और एक बात, आज मनुष्य चाँद पर पहुँच गया है। आज नहीं तो कल वह वहाँ पर बसेरा बनाएगा। कभी-न-कभी वहाँ पर पहला स्त्री प्रसव होगा ही। लेकिन उस समय स्त्री की कुंडली में चन्द्रमा ग्रह कहाँ होगा? ऐसे बेतुके प्रश्न पूछने पर ज्योतिषी महाराज झुंझलाकर बोलते हैं, "अरे आपका डॉक्टरी क्षेत्र तो कहाँ सौ टका सही है? आपका मौसम बतानेवाला शास्त्र अगर गलत तर्क घोषित करता है, तो हमारे शास्त्र से होनेवाली गलती आपको स्वीकार क्यों नहीं है? इन महाशय को यह कौन बताए कि शास्त्र गलत सम्भावनाओं पर जरूर खड़ा होता है, लेकिन उस गलती को सुधार कर सत्य में उसे परिवर्तित करने की तैयारी में खड़ा होता है और यह महत्त्वपूर्ण बात है।

कुछ दशक पहले इस देश में मौसम की गलत सम्भावनाएँ बताई जाती थीं। उन दिनों ऐसा मजाक में बोला जाता था कि मौसम विभाग ने धुआँधार बारिश बताई होगी तो धूप ही निकलेगी। कड़ी धूप की सम्भावना बताई होगी तो छाता लेकर ही घर से बाहर निकलें। लेकिन आज स्थिति बदल गई है। मानसून आने से 10 दिन पहले ही उसके आगमन की दी हुई सूचना अधिकांश बार सही होती है। मौसम विभाग ने आज तकनीक और अनुसन्धान में विकास किया है। इस बात से इनकार नहीं है कि वैद्यकशास्त्र स्वास्थ्य के सभी मामलों में सौ प्रतिशत इलाज नहीं दे सकता। लेकिन खून में शक्कर की मात्रा जाँचने पर उसके इलाज हेतु अगर उसकी रिपोर्ट भारत, चीन, जापान या अमरीका में दिखाई जाए तो इलाज सभी स्थानों पर एक समान ही होगा। इसीलिए वैद्यकीय इलाज शास्त्र के बलबूते पर खड़ा है तथा इस क्षेत्र का उपाधिधारक व्यक्ति कहीं भी प्रैक्टिस कर सकता है। संसार के किसी भी अस्पताल में आपने अपनी टी.बी. की बीमारी की रिपोर्ट दिखाई तो डॉक्टर एक

जैसा ही इलाज करेंगे इसमें कोई शक नहीं। अगर कोई डॉक्टर इसमें गलत इलाज करता है, तो न्याय माँगने के लिए कानून की व्यवस्था है। फलज्योतिष के सन्दर्भ में ऐसी कोई व्यवस्था ग्राहक के लिए कानून में नहीं है।

संक्षेप में फलज्योतिष को लेकर अगर शास्त्र होने का दावा करना हो तो उन्हें यह विश्वास दिलाना होगा कि "हमने जो कहा होता है, अगर वह गलत होता है तो उसके विरुद्ध हमारे ग्राहक को हमारे विरुद्ध कोर्ट में न्याय माँगने का अधिकार है।" मेरी जानकारी के अनुसार आजकल इंग्लैंड में ऐसी व्यवस्था का अनुकरण होने लगा है। गत कुछ वर्षों में वहाँ अधिक मात्रा में लोग भविष्य की ओर आकर्षित हो गए। शादी से पहले कुंडली या जन्मपत्री का मेल ज्योतिषी महाराज करने लगे और शादियाँ होने लगीं। लेकिन एक वर्ष के अन्दर तलाक होने लगे। ज्योतिषी महाराज स्वाभाविक रूप से विवाद में फँस गए। तत्पश्चात् वहाँ ऐसा कानून बनाया गया कि जिस व्यक्ति से आप अपना भविष्य सुनते हैं या आपकी शादी सफल होगी या नहीं, वैवाहिक जीवन सुखी होगा या नहीं, इसकी भविष्यवाणी जो व्यक्ति करता है, उसे अपने ऑफिस के दरवाजे पर 'यह केवल मनोरंजनपरक कला है' ऐसा फलक लगाना अनिवार्य है। अगर उसनें ऐसा नहीं किया और उसकी ओर से आप दोनों की कुंडलियों के 36 गुणों का मेल बताने के बावजूद आपका एक वर्ष के अन्दर तलाक हुआ तो आप न्यायालय में उसके विरुद्ध मुकदमा दायर कर सकते हो। जो लोग ज्योतिष को शास्त्र बताते हैं वे इसकी जिम्मेदारी अपने ऊपर लें। विदेश में फलज्योतिष शास्त्र सभी कसौटियों पर असफल रहा है।

दरअसल विदेशी उदाहरणों का उल्लेख करने की जरूरत भी नहीं है। खुद अन्धश्रद्धा निर्मूलन समिति ने भारत में इस तरह की प्रथा की जाँच की है। इस समिति में खगोलशास्त्रज्ञ जयंत नारळीकर और आयुका सहित पुणे की संस्था तथा पुणे विश्वविद्यालय का संख्याशास्त्र विभाग शामिल हुआ था। भविष्यवेत्ता को बहुत सरल कसौटी पार करनी थी। सौ मन्दबुद्धि बच्चों के जन्मपत्र तथा स्कूल में पढ़नेवाले सौ मेधावी बुद्धिमान छात्रों के जन्मपत्र इकट्ठा किए गए थे। इन सभी छात्रों के विशिष्ट जन्म समय की जानकारी उनके माता-पिता से ली गई थी। भविष्यवेत्ता को हमारी ओर से स्पष्ट किया गया था कि इन दो सौ में से किन्हीं भी सौ छात्रों के जन्मपत्र आपको दिए जाएँगे। आप चाहे जितना समय लो लेकिन इन जन्मपत्रों से कौन-से मन्दबुद्धि बच्चों के हैं और कौन-से बुद्धिमान छात्रों के हैं, 80 प्रतिशत अचूक उत्तर आप अगर देते हैं तो शास्त्र के रूप में फलज्योतिष के अधिक जाँच-पड़ताल की गुँजाइश को हम जरूर मान लेंगे। हमारी यह चुनौती प्रत्यक्ष रूप में बहुत उत्साह के साथ स्वीकृत नहीं की गई। जिन लोगों ने इसे स्वीकार किया था, उनके उत्तर औसत 50 प्रतिशत के करीब भी सही नहीं थे। वे पूरी तरह नाकामयाब हो गए।

दूसरी चुनौती इस प्रकार की थी—लोग ज्योतिषी के पास किस हेतु से जाते हैं? तो स्वजीवन में होनेवाली घटनाओं की पूर्वसूचना मिलने की जिज्ञासा, आशा उन्हें ज्योतिषी की ओर खींच लेती है? मेरी शिक्षा एवं कैरियर कब होगा? विवाह कब होगा? वैवाहिक जीवन कैसा होगा? परदेस जाने का अवसर मिलेगा या नहीं? इन प्रश्नों के उत्तर जानने हेतु अगर लोग ज्योतिषी के पास जाते हैं तो उनकी इस भ्रामक जिज्ञासा के आधार पर हमने तकरीबन साठ की उम्र के बुजुर्गों के जन्मपत्र इकट्ठा किए और ज्योतिषी से पूछा कि इन जन्मपत्रों को देखकर आप केवल इन पाँच-छह प्रश्नों के उत्तर दीजिए कि इनमें से यह व्यक्ति विवाहित है या नहीं? क्या इसके बच्चे हैं और कौन नि:सन्तान है? यह परदेस जाकर आया है या नहीं? इसकी आर्थिक स्थिति कैसी है? इसके साथ जानलेवा दुर्घटना हुई है या नहीं? इन प्रश्नों के अगर आप अचूक उत्तर देंगे तो 'आपका ज्योतिष शास्त्र है और आपको इसका व्यवसाय करने का उचित अधिकार है' यह हम बेशक मान लेंगे। लेकिन हमारी इस चुनौती को आज तक किसी भी ज्योतिषी ने स्वीकार नहीं किया है। डेढ़-दो वर्ष पूर्व महाराष्ट्र में जो विधानसभा के चुनाव हो गए थे, उस दौरान अन्धश्रद्धा निर्मूलन समिति ने 3 लाख की राशि चुनौती के रूप में घोषित की थी। चुनौती यह थी कि 'हम आपको विभिन्न राजनीतिक उम्मीदवारों के दलों के नाम बताएँगे। क्योंकि दल, नेता और राष्ट्र की कुंडलियाँ देखकर उनका भविष्य बताने का दावा ज्योतिषी करते रहते हैं। इसीलिए अब वे हमें बताएँ कि इस बार कौन कितने मतों से चुनाव जीतेगा?' इसे भी स्वीकारने की हिम्मत किसी ज्योतिषी ने नहीं की।

जिस महाराष्ट्र में विवेकवादी विचारों की इतनी दीर्घ एवं मजबूत परम्परा है, वहाँ यह सब समझाने की नौबत वास्तव में नहीं आनी चाहिए। शाहू महाराज का किस्सा इस सन्दर्भ में आपको बताता हूँ। राजर्षि शाहू महाराज के दरबार में एक बार एक ज्योतिषी आ गया। महाराज के सामने उसकी बहुत प्रशंसा की गई। महाराज इन बातों के खिलाफ थे। उन्होंने ज्योतिषी को उनसे मिलने की अनुमति नहीं दी। लेकिन कुछ दरबारियों ने उस ज्योतिषी के लिए मध्यस्तता की। फिर महाराज ने उस ज्योतिषी को उनके सामने लाने के लिए कहा।

ज्योतिषी ने आने पर महाराज को प्रणाम किया। महाराज ने अनदेखा किया और फर्माया, "इसे लेकर जाओ, बेड़ियाँ पहनाकर कैद कर दो!" अब महाराज के आदेश को टालना नामुमकिन जो ठहरा! महाराज का शब्द ही कानून होता था। उसके अनुसार ज्योतिषी को चार दिन कैद में रखा गया। चार दिन के बाद पुनश्च महाराज ने भरे दरबार में ज्योतिषी को लाने के लिए कहा। उसकी बेड़ियाँ निकाली गईं और एक उच्च आसन पर उसे बिठाया गया। उसका सम्मान किया गया। वह बेचारा ज्योतिषी बौखला गया। उसने कहा, "महाराज, मैं चार दिन पहले यहाँ आया,

तब आपने मुझे कैद में रखा। आज मेरा सम्मान हो रहा है। आपने मेरे साथ ऐसा क्यूँ किया, यह मेरी समझ में नहीं आ रहा है।"

महाराज शरारती हँसी के साथ बोले, "सही है, जो तू नहीं समझ रहा है, वह तू समझे इसीलिए मैंने यह सब किया है। अरे, यहाँ आने पर तू चार दिन कैद में रहेगा और उसके बाद तेरा सम्मान होगा, इसका पूर्वानुमान तक तुझे नहीं हुआ? जब तुझे अपना ही भविष्य पता नहीं है तो तू क्यों सारे संसार को भविष्य बताकर लोगों को ठगने निकला है?" यह घटना महाराष्ट्र के समाज सुधारकों से मिली सीख है, जो विवेकवादी विचारों के ताने-बाने से बुनी है। यह सीधा विचार भी हम समझ लें तो 'फलज्योतिष यह कोई शास्त्र नहीं है' यह सत्य आपको उजागर होगा।

फलज्योतिष अगर शास्त्र नहीं है तो फिर क्या है? वह सपने बेचने की एक कला है और हम में से हर एक को सपने खरीदना अच्छा लगता है। एक उदाहरण आपको देता हूँ। मेरा एक पेशेंट ज्योतिषी था। वह बहुत सही भविष्य बताता है, ऐसी चर्चा सुनी थी। एक दिन मैंने उससे पूछा, "क्यों रे? तू इतना सही-सही भविष्य कैसे बताता है?" वह उत्तर देना टालकर इधर-उधर की बातें करने लगा। मैंने कहा, "देखो, झूठ मत बोलो, अगर बताना है तो सच बताओ! आखिर तुम सामने बैठे मनुष्य के मन को कैसे भाँप लेते हो? उसका भविष्य इतना सही कैसे बताते हो?"

उसने बताया, "बात ऐसी है, डॉक्टर, हम गली-मोहल्लों में 'ज्योतिषि आया है, अपना भविष्य सुनो' ऐसा चिल्लाते हुए खाक छानते रहते हैं। कोई स्त्री हमें घर में बुला लेती है। "आप बैठिए, मैं अभी आई।" कहकर अन्दर चली जाती है। उस दौरान हमारी नजर घर की दीवारों पर लटकी तस्वीरों को निहारने लगती है। किसी शादीशुदा जोड़े की तस्वीर अगर दिखाई देती है, तो उस पर लिखी तारीख देखकर हम यह अनुमान करते हैं कि उस स्त्री की शादी कब हुई है? हमारी नजर छोटे बच्चे की तस्वीर या उसके खिलौनों को ढूँढ़ती है। घर का सामान व्यवस्थित है या बिखरा पड़ा है? इसे भाँपकर भी हम घर की स्थिति का अनुमान लगाते हैं। अगर नहीं तो बाहर रस्सी पर छोटे बच्चों के कपड़ों को देखकर हमें जो बताना है, उसको, स्त्री के अन्दर से बाहर आने से पहले ही सोच लेते हैं। उसके बाहर आने पर झट से बोलते हैं, "माई, चिन्ता मत करो, इस साल तुम्हारे घर में कान्हा खेलेगा।" वह खुश होकर कहती है, "आपने तो मेरे मन की बात कही है, महाराज!"

इसका मतलब, प्रत्येक व्यक्ति को उसकी इच्छा के अनुसार उसकी बात को समर्थन मिलना और स्वयं के बारे में मीठी बातें सुनना प्रिय लगता है। अगर कोई आपसे कहे कि "देखिए, आप बहुत सरल और नेक इनसान हैं। कमीनापन आपके स्वभाव में नहीं है। आप सभी का भला चाहते हैं लेकिन अगर कोई आपसे पंगा ले तो आप उसे छोड़ते नहीं," तो आप 'हाँ' की मुद्रा में गर्दन हिलाएँगे। क्योंकि प्रत्येक

व्यक्ति स्वयं को सरल एवं सीधा समझता है। वह अन्य लोगों का भला चाहता है और वह स्वाभिमानी है, ऐसी उसकी धारणा होती है।

किसी ससुरालवासिनी को कोई ऐसी सहानुभूति जताए कि "अरे, तू अपने परिवार के लिए दिन-रात काम में लगी रहती है, लेकिन तेरे घरवालों को तेरी कोई कद्र ही नहीं है।" या किसी स्त्री से कहे कि "अरे आपके पति तो बड़े भोले-भाले हैं, आपके कारण ही सब ठीक-ठाक चल रहा है—वरना पता नहीं क्या हो जाता—आपकी घर-गृहस्थी का!" तो यकीनन वह स्त्री कहेगी, "बिलकुल ठीक कहा आपने।" हम लोगों में से एक कार्यकर्ता हमेशा अपने भाषण में कहता, "मैं आप सभी का सही भविष्य बताता हूँ। अगर किसी का भविष्य गलत होगा तो वह उठकर कहे कि "आप झूठ बोल रहे हैं।" फिर कुछ देर बाद वह कहता, "आप सभी बहुत बड़े दिलवाले लोग हैं।" अब ऐसा तो होता नहीं कि कोई उठकर कहे कि "नहीं जी, मेरा दिल बड़ा नहीं है, आपने झूठ कहा।" जिन बातों को सुनकर आपको अच्छा लगता है, उसे भविष्य समझकर कुछ काल तक उसमें मन को रिझाना अच्छा लगता है और यही मानसिकता बनाने की यह आपकी एक कला है। प्रत्यक्ष में ये ज्योतिषी आपको नियति के हाथ की कठपुतलियाँ बनाने में माहिर होते हैं।

दरअसरल मनुष्य का पूरा जीवन उसके अपने कर्तृत्व के बलबूते खड़ा होना चाहिए। महाभारत में उल्लिखित कर्ण को सभी जानते हैं। कर्ण द्रौपदी के स्वयंवर में गया था। उसकी पहचान सूतपुत्र के रूप में थी, जो उसे जन्म से मिली थी। द्रौपदी को वधू के रूप में जीतने के लिए रखी शर्त के अनुसार हाथ में धनुष लेकर नीचे स्थित पानी में ऊपर टँगी घूमती हुई मछली का प्रतिबिंब देखकर उसकी आँख पर निशाना साधना था। कर्ण ने पानी में देखकर बाण छोड़ा लेकिन चूक गया। बाण मछली की आँख के नजदीक छेद कर नीचे गिर गया। द्रौपदी ने झट से कहा, "अच्छा हुआ सूतपुत्र को माला पहनाने से बच गई।" यह सुनकर कर्ण ने कहा, "सूतो वा सूतपुत्रो वा यो वा को वा भवाम्याहम् दैवायत्ते कुले जन्मे मदायते तु पौरुष।" अर्थात् मैं सूत हूँ या सूतपुत्र हूँ, नहीं जानता, क्योंकि उसमें मेरा दोष नहीं था। लेकिन मेरा कर्तृत्व ही मेरा पौरुष, मेरी शक्ति, यह मेरी अपनी मिल्कियत है, सम्भव हो तो उसके बारे में सोचें, मेरे जन्म के बारे में नहीं। कर्ण के इस विधान का अर्थ यह था कि, मुझे मेरे जीवन में जो प्राप्त करना है, उसके लिए आकाश के गृहगोल, सूर्य, चन्द्र का स्थान मत देखो, वह बैसाखी है, जो मुझे मंजूर नहीं। वह अशास्त्रीय एवं बेकार है।

अन्धश्रद्धा निर्मूलन समिति का हमेशा से यह आवाहन है और रहेगा कि 'फलज्योतिष केवल एक पाखंड है' क्योंकि वह दैववाद का दुराग्रही है, नसीब और भाग्य जैसी कल्पनाओं की बैसाखी लेकर चलता है और मानवजाति को भी पंगु बनाकर उसकी दिमाग में अन्धविश्वासी विचारों की सड़न पैदा करता

है। केवल महाराष्ट्र में नहीं बल्कि समस्त भारतीयों का मन परिवर्तन करने में अन्धश्रद्धा निर्मूलन समिति लगी हुई है। फलज्योतिष शास्त्र नहीं बल्कि पाखंड है, यह सत्य लोगों तक पहुँचाने में यह संगठन प्रयासरत है। 40-50 वर्ष पूर्व जब मैं स्कूल में पढ़ता था, तब एक कविता पाठ्यक्रम में थी। वह मेरी पसन्दीदा कविता थी। मनुष्य को ग्रहगोलों पर नहीं बल्कि अपनी सामर्थ्य पर विश्वास क्यों रखना चाहिए, इसका स्पष्टीकरण बहुत ही सहजता से इस कविता में किया गया है। कवि कहता है—

तुम्हारे हाथों के स्पर्श से मिट्टी सोना बने
चकमक भी हीरे-सा तेजोमय चमके।
कदमों में पड़े कंकर-पत्थर
तारों से जगमगाएँ और
जहरीले काँटों की नोक पर मुलायम फूल खिले।
मन की अभिलाषाएँ जब बनें तुम्हारे संकल्प
गृहदशाएँ बनें साथी, विजयश्री दासी,
हो जाए कुंडली की शतरंज पर गृहगोलों का भ्रमण निर्दोषी
वह सर्वदा ना जीते पाखंड की बाजी,
यज्ञ-हवन के जो रहे गाजी,
धनदौलत के बलबूते जो मानस मनोरथ रचे,
आक्रोश से उनके ईश्वर ना पसीजे।
आत्मकर्तव्य का एहसास करे कठोर प्रयास
चले पथ पर आत्मनिर्भर, ईश्वर बने उसी का दास।
आँखों की तेरे दिव्य रोशनी, अँधेरे पथ को करे घोर तेजस्वी,
मंगल और शनि बने ऐसे वीरों के साथी
अत: यशश्री बने उसके कदमों के दासी॥

इसीलिए अन्धश्रद्धा उन्मूलन समिति आपको आग्रहपूर्वक बताना चाहती है कि जिसे अपने बलबूते पर जीवन को सफल और सम्पन्न बनाना है, वह दृढ़ता से फल ज्योतिष को नकार दे।

मन और मन की बीमारियाँ-1

अन्धविश्वासों के कारण निर्मित मन और बीमारियाँ मसलन् भूत बाधा, देवीमाता का संचार आदि विषयों पर मैं जब बोलता हूँ तब एक किस्सा मुझे हमेशा याद आता है। एक संस्था 25 वर्ष पूरे होने के उपलक्ष्य में अपना रौप्यमहोत्सवी वर्ष मना रही थी जिसमें व्याख्यानमाला का आयोजन किया था और उसमें मुझे भाषण देना था। उस संस्था से संलग्न जनपद के सभी स्कूलों से प्रथम कक्षा से लेकर दसवीं कक्षा तक के तकरीबन दो-ढाई हजार छात्र हमारे सामने थे। उनके डेढ़-दो हजार अध्यापक तथा तीन-चार सौ ग्रामवासी भी थे। ऐसी भारी भीड़ के सामने मुझे बोलना था। इतने बड़े जनसमूह के सामने भाषण देते वक्त वक्ता पर क्या बीतती है इसका आपको अन्दाजा होगा ही। समस्या यह होती है कि दसवीं कक्षा के छात्रों की मानसिकता को ध्यान में रखकर बोलता तो प्रथम कक्षा के छात्र उकताकर एक-दूसरे को कंकड़ मारने लगते, खुसर-फुसुर करने लगते। अध्यापकों को ध्यान में रखकर मैं बोलता तो ग्रामवासी जम्हाइयाँ लेने लगते। उनकी पसन्द के बातें करने लगता तो नौवीं-दसवीं के छात्र तालियाँ बजाकर 'अब बस कीजिए' ऐसा व्यंग्यात्मक सन्देश देते। थोड़ा सोचकर ही मैंने ऐन वक्त पर भाषण का विषय बदलकर 'मन, उसकी बीमारियाँ, भूत बाधा, माता सँवार होना' यह विषय तय किया। मुझे पता था, सभी उम्र के लोग ऐसे विषय को मन:पूर्वक दाद देंगे। उम्र के सात वर्ष से लेकर सत्रहवें वर्ष तक 'भूत' विषय को हम मनोरंजक किस्सागोई के साथ सुनते रहते हैं। 'भूत' इस विषय के बारे में एक जिज्ञासा हम सभी के मन में कायम होती है।

'भूत' के बारे में हमें जानकारी होती है? हम जानते हैं कि लोग अनेक कारणों से मरते हैं। कुछ दुर्घटना में चले जाते हैं, कुछ खुदकुशी करते हैं, कुछ लोगों की धोखे से हत्या की जाती है। इनमें से जो पुण्यवान होते हैं वे सीधे स्वर्ग में जाते हैं और पापियों को नरक में जाना पड़ता है। मगर जिनका पाप या पुण्य बलवान नहीं होता उनकी आत्माएँ अतृप्त रहती हैं और मृत्युपश्चात् त्रिशंकु की तरह भटकती रहती हैं। ऐसे लोग किसी जीवित व्यक्ति के शरीर में घुसकर उसके द्वारा अपनी अतृप्त इच्छाएँ पूरी करते रहते हैं। उदाहरण—किसी नववधू की अगर अचानक मृत्यु हो

जाती है तो उसकी आत्मा किसी नौजवान युवक में प्रवेश कर अपनी वासना को तृप्त करने का प्रयास करती है। यही भूत होता है, ऐसी उसकी कल्पना है।

भूतों के अलग-अलग नाम रखे गए हैं। ब्राह्मण की आत्मा 'ब्रम्हराक्षस' या लोभी ब्राम्हण की आत्मा 'ब्रम्हसमंध' बनती है। प्रसव के वक्त कोई स्त्री मरती है तो वह 'डायन' का रूप लेती है। टेलिफोन का काम करनेवाले भूत को 'कर्णपिशाच' कहा जाता है। खंडहर, झीलें, निर्मनुष्य पुरानी हवेलियाँ, श्मशानभूमि ये भूतों की हाउसिंग कॉलोनियाँ मानी जाती हैं। आजकल जिस प्रकार गाँवों में लोगों को बस्तियाँ बनाने के लिए जगह का अभाव निर्माण हो गया है, उसी तरह भूतों के राज्य में भी समस्या निर्माण हो गई है इसीलिए वे बरगद, पीपल आदि पेड़ों पर अपना डेरा जमाने लगे हैं। हम जिस प्रकार त्योहार-उत्सव मनाते हैं, भूतों की दुनिया में अमावस और पौर्णिमा के दिन त्योहार होते हैं। आपके घर कोई खाने के लिए आता है तो हम अलग-अलग व्यंजन बनाते हैं, उसी तरह कोई व्यक्ति भूत से बाधित हुआ तो मांत्रिक उस भूत के पसन्दीदा व्यंजन देने के आदेश देता है, "भूत को नीबू चाहिए, पीला चावल दो, उलटे पाँवोंवाला मुर्गा चाहिए आदि...।"

यह सब जब मैं बोलने लगता हूँ तो सभा में उपस्थित श्रोता वर्ग को विषय का आकलन होने की सूचनाएँ उनके संवादों से मिलने लगती हैं। मतलब—'राम नाम का उच्चारण करने पर भूत भाग जाता है', 'भूत का सिर नहीं होता', 'भूत की आँखें सीने पर होती हैं', 'भूत की छाया नजर नहीं आती', 'भूत का प्रतिबिम्ब नजर नहीं आता', 'भूत के पैर उलटे होते हैं।' पूरे महाराष्ट्र में मैंने भूत के बारे में ऐसा वर्णन सुना है। मेरा अनुभव है कि जब मैं 'भूत के पैर...' ऐसा कहकर एक पल के लिए रुक जाता हूँ तो भीड़ में से कोई न कोई 'उलटे होते हैं...' ऐसा जोर से चिल्लाता है। 'यह तुमसे किसने कहा?' ऐसा पूछने पर वह झट से कहता है, 'किसी के कहने की क्या जरूरत है? हम जानते हैं।' यह बहुतांश लोगों की धारणा होती है। भूत का प्रत्यक्ष दर्शन कभी न होने पर भी, उसके उलटे पाँव हम कैसे देख पाते हैं? इसका मतलब है, भूत के पाँव उलटे नहीं बल्कि हमारी खोपड़ी उलटी है, जिसे सीधा करने का काम अन्धविश्वास उन्मूलन आन्दोलन निरन्तर कर रहा है।

भूत होता है मतलब असल में क्या होता है? चलिए, हम भूतों को दो प्रकारों में बाँटते हैं। पहला ढोंग का भूत अथवा आभास का भूत। दूसरा मानसिक बीमारीवाला भूत। इनमें पहले प्रकार से सम्बन्धित चार बातें होती हैं। पहली ढोंग मतलब ठगाई। दूसरी संस्कार, तीसरी सूचना वर्तन और चौथी इन्द्रियजन्य भ्रम। इन चारों में से किसी भी एक इकाई द्वारा अथवा चारों इकाइयाँ एक साथ मिलने से 'भूत' का निर्माण होता है। मतलब क्या होता है? इनमें से प्रत्येक इकाई का एक-एक उदाहरण मैं आपको देता हूँ ताकि मुद्दा स्पष्ट हो जाए।

ढोंग का मतलब आखिर क्या होता है? सतारा के नजदीक हुआ एक वाकया आपको बताता हूँ। सतारा एमआईडीसी में काम करनेवाले मजदूरों की रात की 12 बजे की पारी से छुट्टी हो गई थी। एक तारीख थी, वेतन लेकर मजदूर छोटे-छोटे गुट में अपने गाँव की ओर निकले थे। कुछ दूरी पर रास्ते के किनारे एक कुआँ था। पन्द्रह दिन पहले गाँव की एक युवती ने उसमें कूदकर अपनी जान दे दी थी। सभी मजदूर गपशप करते कुएँ के नजदीक से गुजर रहे थे। कुछ दूर चलने के बाद उनमें से एक वामन नाम का मजदूर पेशाब के लिए रुक गया। कुछ देर बाद उसके ना लौटने पर उसके दोस्त वापस उसे देखने लौट रहे थे तभी, "अरे मर गया, मर गया। अब मैं जिन्दा नहीं बचूँगा।" ऐसा वामन का चिल्लाना उन्हें सुनाई दिया। उन्होंने कुएँ में झाँककर देखा तब पूरी तरह भीगा हुआ ठंड से सिकुड़ता हुआ वामन उन्हें दिखाई दिया। सभी ने उसे खींचकर बाहर निकाला और पूछा, "अरे मगर हुआ क्या है?" उसने कहा, "मैं जब पेशाब करके निकला तब किसी ने पीछे से जोर से मेरा गिरेबान खींच लिया। पलटकर देखा तो वो हमारी गाँव की पुष्पी, सफेद साड़ी पहने, बाल खुले छोड़कर खड़ी थी। मुझे खींचते हुए कुएँ के पास ले गई और अन्दर धकेल दिया। उसका एक हाथ 15 फीट लम्बा था, जिससे वह मुझे खींच रही थी।" "पकड़ा रे बप्पा! मैं तो अब नहीं बचूँगा!" ऐसा वह बड़बड़ाने लगा। उसके मजदूर मित्र उसे घर ले आए।

दूसरे दिन गाँव में चर्चा शुरू हुई। पुष्पी ने वामन को दबोच लिया था। वामन के घर गाँववालों का ताँता लगा। उसकी सहानुभूति से पूछताछ होने लगी। वह क्या हुआ इसका ब्योरेवार वर्णन करने लगा। बीच-बीच में बरगलाने लगा। हमारे आन्दोलन में कार्य करनेवाला एक स्वयंसेवक वामन से मिलने गया। वह फिर शुरू हो गया कि "मेरी तकदीर अच्छी थी इसीलिए बच गया वरना...।" हमारे स्वयंसेवक ने उससे बारीकी से पूछताछ की तब उसने वह स्त्री किस प्रकार सफेद साड़ी, ब्लाउज, सफेद कंगन, सफेद झुमके यहाँ तक कि सफेद बालोंवाली थी, इसका रसीला वर्णन किया। दो मिनट रुककर स्वयंसेवक ने पूछा, "तेरी बाकी बातें तो ठीक हैं, मगर वो सफेद बालों की बात कुछ जँची नहीं। पुष्पी तो अच्छी-खासी युवती थी और उसने पन्द्रह दिन पहले ही खुदकुशी की है। उसके बाल तो काले और लम्बे थे, पन्द्रह दिन में सफेद कैसे हो गए?" इतना बोलकर स्वयंसेवक लौट आया। उसके पश्चात् जितने भी लोग वामन से मिले उसने वही कैसेट सुनाया, बस सफेद बाल काले हो गए।

यह सिलसिला शुरू था, तब हमारे अन्य कार्यकर्ताओं ने जाकर वामन का गिरेबान पकड़ा। तब वह घबरा गया और कबूल हो गया। क्या कबूल हुआ? उसे शराब पीने की आदत थी। उस दिन तनख्वाह मिल गई और जिनसे पैसे लिए हैं वे दूसरे दिन सुबह से तंग करेंगे इसे वह जानता था। घर जाने के बाद बीवी पूरा वेतन माँग लेती। इस सबसे बचने का उपाय उसने ढूँढ़ लिया। भूत के दबोचने का

बहाना बनाया। पेशाब के लिए रुके वामन ने वही पेड़ के नीचे अपनी तनख्वाह के पैसों का बटुआ जमीन में गाड़ दिया और खुद कुएँ में कूद गया। चिल्लाने लगा, "मैं मर गया। बचाओ।" और मित्रों के पूछने पर पुष्पी की मनगढ़ंत कहानी सुनाने लगा। इससे क्या हुआ? वामन पैसे लौटाने से बच गया। घरवालों और गाँववालों से सहानुभूति मिली—"पैसे चले गए, मगर गनीमत है आदमी तो बच गया!" और जमीन में गाड़कर रखे हुए पैसे अब एक महीना शराब पीने के लिए काफी थे। ना रोक, ना टोक! यह सारा माहौल तैयार करने के लिए वामन ने यह नाटक रचा था। इसे कहते हैं ढोंग का भूत। ऐसी अनेक कथाओं से आप वाकिफ होंगे। प्रत्येक कहानी की अलग-अलग परिस्थिति होती है। लेकिन कई बार यह इसी पद्धति से इसी तरह का ढोंग होता है।

भूत के निर्माण का दूसरा महत्त्वपूर्ण मुद्दा संस्कार का है। इस मामले की संस्कारजन्यता किस प्रकार की होती है? 'इस संसार में भूत का अस्तित्व है' ऐसे संस्कार हमारे मन में बचपन से ही होते हैं। घर-परिवार, सगे-सम्बन्धी आदि के माध्यम से उनका समर्थन होता है। हम बड़े होते हैं और बौद्धिक परिपक्वता के कारण 'भूत' के संस्कार मन से हट जाते हैं। लेकिन वे पूर्ण रूप से नष्ट नहीं होते हैं। परिणामस्वरूप जब अनपेक्षित रूप से अचानक सामने उपस्थित परिस्थिति में बरसों पुराने मानसिक संस्कार पुनश्च उफनकर आते हैं तो हम डर जाते हैं।

एक वैद्यकीय महाविद्यालय में घटित किस्सा मैं बताता हूँ। ऐसे महाविद्यालय के छात्रों को प्रथम वर्ष की शिक्षा में मानव शरीर का शवविच्छेदन अनिवार्य होता है। उस बात को लेकर प्रथम वर्ष के कुछ छात्रों में चर्चा हो रही थी। एक छात्र 'संसार में भूत नाम की कोई चीज नहीं होती' इस मत पर अड़ा था और बाकी छात्र 'संसार में भूत होता है' इस बात पर कायम थे। चर्चा की गहमागहमी आखिर इस शर्त पर ठंडी हो गई कि, वह एक छात्र जो भूत के अस्तित्व को नकारता है, वह अमावस की रात बारह बजे महाविद्यालय के मुर्दाघर में टेबल पर रखे किसी एक मुर्दे के हाथ में मिठाई रख कर वापस आए, तभी उस छात्र की बहादुरी को, उसकी बात को बाकी छात्र मान लेंगे। बहादुर छात्र मान गया।

अमावस की रात साढ़े ग्यारह बजे वह बहादुर छात्र अपनी जेब में मिठाई लेकर मुर्दाघर की तरफ निकला। दरवाजे में पहुँचा। पहरेदार ने अन्य मित्रों के कहने पर दरवाजा जानबूझकर खुला रखा था। छात्र ने दरवाजा खोला। बड़े मुर्दाघर में कुछ अन्तर रखकर अनेक टेबल पर मुर्दे रखे थे। उस दिन वे टेबल पर ही थे, क्योंकि वहाँ के नौकर को पैसे देकर वे मुर्दे साइड के टैंक में रखने के लिए मना किया गया था। अन्दर दरवाजे के सामने रखे एक मुर्दे के हाथ पर छात्र ने मिठाई रख दी और पलटकर दरवाजे तक वापस आया ही था कि कोने के एक टेबल से आवाज आई, "मुझे मिठाई नहीं दोगे क्या?" इस बहादुर छात्र की बोलती बन्द हो गई। वह

घबराकर तेजी से दौड़ते हुए बाहर आ गया और वहाँ खड़े मित्रों पर 'भूत ने दबोच लिया' कहकर धराशायी हो गया।

वहाँ पर क्या हुआ था, इसे आप लोगों ने तर्क से भाँप लिया होगा। जी हाँ, मुर्दाघर के उस कोने की खिड़की में से एक मुर्दे के टेबल के नजदीक से अन्य छात्रों ने टेप रेकॉर्डर बजाया था और उस बहादुर छात्र ने मान लिया कि भूत ही जाग गया। उसे यह सदमा क्यों पहुँचा? जरा सोचिए, उस बहादुर छात्र को पता था बल्कि उसकी शिक्षा के संस्कार ने उसके मन को यह विश्वास दिलाया कि 'संसार में भूत नहीं है।' बचपन में मिला भूत का संस्कार उसकी बुद्धि ने नकार दिया था। और जो धीरज उसने प्राप्त किया था, वह मुर्दे के हाथ में मिठाई रखने तक कायम रहा, क्योंकि वह परिस्थिति उसकी अपेक्षा के अनुसार थी। लेकिन 'मुझे मिठाई नहीं दोगे क्या?' ऐसी अन्य टेबल से आवाज आते ही उस छात्र के भूत के सन्दर्भ में पूर्वसंस्कार जाग गए। बचपन में सुनी-सुनाई घटनाएँ तथा कुछ समय पहले अन्य अनेक मित्रों के 'भूत होता है' ऐसी विश्वास के साथ की गई उनकी बहस ने उसे ऐन वक्त पर कमजोर किया और वह घबरा गया। तात्पर्य यह है कि इस पद्धति से दीर्घकाल तक परिणाम करनेवाले संस्कार 'भूत' की कल्पना का निर्माण करते हैं।

मनुष्य सूचनाओं को स्वीकार करनेवाला प्राणी है। दी हुई सूचनाओं का पालन कर उसके अनुसार वर्तन करना यह उसकी स्वभावगत विशेषता होती है इसीलिए भूत के निर्माण में तीसरा महत्त्वपूर्ण मुद्दा सूचना वर्तन का होता है। मान लीजिए, अभी-अभी मीठी-मीठी रबड़ीवाला भरपेट खाना खाकर हम आराम से पेट पर हाथ फेरते हुए बैठे हैं, तभी अन्दर से कोई घबराकर अचानक आता है और हड़बड़ी में बताता है कि "बाप रे! अभी-अभी खाने में जो रबड़ी परोसी गई थी ना, उसके बर्तन के तलहट में एक बड़ी मरी हुई छिपकली मिली है।" यह सुनते ही क्या होगा, बताइए? जी हाँ, खाने के बाद आराम से पेट पर हाथ फेरनेवाले चार-पाँच लोगों की शिकायतें आने लगेंगी कि 'जी मचला रहा है, मतली होगी शायद!' 'पेट में गड़बड़ी हो रही है' वगैरह। ऐसी उनकी भावनिक बेचैनी दिखाई देती है। वास्तव में ना ही उन्होंने रबड़ी का खाली बर्तन देखा है, ना ही तलछट में चिपकी मरी हुई छिपकली देखी है। लेकिन घबराए हुए व्यक्ति की सूचना सुनकर वे खुद घबरा जाते हैं, बेचैन होते हैं, उनका वर्तन सामान्य नहीं रहता। यह उन चार-पाँच लोगों के बारे में नहीं बल्कि हम सभी के बारे में घटित हो सकता है, होता है। अब दूसरा उदाहरण देता हूँ। विज्ञापन में अभिनेत्री ऐश्वर्या राय कहती है, "मैं सुन्दर हूँ क्योंकि मैं लक्स इस्तेमाल करती हूँ।" हम दुकान से लक्स खरीदकर लाते हैं, इस विचार के साथ कि 'चलो, एक चान्स हम भी ले लेते हैं। सुन्दरता और लक्स का जरूर कुछ-न-कुछ सम्बन्ध है, तभी तो माधुरी दीक्षित और ऐश्वर्या राय सुन्दर लगती हैं। हो सकता है हम पर भी लक्स की मेहरबानी हो।' बिलकुल इसी तरह भूत की

सूचना जब लोग स्वीकारते हैं, तब उसके अनुसार भूत के बारे में उनकी कल्पनाएँ शुरू होती हैं, और तद्नुसार वर्तन भी होता है।

इन्द्रियजन्य भ्रम भूत निर्मिति का चौथा कारण मानना चाहिए। मतलब हमारी विभिन्न ज्ञानेन्द्रियों के द्वारा हमें किसी चीज का ज्ञान होता है, लेकिन ऐसे ज्ञान का दूसरा पक्ष 'भ्रम' भी है। इस सम्बन्ध में हमें हमेशा ही एक उदाहरण सुनने को मिलता है। किसी अँधेरे कमरे में एकाध रस्सी पड़ी है तो उसे साँप समझा जाता है। गरमी में कड़ी धूप में तपनेवाली पक्की सड़क पर कुछ दूर तक हमें पानी की लहरों का आभास होता है, जो वास्तव में 'ओयासिस' होता है, एक काल्पनिक जल! देर रात घने अँधेरे में सड़क को चीरती हुई कोई बस दौड़ती है तो खिड़की से नजर आनेवाले किनारे पर खड़े पेड़, बड़े से पत्थर हमें चित्र-विचित्र आकारवाले प्रतीत होते हैं। ये हमें होनेवाले इन्द्रियजन्य भ्रम होते हैं। जो प्रत्यक्ष में नहीं होते, वे दृश्य यह भ्रम पैदा करते हैं। इसीलिए पुनश्च इस बात पर गौर कीजिए कि, जब भूत का निर्माण भास या भ्रम के कारण होता है तब एक तो वह झूठ होता है अथवा संस्कार होता है, सूचना वर्तन होता है या फिर इन्द्रियजन्य भ्रम ही होता है।

ऊपर बताई हुई तीनों बातें इकट्ठी होने पर 'भूत' का निर्माण किस प्रकार होता है, इसे स्पष्ट करनेवाला एक अच्छा उदाहरण आप सुनिए, जिसे डॉ. अब्राहम कोहूर ने अपनी एक किताब में लिखा है—

डॉ. अब्राहम कोहूर मतलब अन्धविश्वास उन्मूलन आन्दोलन के पितामह! उन्होंने आजीवन अन्धविश्वासों के विरुद्ध अपनी जंग तीव्र संघर्ष के साथ निरन्तर जारी रखी। उनकी पत्नी ने भी उनका गम्भीरता से साथ दिया। अन्धविश्वासों के कारण जिन बातों को समाज या लोग नकारते हैं, टालते हैं, कोहूर दम्पती ने एहसासपूर्व उन बातों को अपने जीवन में, अपने आचरण में लाने का ईमानदार प्रयास किया। मूल भारतीय होनेवाले इस दम्पती ने बाद में श्रीलंका के नागरिकत्व को स्वीकार किया। यह प्रसंग जो मैं आपको बताने जा रहा हूँ उसे उन्होंने 'जीवन के महत्त्वपूर्ण प्रसंग' के रूप में लिखकर रखा है। इसे सुनने के बाद भूत के अस्तित्व के बारे में ऊपर बताई हुई सभी बातें बिलकुल सही ढंग से आपके सामने स्पष्ट होंगी।

घटना ऐसी है—श्रीलंका में 'रिचमंड हिल' नाम का एक टीले पर अब्राहम कोहूर का महाविद्यालय था। पगडंडी से नीचे उतरने के बाद टीले के नीचे छात्रावास थे। एक शाम ऐसे ही पत्नी के साथ घूमते हुए डॉ. कोहूर छात्रावास में गए। छात्रों के साथ विभिन्न विषयों पर चर्चा हो रही थी, जिसमें एक विषय 'भूत' भी था। 'भूत का अस्तित्व एक भ्रम या कल्पना है' इसे डॉ. कोहूर ने छात्रों को विश्लेषण के साथ समझाया। तत्पश्चात् वे घर लौटने के लिए छात्रावास से बाहर निकले। रात के ग्यारह बज गए थे। तभी छात्रों में खुसुर-फुसुर सुनाई दी। डॉ. काहूर ने पूछा, "क्या बात है?" छात्रों ने कहा, "सर आप हमारे प्रिय अध्यापक हैं, हम आपसे

कुछ कहना चाहते हैं।" "तो बताओ ना," डॉ. कोहूर ने कहा। छात्रों ने कहा, "सर आप टीले से जिस पगडंडी से होकर लौटनेवाले हैं, कुछ दूरी पर उस रास्ते के बीचोबीच बरगद का बड़ा पेड़ है। इस क्षेत्र में वह पेड़ 'वेताल का पेड़' नाम से जाना जाता है। अब तक अनेक लोगों को पशु-पंछियों के रूप में एक वेताल उस पेड़ के नीचे दिखाई दिया है। आप हमारे प्रिय अध्यापक हैं इसीलिए आपसे विनती है कि, आप आज न जाएँ।"

डॉ. कोहूर और उनकी पत्नी ऐसी अफवाहों पर विश्वास नहीं रखते थे। दोनों मुस्कराए। एक टॉर्च लिया और चल दिए। लौटने का रास्ता वही था। चलते-चलते उनकी चर्चा इसी विषय पर हो रही थी कि लोग किस प्रकार कल्पनाओं पर आधारित भ्रम पर आँखें बन्द कर विश्वास करते हैं। कुछ देर बाद कुछ दूरी पर रास्ते के बीचोबीच खड़ा वह पेड़ दोनों को दिखाई देने लगा। कुछ समय बाद श्रीमती कोहूर जोर से चिल्लाईं, "वह देखिए...हाथी।" बात यह थी कि श्रीमती कोहूर को जंगली जानवरों से बहुत डर लगता था। उन्होंने पेड़ की ओर इशारा किया, उधर डॉ. कोहूर देखने लगे। उन्होंने देखा कि उस पेड़ के नीचे एक हाथी रास्ते के बीचोबीच खड़ा था। श्रीमती कोहूर डर के मारे पसीने से लथपथ हो गईं। डॉ. कोहूर को, 'क्या करें?' कुछ सूझ नहीं रहा था। उनके सामने 'इधर पहाड़ उधर खाई' ऐसी स्थिति थी। अगर आगे बढ़े तो हाथी के द्वारा हमले की सम्भावना थी, जिसमें कुछ हो गया तो लोगों के ताने तय थे कि "वेताल ने दबोच लिया है, हमारी बात सुनी नहीं, अब अपने कर्मों का फल भुगत लो।" और अगर वापस छात्रावास चले जाएँ तो छात्र कहेंगे, "आ गए ना वापस! आपको तो हमने पहले ही बताया था। मगर सुना नहीं।"

जहाँ पर हाथी दिखाई दे रहा था, उसे स्पष्टता से देखने के लिए डॉ. कोहूर आँखें तानकर उस ओर देख रहे थे। 'अब क्या करें?' वे सोच में पड़ गए थे। बहुत अँधेरा हो गया था। टॉर्च की रोशनी वहाँ पहुँच नहीं पा रही थी। वहाँ बहुत घना अँधेरा था। अब्राहम कोहूर सामने दिखाई देनेवाले हाथी का निरीक्षण करने का प्रयास कर रहे थे। तभी उनके ध्यान में आ गया कि यह थोड़ा अलग मामला लग रहा है क्योंकि वह जंगली हाथी अपने मुँह से घूऽघूऽघूऽ ऐसी ध्वनि निकाल रहा था। एक विचित्र दृश्य यह भी था कि उस हाथी के कान आगे-पीछे हिल रहे थे। 'क्या करें?' अब्राहम कोहूर को कुछ भी सूझ नहीं रहा था। उन्होंने सोचा अगर वह हाथी पालतू होगा तो जरूर उसके साथ उसका महावत होगा, उसे बुला सकते हैं। उन्होंने जोर से आवाज दी, "अरे, कोई है वहाँ पर? कोई है क्या?" कोई प्रतिक्रिया नहीं मिली। कुछ देर ऐसा ही सन्नाटा रहा। अन्तिम प्रयास करते हैं ऐसा सोचकर डॉ. कोहूर ने फिर जोर से पूछा, "अरे सुनो भई कोई है क्या वहाँ पर?" और कुछ देर बाद उन्हें कुछ विचित्र दृश्य दिखाई देने लगा।

हाथी की घूऽघूऽऽघूऽऽ रुक गई। फिर उसका दाहिना कान धीरे-धीरे हिलने

लगा। उस कान से एक सफेद आकृति बाहर आ गई और धीरे-धीरे डॉ. कोहूर की ओर बढ़ने लगी। अब आप मन-ही-मन सोचते होंगे कि डॉ. कोहूर के स्थान अगर हम होते तो पहले भाग निकलते, बाद में सोचते कि क्या था और क्या नहीं। लेकिन यही तो फर्क होता है, आम व्यक्ति और आन्दोलनकर्ता में। वे समाज परिवर्तन का बीड़ा जो उठाते हैं। वह सफेद आकृति धीरे-धीरे डॉ. कोहूर की ओर बढ़ने लगी, नजर के नजदीक आने पर पता चला कि वह कोई व्यक्ति था। उसके नजदीक आने पर डॉ. कोहूर ने ऊँचे स्वर में पूछा, "कौन हो तुम? इतनी रात गए एक हाथी लेकर यहाँ क्या कर रहे हो?" वह आदमी कोहूर के पास आया और उन्हें सिर से पाँव तक देखते हुए बोला, "आप पागल हैं क्या? कौन सा हाथी? आइए इधर!" वह कोहूर दम्पती को उस पेड़ के नीचे लेकर चला गया, जहाँ वह कथित हाथी खड़ा था। पास जाकर देखा तो पता चला कि वह कोई हाथी नहीं था बल्कि पुराने जमाने की, काले रंग की एक बड़ी डॉच गाड़ी खड़ी थी।

अब आप कुछ समझे, डॉ. कोहूर की कल्पना में भूत का निर्माण कैसे हो गया था? भ्रम अथवा आभास के द्वारा भूत कैसे पैदा होता है, इस सन्दर्भ के सभी निकष मैंने आपको बताए, वे ही इस प्रसंग से भी जुड़े हुए हैं। गाड़ी का मालिक प्रिंसिपल से मिलने गया था। गाड़ी टीले की चढ़ाई चढ़ने में असफल रही तो उसे पेड़ के नीचे खड़ी कर वह ऊपर अकेला ही चला गया। ड्राइवर गाड़ी में सोया था। नम्बर एक, अब्राहम कोहूर तथा उनकी पत्नी ने बचपन से ही भूत के बारे में सुना था। 'भूत होता है' ऐसे संस्कार उन्हें बचपन में मिले थे और अचेतन में वे टिके हुए थे। नम्बर दो, बरगद के पेड़ के नीचे अलग-अलग विचित्र पशु-पंछियों के रूप में भूत नजर आने की सूचना दोनों ने छात्रों से सुनी थी, जो अनजाने में ही एक सीमा तक उनके मन ने स्वीकार ली थी। नम्बर तीन, टॉर्च की पर्याप्त रोशनी के अभाव में तथा आकार की सादृश्यता के कारण सामने खड़ी काली गाड़ी का इन्द्रियजन्य भ्रम निर्माण हुआ और वह गाड़ी श्रीमती कोहूर को हाथी लगी।

नम्बर चार, "देखिए, वह हाथी" ऐसे जोर से श्रीमती कोहूर चिल्लाईं और संकेत किया जिसे डॉ. कोहूर ने स्वीकार लिया था। उनका विचार भी उसी दिशा में सक्रिय रहा। नम्बर पाँच, 'हाथी है' यह कल्पना तीव्र थी, जो गाड़ी में आराम से खर्राटे लेनेवाले ड्राइवर की आवाज को हाथी की घूऽऽ घूऽऽ की आवाज में स्वीकार किया और जंगली हाथी की कल्पना और भी दृढ़ हो गई। नम्बर छह, हवा गाड़ी में आने हेतु ड्राइवर ने सोते वक्त गाड़ी का जो बायाँ दरवाजा खुला रखा, हवा की वजह से वह आगे-पीछे होने लगा जिसे हाथी का कान समझ लिया गया। नम्बर सात, जब अब्राहम कोहूर ने जोर से वही प्रश्न पूछा, तब ड्राइवर जाग गया और उसकी खर्राटे बन्द हो गए। कोहूर दम्पती को लगा, हाथी की घूऽऽ घूऽऽ बन्द हो गई। जब डॉ. कोहूर ने पुनश्च जोर से प्रश्न किया तब जाग गए ड्राइवर ने क्या

हुआ है, यह देखने के लिए पैरों के बाजू का दरवाजा बन्द कर सिर के बाजू का खोला तब हाथी का दाहिना कान हिलने का भ्रम कोहूर दम्पती को हुआ। तथा नौ, जब ड्राइवर दरवाजे से नीचे उतरा तब सफेद आकृति के हाथी के कान से बाहर आने का भ्रम कोहूर पति-पत्नी को हुआ। यह था इन्द्रियजन्य भ्रम।

डॉ. अब्राहम कोहूर ने यह सब अपनी किताब में लिखा है। इस उदाहरण से यह स्पष्ट होता है कि संस्कार, सूचना, दृष्टि भ्रम इनका मेल भूत की कल्पना को जन्म देता है, जो मानसिकता में दृढ़ होता है। अगर यह अनुभूति डॉ. कोहूर ने लिखी न होती तो हम कहते, "अरे क्या भूत नहीं होता, भूत नहीं होता कह रहे हो, तुम्हारे उस अब्राहम कोहूर ने भी तो एक बार उसे देखा था!"

मन और मन की बीमारियाँ-2

मन तथा उसकी बीमारियाँ मसलन् भूतबाधा या माता सँवार होना आदि विषयों पर विचार-विमर्श के दौरान आभास और भ्रम के कारण भूत का निर्माण कैसे होता है, यह हमने देखा है। इस अध्याय में इसी विषय पर हम अधिक गहराई से सोचेंगे। यह विचार मंथन का गहन विषय है, 'मनुष्य के मन का मतलब क्या है?' 'मन किसे कहते हैं?' यह प्रश्न मैंने महाराष्ट्र में अनेक स्थानों पर पूछा है। बहिणाबाई चौधरी की एक मराठी कविता में इसका उत्तर है जो हमें पता है, लगभग सभी ने सुना है—

मन है चंचल परिंदा, क्या कहें इसकी अदा?
इस लम्हा नजर आए जमीं पर
दूजे लम्हा भरे उड़ान आसमान में

इसकी चंचलता धीर ना धरे कहीं
बनकर पल में बिजली, फिर जमीं पर उतरे!

कभी जर्रा बने अणु कभी छोटा सा कण
कभी अपनी भव्य काया से, स्वामी बने अन्तराल का

हे ईश्वर, ये कैसी रे तेरी करामात?
देखो जोगी से संसार को मिली एक भोगी सौगात!

तुझसे रे कैसी घटी ये अनहोनी ?
दुनिया में ना बनाया इसका कोई सानी

तेरी जागती आँखों ने देखा इस बहुरूपिए का सपना
जो न है पराया, न अपना।

मन इतना विचित्र होता है कि कभी पोस्ते के दाने की तरह छोटा तो कभी इतना विशाल कि आकाश में वह नहीं समा पाता। मन और उसका व्यापार इसी प्रकार अजीब है, खुली आँखों ने देखे एक स्वप्न की तरह, ऐसा बहिणाबाई ने यहाँ स्पष्ट किया है।

बावजूद इसके यह प्रश्न शेष ही रहता है कि यह मन आखिर होता कहाँ है? जब-जब यह प्रश्न पूछा जाता है, तब-तब अपने शरीर के दाहिने बाजू में स्थित सीने पर हाथ रखकर उसका स्थान बताया जाता है। वास्तव में वहाँ पर 'मन' होता है क्या? नहीं। शरीर में उस स्थान पर हृदय नाम का एक मांस का पम्प होता है। वह पम्प पूरे शरीर में खून की पूर्ति करता है। किसी के मन का चित्र अगर रेखांकित करने के लिए कहा जाए तो वह बहुधा बादाम की आकृति बनाता है और उसमें से आरपार एक बाण दिखाया जाता है। यह भावनाओं का प्रतीकात्मक चित्र होता है। तो फिर आखिर मन होता कहाँ है? विज्ञान ने यह निर्विवाद सत्य घोषित किया है कि मन दिमाग में होता है। हमारी भावनाएँ, हमारी वासनाएँ, कल्पनाएँ, स्मरणशक्ति एहसास जो भी है, उनका अस्तित्व हमारे दिमाग में होता है। मनुष्य के दिमाग में अरबों मज्जा कोशिकाएँ होती हैं। एक अरब मतलब 100 करोड़। ये कोशिकाएँ एक-दूसरे से विद्युत रासायनिक स्पन्दनों से जुड़ी रहती हैं। ज्ञानेन्द्रियों के द्वारा हमें जो ज्ञान मिलता है वह ज्ञान इन कोशिकाओं के द्वारा दिमाग के विभिन्न हिस्सों को भेजा जाता है। वहाँ पर इस ज्ञान को एक अर्थ मिलता है, जिसे हम 'मन' कहते हैं।

इसलिए समझ लीजिए, 'मनुष्य की मृत्यु कब होती है?' इस प्रश्न पर 'हृदयक्रिया बन्द होने से' ऐसा ही उत्तर मिलता है। लेकिन क्या आपको पता है कि हृदय का ऑपरेशन करते समय उसे निकालकर बाजू में रखा जाता है और उसे यंत्र लगाकर सक्रिय रखा जाता है। फिर भी आप जीवित रहते हैं। मनुष्य की मृत्यु कैसे, कब होती है? मनुष्य के दिमाग को होनेवाला खून की सप्लाई अगर कुल तीन मिनट के लिए खंडित हो जाती है, तो वहाँ की कोशिकाओं का विघटन होता है तथा वे मिट्टी में रूपान्तरित होती हैं। इन्हें पुनर्जीवित करना असम्भव होता है और मनुष्य की संवेदनाएँ नष्ट हो जाती हैं। परिणामस्वरूप उसकी मृत्यु हो जाती है। इसे हम 'ब्रेन डेथ' कहते हैं।

अगर हमारी मृत्यु के साथ दिमाग की कोशिकाओं का विघटन होता है, जहाँ पर हमारा मन होता है, तो ध्यान रखने की बात यह है कि आत्मा का अस्तित्व सम्भव ही नहीं है। परम्परा हमें बताती रही है कि 'मिट्टी से बने / मिट्टी में मिल जाओगे'। लेकिन यह नियम आत्मा पर लागू नहीं होता। शरीर का मिट्टी में मिलने का ज्ञान भले ही हो लेकिन दिमाग के कार्य के बारे में होनेवाला परम्परा का अज्ञान इसका कारण है। आधुनिक विज्ञान बताता है कि आपकी पूर्ण बुद्धि, भावनाएँ, स्मृति यह

सब दिमाग के नष्ट होने के साथ ही नष्ट हो जाता है। इनमें से एक भी चीज बाहर नहीं आती है। इसीलिए आत्मा का पुनर्जन्म, पुनर्जन्म में गत जीवन की स्मृतियों का जाग्रत होना वगैरह आधुनिक विज्ञान की दृष्टि में काल्पनिक आडम्बर है, सर्वथा असम्भव है, लेकिन यह सत्य बड़े-बड़े महानुभावों को आज भी हजम नहीं होता।

मन के बारे में मेरी बताई यह बात, विज्ञान का शास्त्रीय आधार देकर कही हुई बात है। हमारी दृष्टि से इसे समझने के लिए हम मन का एक दूसरा रूपक देखते हैं। आप 'हिमनग' जानते हैं? हिमनग का एक अष्टमांश भाग पानी के ऊपर एवं एक अष्टमांश भाग पानी के नीचे होता है। मन का विभाजन भी ऐसे ही होता है। मतलब अभी जो बात मैं आपको कह रहा हूँ, और आप सुन रहे हैं वह मेरे मन का ऊपरी एक अष्टमांश भाग है। यह व्यक्त मन, कॉन्शस माइंड है। इसने आपके कॉन्शस, व्यक्त मन के साथ सम्पर्क किया है। इस प्रकट मन के परे एक अव्यक्त, सबकॉन्शस माइंड होता है जो तकरीबन सात अष्टमांश होता है।

मतलब कोई मित्र अचानक 20 वर्षों बाद आपसे मिलता है। इन बीस वर्षों में आपने उसका चेहरा तक नहीं देखा है। मिलने पर आप उससे कहते हैं, "अरे गंपू, अबे तू इधर कैसे? क्या तुझे याद है, हम स्कूल में एक ही बेंच पर बैठा करते थे। हमने ऐसी शरारतें की थीं, वैसी बातें की थीं, फलां मास्टर की मार भी हमें पड़ी थी।" अब आप सोचिए, जिस गंपू को आपने 20 वर्षों में एक बार भी नहीं देखा है, उसकी आवाज भी नहीं सुनी है उससे पत्र सम्पर्क नहीं किया है, 20 साल बाद यह वही गंपू है, आपके मन ने कैसे जान लिया? इसका कारण यह है कि आपके अन्तर्मन में उसकी स्मृतियाँ जतन की गई होती हैं।

हमारा अन्तर्मन किसी गोदाम के समान होता है। गोदाम में लबालब माल भरा होता है। हमारा बाह्य मन गोदाम कीपर की तरह होता है, पहरेदार के समान होता है। गोदाम में मौजूद माल में से जो मालिक माँगता उसे निकालकर देना गोदाम कीपर का काम होता है। इसीलिए जिस समय आपसे गंपू नाम का मित्र मिलता है तब आपका बाह्य मन अन्तर्मन से अर्थात् गोदाम से गंपू की स्मृतियाँ बाहर निकालता है और पूरे तफसील के साथ आपको दे देता है। जान लीजिए कि दिमाग में प्रत्यक्ष रूप से ऐसे कोई अलग या विशिष्ट हिस्से नहीं होते हैं, उसमें निहित कोशिकाओं में एक अष्टमांश और सात अष्टमांश ऐसे कोई हिस्से नहीं होते, लेकिन यह रूपक मैंने आपको बताया, जो दिमाग का कार्य आपको समझाने हेतु सम्पर्क सूत्र है।

जन्म से लेकर वर्तमान क्षणों तक हमें अपने जीवन की सभी गतिविधियाँ याद नहीं रहतीं। उनको याद करते रहेंगे तो हमारा जीना मुश्किल हो जाएगा। हमारे जीवन में वेदना, अपेक्षाभंग, व्यथा, निराशा से भरे अनेक प्रसंग होते हैं। उनका हम क्या करते हैं। उदाहरण देता हूँ—ऑफिस में काम करते समय अगर आपको बॉस ने फटकारा तो आप खीझ जाते हैं और मन-ही-मन बुदबुदाते हैं, "अरे मेरी कोई

गलती नहीं फिर भी इसने क्यों डाटा? इसे तो अब सुनाना पड़ेगा।" लेकिन अगले पल आपका दूसरा मन कहता है, "जाने दो, रोज हमें इससे निपटना है, इसके मुँह लगना ठीक नहीं।" और आप गुस्सा पी जाते हैं। अर्थात् उसे आप अपने अन्तर्मन के गोदाम में रखते हैं।

विवाहित स्त्री-पुरुषों के समूह के सामने भाषण देते समय मैं हमेशा एक मजेदार प्रश्न पूछता हूँ। मेरा भाषण पढ़ते-सुनते वक्त आप यह प्रश्न स्वयं से भी पूछ सकते हैं कि शादी से पहले जिस तरह के पति या पत्नी की हमें अपेक्षा होती है, हम लोगों में से कितने लोगों की यह अपेक्षा पूरी हुई? मेरा यह अनुभव है कि सामने बैठे स्त्री-पुरुष उत्तर देने की बजाय एक-दूसरे को देखकर हँसते हैं। इस हँसी का अर्थ मानो वे कह रहे हो, "जाने भी दीजिए ना डॉक्टर! अब क्यों जख्मों पर नमक छिड़क रहे हैं?" शादी से पहले प्रत्येक को राजकुमार या राजकुमारी चाहिए होती है लेकिन शादी के बाद या तो किसी सोम्या, गोम्या से पाला पड़ता है, या फिर कोई पमी, ठमी हिस्से आ जाती है। फिर राजकुमार या राजकुमारी की हमारी प्रामाणिक अभिलाषा कहाँ गुम हो जाती है? उसे आप अपने अन्तर्मन के गोदाम में फेंक देते हैं। अपने मन को समझाते हैं कि यह अपने बस की बात नहीं, इस जन्म में तो यह मुमकिन नहीं।

संक्षेप में, आपका अन्तर्मन एक गोदाम की तरह होता है और बाह्य मन अन्तर्मन द्वारा नियुक्त पहरेदार के समान होता है। गोदाम में ठूँसकर भरा माल उसकी क्षमता के अनुसार ठीकठाक रहता है, लेकिन मान लीजिए कि अगर उसकी क्षमता से बाहर अगर उसमें माल रखा जाए तो गोदाम की व्यवस्था बिखर जाती है। छप्पर तक जाकर माल भिड़ जाता है। कुछ सामान खिड़की का जाल तोड़कर बाहर झाँकने लगता है। पहरेदार को आवश्यक सामान समय पर नहीं मिल पाता। अथवा गोदाम में सामान की व्यवस्था ठीकठाक हो और पहरेदार ने शराब पी ली हो, उसे नींद के कारण झपकी आ जाए तो भी आवश्यक सामान उसे समय पर नहीं मिलेगा। इसका मतलब यह हुआ कि जब मनुष्य का मन ही बीमार हो जाता है तब अन्तर्मन और बाह्यमन की सुसंगति खत्म हो जाती है, सम्बन्धित व्यक्ति के चेहरे की भावभंगिमा बदल जाती है, उसकी आवाज बदल जाती है, आँखें मुंदने लगती हैं, बुदबुदाने लगती हैं। कभी-कभी असामान्य गति से, क्षमता से वह काम करने लगता है। कभी-कभी वह घंटों कई दिनों तक किसी से कोई बात न करते हुए, एक स्थान पर बैठता है। कल तक जो व्यक्ति ठीकठाक और सामान्य था, उसके अचानक इस तरह से बदल जाने पर क्या कहना चाहिए? हमारे आन्दोलन में एक गीत व्यंग्यात्मकता से गुनगुनाया जाता है—

खलबली मची गाँव में
क्या हुआ, क्या हुआ?

खलबली मची गाँव में
अरे मगर हुआ क्या?
किसी को भूत ने दबोच लिया

हम ऐसा क्यों कहते हैं, क्योंकि हमें पता होता है कि बुखार या जुकाम होने से हमारा शरीर बीमार पड़ता है लेकिन मन की बीमारी के मैंने जो उपर्युक्त लक्षण बताए हैं वे सम्बन्धित व्यक्ति की मन की इस बीमारी से अनजान होते हैं। इसीलिए किसी विशिष्ट व्यक्ति के सन्दर्भ में घटी ऐसी घटनाएँ एक तो भूतबाधा अथवा माता का सँवारना है ऐसा भ्रम पाला जाता है।

इस बात को समझ लो कि भूतबाधा अथवा देवी का सँवारना लगभग एक ही मानसिकता की दो अवस्थाएँ हैं। लेकिन हमारे यहाँ 'भूत' की कल्पना अपवित्र और 'देवी' की कल्पना को पवित्र माना जाता है। वास्तव में 'भूत' और 'देवी' का संयुक्त मोर्चा मनुष्य के मन में प्रवेश करता है और सम्बन्धित मनुष्य की मानसिकता को दूषित करता है। इस सन्दर्भ में जो भी घटित होता है, वह दो प्रकार की मानसिकता में विभाजित होता है। पहली सौम्य मनोरुग्णता और दूसरी गम्भीर मनोरुग्णता। सौम्य मनोरुग्णता को न्यूरॉसिस कहते हैं तथा गम्भीर मनोरुग्णता को सायकॉसिस कहते हैं। सौम्य मनोरुग्णता में चार प्रकार होते हैं—ढोंग, पारम्पारिक मान्यता वर्तन अथवा पारम्पारिक मान्यताप्राप्त वर्तन, सम्मोहन और प्रासंगिक मनोविघटन।

अब अभुआने के कोई भी प्रकार या भूतबाधा के किसी भी प्रकार के बारे में अन्धविश्वास उन्मूलन की दृष्टि से विचार करते समय वह मानसिकता एक ढोंग है, यह मान्य करना ही पड़ता है। एक बहुत ही मार्मिक उदाहरण मैं आन्दोलन के दौरान हमेशा बताता हूँ—यह घटना महाराष्ट्र के कोल्हापुर क्षेत्र की है। एक मन्दिर में एक बुवा आता था। हफ्ते के हर शनिवार के दिन वह गाँव के हनुमान मन्दिर में आता था। वह एक पाखंडी बुवा था। नाम भी उसका बुवा ही था। साथ में उसके अन्य साथी भगत भी आते थे। वे हनुमान की मूर्ति के सामने रखी भभूत बुवा पर उछाल देते थे। धीरे-धीरे हनुमान जी का बुवा में संचार होता और वे अभुआने लगते। यहाँ तक तो ठीक था, क्योंकि ऐसे सैकड़ों देवी-देवता हजारों भक्तों में संचार करते हैं। इस बुवा की बात अलग थी। अब इस बुवा में हनुमान जी संचारित होने पर जो स्त्रियाँ अपने प्रश्न, समस्याएँ लेकर उसके पास आती थीं, वह उनके गले में अपनी बाँहें डालता और उनके कानों में उत्तर बताता। हमारे समाज में अगर कोई परपुरुष किसी परस्त्री के साथ ऐसा वर्तन करता है तो लोग पैर की जूती निकालकर उसकी पिटाई करेंगे, लेकिन यहाँ बात ही अलग थी। स्वयं बालब्रह्मचारी के बुवा में संचार किया होने से किसी की मजाल है जो उसे टोके।

बुवा के उस पाखंड का भंडाफोड़ जरूरी था। पाटील नामक मेरे एक मित्र ने

कहा, "डॉक्टर अब आप देखिए, मैं इस मामले को कैसे ठीक करता हूँ।" एक शनिवार की शाम उस बुवा के आते ही मेरा मित्र पाटील भी मन्दिर चला गया। हमेशा की तरह बुवा के भक्तों ने हनुमान की मूर्ति के सामने पड़ी भभूत महाराज पर उछाल दी। उसमें से थोड़ी-सी मित्र के शरीर पर भी आ गिरी। थोड़ी देर बाद बुवा के शरीर में हनुमान जी ने प्रवेश किया। वह घूमने लगा। आजूबाजू की महिलाएँ अपनी समस्याएँ लेकर आ गईं। बुवा उनके गले में हाथ डालकर उनके कानों में खुसुर-फुसुर करने लगा।

तभी अचानक पाटील के शरीर में भी हनुमान ने प्रवेश किया और वह भी घूमने लगा। अब यह तो किसी ने लिखकर नहीं रखा है कि हनुमान जी एक समय में दो अलग-अलग शरीरों में प्रवेश नहीं कर सकते। जिस बुवा के शरीर में उसने पहले प्रवेश किया था, वह स्त्रियों के गले में बाँहें डालकर घूमने लगा। इधर पाटील के शरीर में उसने प्रवेश किया तो पाटील ने बुवा की कमर में हाथ डाल दिया, उसको उठाया, झट से जमीन पर फेंक दिया। फिर उठाया, पटक दिया। इस हरकत का कारण पूछने पर 'मैं नहीं, मेरे शरीर में परकाया प्रवेश किए हुए हनुमान जी यह सब मुझसे करवा रहे हैं', ऐसा बताने के लिए वह तैयार ही था। लेकिन समझनेवाले को इशारा काफी होता है। बुवा को जो समझना चाहिए था उसने समझ लिया और उसके शरीर से हनुमानजी ने जो उड़ान किया, पुनश्च कभी बुवा को उसने तकलीफ नहीं दी। जाहिर है, यह सब ढोंग था, जिसका एक आन्दोलन के रूप में विरोध किया जाना चाहिए।

दूसरा मामला उस वर्तन का है जिसे परम्परा से मान्यता दी गई है। मसलन् हमारे यहाँ देवी का परकाया प्रवेश और परिणामस्वरूप ग्लानि की अवस्था में घूमना इसकी कल्चरल विधि है। यह परम्परा से ही स्वीकृत है। महाराष्ट्र के उस्मानाबाद जिले में चिवरी नामक स्थान है। वहाँ लक्ष्मी माता के मन्दिर में जब मेला लगता था, उस दौरान मन्नत के नाम पर बड़े पैमाने पर पशुओं की हत्या होती थी। उसे रोकने के लिए हमने सत्याग्रह जारी रखा था। एक साल जिलाधिकारी ने हमें यह विश्वास दिलाया था कि इस साल वे पशुओं की हत्या नहीं होने देंगे। इसीलिए मेले की उस रात हम वहाँ पर हाजिर थे क्योंकि उसी समय पालकी आती थी, तत्पश्चात् पशुओं की गर्दनें काटी जाती थीं। रात के बारह बज गए। पालकी निकली, पूरे गाँव में उसका जुलूस निकलवाया जाता था। हाथ में सुलगती मशालें लेकर भक्त उसमें शामिल होते थे। उस पालकी को उठाने का सम्मान प्राप्त करने के लिए अनेक दावेदार होते थे। वे पालकी उठाने पर बड़े जोश से 'लक्ष्मी माता की जय' का जयघोष करते थे। उस रात भी पूरे गाँव का चक्कर लगाकर पालकी गाँव के बाहर स्थित लक्ष्मी मन्दिर के सामनेवाले मैदान में जा रुकी। जलनेवाली मशालें, पालकी के साथ आए भक्तगण, कुल मिलाकर जोश और उल्लास का वातावरण था। सामनेवाले मैदान में

हम 50-60 सत्याग्रही बैठे हुए थे। हमारे बाएँ बाजू में 20-25 हजार गाँववाले बैठे हुए थे। दाहिने बाजू में पाँच-सात हजार स्त्रियाँ बैठी हुई थीं। पालकी जब मन्दिर के सामने आई, तब जो विचित्र दृश्य देखा वह मैं जिन्दगी में कभी भूल नहीं पाऊँगा। मेरे दाहिने बाजू में बैठी स्त्रियों में से 700-800 स्त्रियाँ अचानक एक साथ उठीं और "जय लक्ष्मी माता...जय लक्ष्मी माता" का जयघोष करती हुई हंहंऽऽ हंहंऽऽ ऐसी मुँह से ध्वनि निकालती हुई घूमने लगीं। यह देखकर पलभर के लिए मैंने सोचा, यह अन्धविश्वास उन्मूलन का काम अपने बस की बात नहीं!

इसके बाद हमने उस यात्रा में होनेवाली पशुहत्या रोक दी। परिणामस्वरूप अभुआनेवाली स्त्रियों का प्रतिशत घटा। फिर भी इसका अतिरिक्त पागलपन शुरू ही रहा। इस मानसिकता की शिकार स्त्रियाँ बस अड्डे पर आतीं, 'जय लक्ष्मी माता' कहतीं, घूमने लगतीं, यहाँ तक कि जमीन पर लोट-पोट हो जाती थीं। दो-तीन घंटों बाद वे सामान्य हो जाती थीं। ऐसी घटनाएँ बन्द हो गई हैं या नहीं, इसे जाँचने के लिए हम सोलापुर से चिवरी जाते थे। उस दौरान बस में मेले में शामिल होनेवाली अनेक महिलाएँ होती थीं। जैसे-जैसे चिवरी नजदीक आती थी, गाड़ी में मौजूद वे महिलाएँ घूमने लगतीं। गाड़ी के बस अड्डे में जाने तक वे अपना होश खो बैठतीं और जमीन पर लोटने लगतीं।

एक बार हम 30-40 आन्दोलनकर्ता बस से जा रहे थे। एक स्त्री भी अपनी युवा बहू-बेटी के साथ यात्रा में थी। कुछ देर बाद उस बूढ़ी औरत ने भंडारा बाहर निकाला। अपनी बहू-बेटी के माथे पर लगाया। हमारे कार्यकर्ताओं के हाथों में इस उद्देश्य से थमा दिया कि वे भी उसे अपने माथे पर लगाएँ। लेकिन उन्होंने वह भंडारा गाड़ी की खिड़की से बाहर फेंक दिया। यह देखकर बूढ़ी थोड़ी खीझ गई। गाड़ी चिवरी की ओर बढ़ने लगी और वह घूमने लगी। उसके साथ होनेवाली अन्य महिलाएँ भी शुरू हो गईं। उनके हाथ एक-दूसरे में गुँथ गए और ऊपर की ओर तन गए। तभी गाड़ी किसी स्टॉप पर रुक गई। ड्राइवर और कंडक्टर चाय पीने के लिए उतर गए।

हम लोगों में से देखमुख नाम का मजबूत कदकाठी वाला कार्यकर्ता उठा, उन महिलाओं के पास गया और बोला, "ये क्या तमाशा लगा रखा है? अक्ल घास खाने गई है क्या? अगर इसे रोका नहीं तो एक-एक तमाचा दूँगा, समझीं?" यह सुनने के बाद उन महिलाओं के हाथ नीचे आ गए और वे कुछ स्थिर होने लगीं। लेकिन गर्दन घुमाकर हंऽऽ हंऽऽ की हुँकार अभी भी शुरू थी।

तभी ड्राइवर और कंडक्टर आ गए। माजरा क्या है, उन्हें शायद अन्दाजा था। वे उन महिलाओं के पास गए और बोले, "आप जानती नहीं, यह सरकारी गाड़ी है, यहाँ अभुआना मना है। यदि अभुआना है तो गाड़ी से उतरो और पैदल निकलो।" यह सुनते ही उन महिलाओं के दोनों हाथ अलग हो गए, घूमनेवाली गर्दन स्थिर

हो गई और "हंऽऽ हंऽऽ की बजाय, 'रहने दो...ठीक है' ये शब्द उनके मुँह से निकलने लगे। वे एकदम सामान्य-सी हो गईं। आप समझ गए होंगे कि आखिर परम्परा की मान्यता विरोध में बदल गई और जूते खाने की नौबत आई तो अपने आप ही अभुआने की नौटंकी रुक गई।

तीसरे नम्बर पर जो अभुआना है, उसे स्वसम्मोहन अथवा हिप्नॉटिक ट्रान्स कहते हैं। इसका स्वरूप अगर देखना हो तो सम्मोहन एक मन की अवस्था है। स्वप्न, जाग्रति, निद्रा, बेहोशी के समान ही यह भी एक मानसिक प्रक्रिया है। इस प्रक्रिया में मन की अचेतन अवस्था में मन तंद्रा में जाता है, लेकिन उसे सूचनाओं एवं निर्देशों से जोड़कर रखा जाता है।

धार्मिक मेला, उत्सव में देवता के नाम का जयघोष, ढोल-नगाड़ों की आवाजें, यह माहौल अभुआने के लिए महिलाओं के बीच मानो उद्दीपन बन जाता है। सम्मोहन अवस्था में जाने के लिए उन्हें पोषक वातावरण मिल जाता है। उदाहरण—नवरात्रि में देवी की मूर्ति को हरी साड़ी पहनाई जाती है, माथे पर लाल कुमकुम का तिलक लगाया जाता है, मूर्ति का एक पैर राक्षस की मुंडी पर कसकर रखा होता है, देवी के हाथों में शस्त्र होते हैं, मन्दिर में चारों ओर दीपमालाओं की जगमगाहट होती है, भक्तों के हाथों में जलती हुई मशालें, धूप और मशालों की तीव्रता और देवी की जोरशोर से आरती शुरू होती है। यह माहौल स्वाभाविक ही ज्ञानेन्द्रियों को उद्दीपित करता है और मनुष्य सम्मोहन अवस्था में चला जाता है। जो महिलाएँ घूमने लगती हैं, निश्चय ही उनके दिमाग और आँखों में उद्दीपन होता है। सभी इन्द्रियाँ इन एक के बाद एक उद्दीपनों के कारण थक जाती हैं और सम्मोहन अवस्था में जाने के लिए तैयार रहती हैं। अर्थात् प्रत्यक्ष रूप में यह एक सम्मोहन होता है। अगर इस वास्तव की जाँच-पड़ताल करने की किसी की इच्छा हो तो अंनिस के कार्यकर्ता 15 मिनट में सम्मोहन अवस्था में किसी को भी ले जा सकते हैं और सत्य को उजागर कर सकते हैं।

यह सम्मोहन अवस्था ही है, इसे कैसे सिद्ध किया जा सकता है? मैं पुनश्च आपको आन्दोलन के दौरान घटा एक वाकया बताता हूँ। एक तो जो मानसिक शक्ति मनुष्य के पास नहीं होती, ऐसी कोई भी शक्ति उसे सम्मोहन अवस्था में नहीं मिल सकती। सम्मोहन अवस्था की दूसरी विशेषता यह है कि अगर सम्बन्धित व्यक्ति की जान खतरे में आती है तो वह झट से सम्मोहन अवस्था से बाहर आ जाता है। हमारे एक कार्यकर्ता ने एक गाँव में अभुआना के इस विषय पर भाषण दिया। गाँववालों को उसकी बात कुछ रास नहीं आई। वे बोले, "तीसमारखां, इतने विद्वान हो तो कल गाँव के मेले में आ जाना। देवी की पालकी निकलती है, उस वक्त 50-60 महिलाएँ अभुआती हैं, अगर तुम्हें कुछ सिद्ध ही करना है तो उन महिलाओं के शरीर में जब माता का प्रवेश होता है, तब आओ और साबित करो।"

दूसरे दिन यह कार्यकर्ता मेले में पहुँचा। मेला शुरू था, भक्त लोग माता के जयघोष में लीन थे। ढोल-नगाड़े बज रहे थे। जोश ही जोश था। कुछ महिलाओं के शरीर में माता ने प्रवेश किया था और वे अभुआ रही थीं। अब कार्यकर्ता क्या करेगा, इस ओर सभी का ध्यान था। हमारा यह कार्यकर्ता सर्पमित्र भी था। वह माइक लेकर खड़ा था। दूसरे हाथ में पीलाजर्द साँप था। मेले की ओर रुख करके उसने घोषित किया, "सुनिए, यह असली साँप मेरे हाथ में है। अब मैं इसे उन महिलाओं की भीड़ में छोड़ दूँगा जिनके शरीर में माता ने संचार किया है। जिनके शरीर में सचमुच देवी ने संचार किया है, यह साँप उन्हें कुछ नहीं करेगा, जो ढोंग कर रही हैं, उनकी जिम्मेदारी मैं नहीं ले सकता।" ऐसा कहकर वह साँप को जमीन पर रख ही रहा था कि सभी महिलाओं के शरीर से माता झट से बाहर आ गई और 'कहीं वह साँप हमारी ओर तो नहीं आ रहा है' यह देखते हुए वे घबराकर एक ओर खड़ी हो गईं। इसका मतलब यह है कि जान का खतरा भाँपकर महिलाएँ सम्मोहन अवस्था से झट से बाहर आ गईं।

अत: अभुआने के प्रकारों में से एक प्रकार ढोंग का है। दूसरा प्रकार परम्परागत मान्यताप्राप्त वर्तन का है तथा तीसरा जो मैंने अभी बताया वह स्वसम्मोहन का तथा चौथा आन्दोलन की दृष्टि से सबसे अधिक चिकित्सा का विषय है, प्रासंगिक मनोविघटन का, जिसे हम हिस्टीरिया कहते हैं।

हिस्टीरिया में आखिर क्या होता है, एक उदाहरण के जरिए हम देखेंगे। मान लीजिए, धुआँधार बारिश हुई, बाँध पूरी तरह से भर गया। उसमें पानी समाने की क्षमता खत्म हो गई है, फिर भी बारिश होती रहती है तो बाँध के दरवाजे खोल दिए जाते हैं। अतिरिक्त पानी उसके जरिए बाहर बहाया जाता है। अगर ऐसा नहीं किया गया तो पानी के दबाव से बाँध टूटने का खतरा होता है। यही रूपक आप महिलाओं की मानसिकता से जोड़कर देखिए।

हमारे देश में, समाज में स्त्रियों के मन का बाँध बहुत जल्दी भर जाता है क्योंकि पुरुषप्रधान सामाजिक व्यवस्था का अस्तित्व इसका एक महत्त्वपूर्ण कारण है। स्त्री के मन का बाँध भर जाने पर उसे बाहर आने का विकल्प नहीं मिलता तो उसके फूटने की सम्भावना अधिक रहती है। उसके फूटने के अनेक कारण हैं। मसलन् शादी के बाद मायका छूट जाता है, दूसरी ओर ससुराल में अनेक कारणों से शोषण जारी रहता है जैसे—दहेज के लिए शोषण, नि:सन्तान होने का दोष लादकर होनेवाला शोषण, कभी-कभी जायदाद के कारण भी उसके साथ छल किया जाता है। किसी का पति बेरोजगार, निकम्मा, बीमार, शराबी होता है अथवा अनैतिक सम्बन्धों के कारण गैर जिम्मेदार वर्तन करता है, मारपीट करता है, नि:सन्तान रहने पर नाते-रिश्तेदार एवं पड़ोसी बाँझ कहकर उपेक्षा करते हैं। परिणामस्वरूप ऐसी महिलाएँ परेशानी, घुटन एवं संत्रास का अनुभव करती हैं। ऐसी परिस्थिति में पनाह

माँगने पर मायकेवाले कहते हैं, "अरी, अब हमने तुम्हारी शादी कर दी है, तुम जानो और तुम्हारा नसीब!"

मानसिक समस्याओं से घिरी ऐसी स्त्री बेसहारा महसूस करने लगती है। एकाध शुक्रवार की शाम मन्दिर में बजनेवाले घंटे की आवाज गूँजने लगती है, तो उस स्त्री के चेहरे पर होनेवाले भाव अचानक बदल जाते हैं। उसके हाथ ऊपर की ओर उठ जाते हैं, बाल खुले छोड़ दिए जाते हैं, आवाज बदल जाती है और वह अभुआने लगती है। आसपास की महिलाएँ बोलने लगती हैं, "आज शुक्रवार है ना, माता ने इसमें संचार किया है।" इस प्रकार इस ढोंग के कुछ फायदों से वह लाभान्वित हो जाती है। पड़ोस की जो महिलाएँ ताने देकर उसकी उपेक्षा करती हैं, वे उसकी कुमकुम लाकर पूजा करने लगती हैं, उसके पाँव पकड़ती हैं और अपनी समस्याओं का हल उससे पूछने लगती हैं। छल करनेवाली सास उसकी सेवा करने लगती है। शराबी पति घर आने पर उसके साथ मारपीट करना बन्द कर देता है। माता की अवकृपा का उसे डर होता है। मतलब माता के संचार के ढोंग से हालात उस उपेक्षित स्त्री के समर्थन में बदल जाते हैं। इसका अर्थ यही है कि वह स्त्री अपने अन्तर्मन और बाह्यमन के बीच परस्पर संवाद की विसंगति को अन्य भूमिका में बदलकर कुछ समय के लिए टाल देती है।

इसीलिए हम अंनिस के आन्दोलनकर्ता हमेशा इस बात का समर्थन करते आए हैं कि अन्धविश्वास उन्मूलन के कार्य के लिए क्रोध की अपेक्षा करुणा की तथा उपेक्षा की अपेक्षा अपनेपन की जरूरत अधिक है। जो स्त्री माता संचारित होने का ढोंग करती है, उसका मजाक करके कुछ हासिल नहीं होता, तो वह यह स्वांग क्यों रचाती है, इसके मूल कारण को खोजना चाहिए। वह एक सौम्य मानसिक बीमारी है, जिसका इलाज आसान ही होता है, क्योंकि जिस सामाजिक वास्तव में वह जीवन जीती है, उसमें परिवर्तन नहीं होता और उस बीमारी की पुनरावृत्ति होती रहती है।

आप लोगों ने घिग्घी बंधी हुई महिला को कभी-न-कभी तो देखा ही होगा। इस बीमारी के दो कारण होते हैं। एक टिटनेस और दूसरा मानसिक तनाव। मैं तकरीबन 40 वर्ष पूर्व डॉक्टर बना। उस दौरान टिटनेस के मरीज होते थे। आजकल बचपन में ही सभी को प्रतिबन्ध का टीका दिया जाता है, इसीलिए वे मरीज अब न के बराबर हैं। इलाज बताते समय लोग मरीज के मुँह में कलछा डालने के लिए कहते हैं। या नथुने दबाना या जूते सुँघाना आदि इलाज बताते हैं। एक बात पर गौर कीजिए, कुछ देर पहले मैंने आपको माता संचारित होने के ढोंग के बारे में बताया, उसे वैद्यकीय भाषा में 'हिस्टेरिया' कहते हैं। आसान शब्दों में कहना हो तो एक सचमुच का नाटक, यही इसका अर्थ होगा। मतलब किसी स्त्री में माता का संचारित होना यह उस स्त्री का नाटक नहीं होता, बल्कि सचमुच ही नाटक होता है। उस समय वह अचेतन मन में स्वयं देवी बनकर रहती है। इसीलिए जब उस

स्त्री घिग्घी बाँधती है तब उसके दाँतों तले कलछा डालना, उसके नथुने दबाना या जूते सुँघाना इनकी अपेक्षा एक अलग इलाज अब मैं आपको बताता हूँ। जिस स्त्री की घिग्घी बँध गई है उसे एक कमरे में लेकर जाओ। उसे वहाँ अकेला छोड़कर बाकी सभी कमरे से बाहर निकल जाओ। 15-20 मिनटों में ही उसकी घिग्घी अपने आप खुल जाएगी और वह सामान्य हो जाएगी। यह इसीलिए होता है क्योंकि किसी भी स्त्री में माता का संचारित होना एक अचेतन मन के द्वारा रचित सचमुच का नाटक होता है और बिना दर्शक के उसे कैसे खेला जा सकता है? व्यर्थ ही उसे खेलने की किसकी इच्छा होगी?

मेरे द्वारा ऐसा कहने पर लोग हँसते हैं। लेकिन मैं पूछता हूँ, "क्या ऐसा हँसना जायज है?" वे यह क्यों नहीं सोचते कि उस स्त्री की घिग्घी बँधने के कारण वह बोलती नहीं लेकिन वास्तव में यह उसका मूक आक्रन्दन होता है। वह मानो कहती है, "कम-से-कम अभी तो मेरी सुनो।" इस दौरान उसे मानसिक दृष्टि से थोड़ा आराम मिलता है। पास-पड़ोस के लोग आकर सहानुभूति से उसकी पूछताछ करते हैं। उस दिन शाम को घर का सारा काम खुद सास करती है। इसीलिए घिग्घी बँधना यह भले ही मानसिक बीमारी का नाटक हो लेकिन वह स्त्री की वेदना, पीड़ा से उत्पन्न होता है। इसीलिए किसी भी प्रकार का माता के संचार का ढोंग जब एक मानसिक विघटन होता है, तब वह एक सौम्य मानसिक बीमारी का लक्षण होता है। ऐसे समय हम एक ओर जरूरत के मुताबिक वैद्यकीय इलाज और दूसरी ओर सम्बन्धित व्यक्ति के पारिवारिक, सामाजिक जीवन में उचित परिवर्तन के माध्यम से ऐसी बीमारी का इलाज कर सकते हैं।

अब हम गम्भीर रूप की उस मानसिक बीमारी के बारे में सोचते हैं, जिसे सायकॉसिस कहा जाता है। उस बीमारी का इलाज आन्दोलन के कार्यकर्ता के बस की बात नहीं होती। यह किसी वैद्यकीय तज्ञ से सुलझनेवाली बात है। इस मानसिक बीमारी में एक महत्त्वपूर्ण बात घटित होती है। इस बात से अगर आप अनजान होंगे तो इस बीमारी का सम्बन्ध आप भूत का मनुष्य शरीर में प्रवेश अथवा माता का संचार इससे जोड़ सकते हैं। यह बात है, मनोभ्रम अथवा हैल्युसिनेशंस। मतलब व्यक्ति को उसके सामने दृश्य रूप में कोई न होते हुए भी कोई भयानक राक्षस या तेजस्वी देवी दिखाई देती है, उसका आभास होता है। कोई उससे बात नहीं करता, लेकिन उसे अपने कानों में घंटी की मधुर ध्वनि की गूँज सुनाई देती है या फिर किसी की धमकी सुनाई देती है। आसपास चन्दन की खुशबू नहीं होती, लेकिन उसे उसका एहसास होता है। कभी-कभी सड़े हुए कचरे की बदबू भी आने लगती है। कोई स्पर्श नहीं करता लेकिन सिर में सूइयों की चुभन महसूस होती है तो कभी-कभी किसी की प्यारभरी छुअन का भी उसे अनुभव होता है। रस्सी को साँप समझना यह इन्द्रियजन्य भ्रम होता है, सड़क

पर कड़कती धूप में पानी का नजर आना यह भी वही है। जो वास्तव में होता है, उससे अलग दृश्य दिखाई देता है। लेकिन मनोजन्य भ्रम में वास्तव में कुछ होता ही नहीं, फिर भी किसी चीज का एहसास मस्तिष्क को होता है। इसीलिए मेरे ऊपर बताए हुए तरीके से जब मरीज बोलने लगते हैं, तब हमें दो प्रकार की सम्भावनाएँ लगती हैं। उसमें से एक है कि हमें लगता है, 'इसे जरूर ही किसी भूत-पिशाच ने घेर लिया है।' दूसरी है, हमें लगता है कि 'इसके शरीर में किसी ने प्रवेश किया है।'

कुछ वर्ष पूर्व एक केस हमारे पास जाँच-पड़ताल के लिए आया था। सांगली में रहनेवाली सहस्त्रबुद्धे नामक एक औरत को ऐसा भ्रम होता था कि घर में कोई उसके पीछे-पीछे चलता था। वह उसकी आहट को महसूस करती थी। धीरे-धीरे उस स्त्री को अदृश्य के मुलायम स्पर्श का एहसास होने लगा। कुछ दिनों बाद वह श्रीमती सहस्त्रबुद्धे के कानों में कुछ इस तरह से बुदबुदाने लगी, "अरे तुम भूल गईं क्या? तुम पिछले जन्म में झाँसी की रानी थीं। युद्ध में असमय ही तुम्हारी मृत्यु हुई इसीलिए कुछ धर्मकृत्य करना तुमसे बाकी रह गया है। तुम्हारा यह जन्म झाँसी की रानी का पुनर्जन्म है, इसीलिए तुम्हारे उस जन्म में शेष रहे धर्मकृत्य तुम इस जन्म में पूरे करो।" कुछ दिनों पश्चात् श्रीमती सहस्त्रबुद्धे को झाँसी की कुलस्वामिनी आंबादेवी के सपने आने लगे। उन्होंने सबसे पहले देवी के पैरों की आहट सुनी, फिर बातें सुनीं और अब प्रत्यक्ष दर्शन ही हुआ। फिर क्या था, श्रीमती सहस्त्रबुद्धे ने यह ऐलान करना शुरू किया कि उसका वर्तमान जन्म झाँसी की रानी का पुनर्जन्म है, वह झाँसी की रानी का अवतार है। जब सतारा में इस स्त्री का कार्यक्रम था तब उसके विरुद्ध निदर्शन करने और वास्तव को उजागर करने हेतु हम अंनिस के कार्यकर्ता वहाँ पर मौजूद थे। मुझे याद है कि तब वहाँ की सीढ़ियों से उतरकर जब यह स्त्री नीचे आई तब सीढ़ियों के पायदान में हमारे बाजू में खड़े गोडबोले नामक एक गोरे-चिट्टे लड़के की ओर देखकर बोली, "अरे याद आया, तुम तो मेरी सेनादल में सरदार थे।"

अब इस बात पर गौर करना होगा कि अपनी सभी पारिवारिक जिम्मेदारियों को अच्छी तरह से सँभालनेवाली इस स्त्री का केवल मानसिक स्तर परिवर्तन हुआ था। उन्होंने अपने आप को झाँसी की रानी का अवतार माननें का निश्चय किया था। मतलब माता का संचार या दो-तीन घंटों की बीमारी ठीक हो सकती है, वह व्यक्ति जल्द ही सामान्य हो जाता है, लेकिन इस तरह की गम्भीर मानसिक बीमारीवाले मरीज दीर्घ समय तक स्वयं को भूलकर किसी अन्य के अस्तित्व का आधार लेकर लोगों को अपनी ओर आकर्षित करते हैं।

इस प्रकार का एक और मामला हमारे पास आया था। ऐसी ही गम्भीर मानसिक बीमारी की शिकार बनी नौवीं कक्षा में पढ़नेवाली लड़की थी। उसका स्कूल घर से दो मील दूरी पर था। वह पैदल जाती थी और रास्ता सुनसान होता था। उसकी

परीक्षा नजदीक आई थी। उस दौरान एक दिन वह स्कूल जा रही थी। रास्ते में पीपल का एक पेड़ था। उस पेड़ पर उसे एक जर्जर बूढ़ी औरत बैठी दिखाई दी। लड़की घबराकर चिल्लाई और भागती हुई घर पहुँची। घरवालों के पूछने पर उसने बताया कि "मैं स्कूल नहीं जाऊँगी, रास्ते में वहाँ पीपल के पेड़ पर एक जर्जर बूढ़ी बैठती है और मुझे अपनी ओर बुलाती है।" घरवाले चिन्तित होकर कुछ डरी हुई मानसिकता में पीपल के पेड़ के पास पहुँचे तब पेड़ पर उन्हें कुछ भी दिखाई नहीं दिया। लड़की से पूछा, "कहाँ है बूढ़ी? यहाँ तो कोई नहीं।" लड़की बोली, "वो आप लोगों को दिखाई नहीं देती होगी; मगर मुझे साफ दिखाई देती है। उसका चेहरा झुर्रियों से भरा, डरावनी आँखें, सफेद बाल, हिलनेवाली गर्दन और उँगली से मुझे पास आने का इशारा करती है, आ, इधर आ। परीक्षा को मत जा। मैं बिलकुल परीक्षा को नहीं जाऊँगी।"

अब इन दो मामलों में स्पष्ट विरोधाभास यह है कि पहले उदाहरण में झाँसी की रानी दिखाई देती है, तो उसे 'पुनर्जन्म' या रानी का 'संचार' मानते हैं और दूसरे उदाहरण में उस जर्जर, बूढ़ी औरत को भूत मानकर उसने बाधित किया ऐसा मानते हैं। ऐसी मानसिक बीमारियों पर अच्छे इलाज उपलब्ध हैं, यह एक सकारात्मक बात है।

आज की सामाजिक परिस्थिति क्या है? इस तरह की मानसिक बीमारी होने पर लोग इलाज करवाने के लिए मनोचिकित्सक के पास जाने की बजाय किसी बुवा, बाबा, भगत के पास जाते हैं। इन लोगों के पास जाने से होनेवाले नुकसान से उन्हें कोई आगाह नहीं करता। कुछ मरीज ऐसे पाखंडियों के पास जाने पर ठीक भी होते हैं तो, स्वाभाविक ही उनके बारे में विश्वास निर्माण हो जाता है। ये मरीज ठीक कैसे हो जाते हैं? इसका कारण उनकी सौम्य मानसिक बीमारी ही होती है। ऐसी बीमारियाँ निश्चित ही अल्पकाल के लिए होती हैं। मरीज उस अवस्था में बुवा-भगत के पास जाता है और उसकी अल्पकालीन बीमारी ठीक हो जाती है। यह महज एक इत्तफाक होता है और उसका श्रेय बाबा या भगत को जाता है। वैद्यकीय परिभाषा में इसे 'ट्रीटेड मिजल इज क्युअर्ड इन वन वीक एंड अनट्रीटेड मिजल इज क्युअर्ड इन सेवेन डेज' कहा जाता है। इसका अर्थ ऐसी बीमारी का अगर इलाज करवाया जाए तो सात दिनों में वह ठीक हो जाती है और इलाज ना करवाया गया तो भी वह एक हफ्ते में ठीक हो जाती है। आप कुछ करें या ना करें वह ठीक हो ही जाती है। इसी पद्धति से जब मानसिक बीमारियाँ स्वयं ही ठीक हो जाती हैं तब उसका श्रेय निरर्थक बाबा-भगत को मिलता है।

इनके पास जाने से क्या नुकसान होता है? यह जानने के लिए हम लोग इसका आधार लेते ही क्यों हैं? इसका कारण ढूँढ़ना चाहिए। एक उदाहरण देता हूँ। आपके पड़ोस में रहनेवाला कोई व्यक्ति बीमार पड़ता है, तो आप उसकी पूछताछ के लिए उसके घर जाते हैं। उससे कहते हैं, "अब आप कैसे हैं?" मान लीजिए वह गम्भीर

रूप से बीमार हो गया, अस्पताल में भर्ती हो गया तो आप फल वगैरह लेकर अस्पताल में जाते हैं। उस पर शस्त्रक्रिया होने की खबर मिलने पर आप उससे पूछते हैं, "क्या आपके पास ठहरने के लिए आ जाऊँ? किसी बात की जरूरत पड़े तो मुझे जरूर बता देना...।"

अब मान लीजिए, आपका कोई अन्य पड़ोसी बीमार हो गया। कुछ अजीब-सा वर्तन करने लगा, घंटों बैठकर शून्य में देखता रहा। खुद से बातें करने लगा, टिचकियाँ बजाते स्वयं से ही गिरकियाँ लेने लगा। तब आप अपने ही सिर पर उँगली रखकर किसी से कहते हैं, "इसका स्क्रू ढीला हो गया है। येरवडा या ठाणे भेजना होगा।" इसका मतलब यह है कि शारीरिक बीमारी हो तो बीमारी जितनी तीव्र, उतनी ही मरीज को सहानुभूति अधिक मिलती है। अगर वह बीमारी मानसिक हो तो मरीज को उपेक्षा अधिक सहनी पड़ती है और उपेक्षा किसे अच्छी लगती है? इसीलिए मैं मानसिक रूप से बीमार हूँ कहने की बजाय मुझे भूतबाधा हुई है ऐसा कहना मरीज के लिए अधिक सुविधाजनक होता है।

किसी भी बाबा-भगत के पास जाने पर उसकी तरफ से आपको वैसी मानसिक बीमारी के लिए 'भूतबाधा' का ही कारण बताया जाएगा। या फिर वह आपको पूर्व प्राक्तन का दोष है, ग्रह दोष है ऐसे अलग-अलग दोष बताकर आपकी नकारात्मक मानसिकता बना देगा। फिर उसका फायदा उठाकर 'शान्ति' करने की सलाह देगा जिसमें उसका अपना और अन्य लोगों का स्वार्थ पूरा करने का उसका उद्देश्य होगा। ये लोग आपकी 'शान्ति' की सेवा में हमेशा उपलब्ध रहेंगे, डॉक्टर की तरह आपको उनका नम्बर डायल कर उनका अपॉइंटमेंट नहीं लेना पड़ता। डॉक्टर की फीस से भी कुछ मात्रा में छुटकारा मिलता है। कुल मिलाकर, ऐसा बाबा अपने समाज में परम्परा से दृढ़ हुए 'गुरु' या 'कल्चरल लीडर' की भूमिका को कम-अधिक रूप से मजबूत करता रहता है। उसके इस कार्य की उसके आसपास उससे ही निर्मित वातावरण मतलब जलती हुई धुनी, निरन्तर सुनाई जानेवाली गुरु-चरित्र की पोथी—ये बातें पोषक होती हैं। फिर भी ऐसे मरीजों को इन लोगों के पास नहीं ले जाना चाहिए क्योंकि एक सम्भावना यह होती है कि उचित समय पर इलाज होने से यह बीमारी ठीक हो सकती है लेकिन इलाज के लिए देर होने पर दुर्भाग्य से यह बीमारी आजीवन साथ रह सकती है।

40 वर्ष पूर्व मैं एम.बी.बी.एस. हो गया। उस समय एक तिहाई मानसिक बीमारियाँ ठीक होती थीं। एक तिहाई बीमारियाँ ठीक होकर पुनश्च उत्पन्न होती थीं तथा एक तिहाई बीमारियों के इलाज ही नहीं होते थे। 40 वर्षों बाद आज की परिस्थिति यह है कि अगर समय पर उचित इलाज हो जाए और उसके लिए नजदीकी नाते-रिश्तों का सहयोग मिले तो 70 से 80 प्रतिशत गम्भीर मानसिक बीमारियाँ निश्चित ही ठीक हो सकती हैं। इसीलिए किसी भी संवेदनशील कार्यकर्ता और नागरिक का

यह कर्तव्य होना चाहिए कि गम्भीर मानसिक बीमार मरीजों को समय पर उचित इलाज दिया जाए, उसकी व्यवस्था की जाए।

लेकिन इस दौरान हमें और एक बात ध्यान में रखनी चाहिए कि ऐसी मानसिकता रखनेवाले समाज को प्रबोधन या प्रतिबन्ध की जरूरत होती है। मनुष्य का मन जब बीमार पड़ता है तब वह विपरीत पद्धति से वर्तन करता है, यह हमें मालूम होना चाहिए। उदाहरण—16-17 वर्ष की लड़की अगर असामान्य वर्तन करने लगे तब उसे किसी मनोचिकित्सक को दिखाने की बजाय 'अब इसकी शादी की उम्र हो गई है, इसकी शादी कर दो' ऐसी सलाह दी जाती है। सलाह देनेवाले को यह पता होना चाहिए कि शादीशुदा जीवन एक जिम्मेदारी होती है। नये लोग, नये रिश्ते, नए माहौल के साथ उसे समायोजित होना पड़ता है। अपनी बीमारी से वह पहले ही परेशान होती है, शादी की जिम्मेदारी से वह और भी बिखर जाती है। पुनश्च निरर्थक और गलत सलाह दी जाती है, 'एक बच्चा होने दो, सब ठीक हो जाएगा।' मतलब माँ बनने की दोहरी और बड़ी जिम्मेदारी उस पर थोपने की कोशिश की जाती है, जिससे उस लड़की का मानसिक संन्तुलन अत्यधिक बिगड़ जाता है और उसे पोस्ट पर्प्युरल सायकॉसिस मतलब गर्भधारण के बाद उत्पन्न होनेवाली गम्भीर मानसिक बीमारी का सामना करना पड़ता है। अर्थात् इसका कारण मन और उसकी बीमारियों के सन्दर्भ में हमारी ओर से प्रबोधन एवं जनजाग्रति का अभाव यही है।

प्रतिबन्ध का अर्थ क्या होता है, यह भी हमें जानना चाहिए। आजकल अधिकांश दम्पतियों की दो अथवा एक ही सन्तान होती है। इसीलिए उनकी माँग पूरी करने का आग्रह माता-पिता का होता है। उनके मन में यह गलत डर होता है कि ऐसा न करने से कहीं वे गैरजिम्मेदार अभिभावक न बन जाए! याद रखिए, मुँह से निकली इच्छाएँ, अपेक्षाएँ तुरन्त पूरी होने की कोई भी सम्भावना इस संसार में नहीं होती है। आज का युग तो भयावह खींचातानी करनेवाली होड़ और उलझनों से भरा है। कठिन समय है। हमें अभिभावक के रूप में यह करना चाहिए कि जिस प्रकार से उनके बचपन में हम उन्हें पोलियो का टीका देते थे, उसी तरह भविष्य में ये सन्तानें मानसिक तनाव की शिकार न बनें, इसीलिए उनकी हर माँग पूरी न हो, इसका ध्यान रहे। उन्हें इनकार की भी आदत डाल देनी चाहिए। 'कुछ चीजें तुम्हें नहीं मिल सकतीं' ऐसा स्पष्टता से कहना चाहिए। इसके लिए उनकी 'लो फ्रस्ट्रेशन टॉलरेन्स' की मानसिकता हमें बनानी चाहिए ताकि वे भविष्य के 'हाई फ्रस्ट्रेशन' से बच जाएँ। जीवन के अभाव में भी जीना चाहिए ताकि मानसिक सन्तुलन बना रहे, इस सत्य से उन्हें वाकिफ कराना चाहिए।

सब कुछ आपको विस्तार से बताने का मेरा उद्देश्य यह है कि, वास्तव में हमारी सरकार की यह घोषणा थी कि सन् 2000 साल तक सबके लिए स्वास्थ्य! लेकिन 10 वर्षों के बाद भी उसके कोई सकारात्मक परिणाम हमने नहीं देखे हैं। 'सबके

लिए स्वास्थ्य' इस घोषणा में मानसिक स्वास्थ्य की अहमियत और अन्धविश्वासों के कारण उसके वर्तमान हालातों की न ही हमारे समाज को जानकारी है और न ही समझ है। यही कारण है कि अन्धश्रद्धा निर्मूलन सीमित एक और मानसिक स्वास्थ्य के सन्दर्भ में मौजूद अन्धविश्वासों को समझती है। दूसरी मानसिकता को समझ लेना और तीसरी और इसके लिए जरूरी जन जागरण एवं इलाजों को कृति में लाने का भरसक प्रयास भी समिति करती है। मतलब तीनों स्तरों पर एक ही समय उसकी जंग शुरू है। आप में से जितने लोग इस सत्कार्य में अपना योगदान देंगे वह महत्त्वपूर्ण है।

प्रासंगिक मनोविघटन का मतलब क्या है, इस बात को मैं एक प्रत्यक्ष घटना के आधार पर स्पष्ट करता हूँ। एक गाँव में रईस परिवार रहता था। स्वाभाविक रूप से घर में आई बहू अच्छे घराने से थी। लेकिन वह परिवार बड़ी क्रूरता से उसके साथ छल करता था। वह असहाय होकर सह लेती थी लेकिन थोड़ी मुँहफट थी। प्रतिक्रिया के रूप में गलियाँ देती थी। तीन-चार वर्ष तक इस अन्याय को सहते-सहते वह ऐसी टूट गई और एक दिन खेत में उसने अपने गले में फांसी का फंदा डालकर खुदखुशी की।

धन-दौलत, जमीन-जायदाद के बल पर परिवार दूसरी बहू ब्याह कर लाया। स्वभाव से वह बहुत सरल और सीधी थी। परिवार वालों ने उसका भी शोषण जारी रखा। वह दो वर्ष तक चुपचाप सहती रही। एक दिन शाम को खेत से वापस आई और सिर पर लाई लकड़ी की गठरी जमीन पर पटक दी। देखते ही देखते उसके चेहरे का नूर और बोलने का लहजा बदल गया। उसे अपना आंचल सँवारने का होश तक नहीं रहा। उसने बाल खुले छोड़ दिए और घूमने लगी। सारा गाँव इकट्ठा हो गया और उसकी दशा देखकर पति एक चबूतरे पर हथेली में तमाखू मलते बैठा था। किसी ने उसे खबर दी और पूछा, "आज तुम्हारे घर में मामला क्या है? क्या तुम्हारी बीवी के शरीर में देवी माता ने प्रवेश किया है?"

मजेदार बात यह हुई कि, पति को इस बात का इतना विश्वास था कि उसकी पत्नी उसके इशारों पर चलती है, उसका विरोध वह कर ही नहीं सकती। इस घमंड के साथ उसने घर में प्रवेश किया और अभुआनेवाली पत्नी को धमकाने लगा, "क्यों रे डायन? यह क्या तमाशा लगा रखा है? ये क्या पागलपन शुरू है? चुपचाप बैठी रहे वरना एक तमाचा दूँगा।" अब पति को लगा गाँव वालों के सामने मिली इस धमकी से उसकी गरीब बेचारी पत्नी डर जाएगी, घर में जाकर एक कोने में दुबक जाएगी। लेकिन यह अनहोनी हो गई। अभुआनेवाली पत्नी ने गाँव वालों के सामने अपने पति की शर्ट पकड़कर ऊपर से नीचे तक फाड़ दी। और बोली, "मुझ गरीब को छल-कपट से मार डाला और अब इसके पीछे पड़े हो, याद रखो, अगर इसे ऐसे ही सताने लगे तो एक-एक को देख लूँगी, समझे?"

अब यह किसने कहा? पहली पत्नी ने या दूसरी ने? उत्तर दूसरी ने क्योंकि उस समय वहाँ पर दूसरी ही मौजूद थी। यह उसने पहली मृत पत्नी की ओर से कहा। यह उसने सच ही कहा था। उसका यह अनपेक्षित बर्ताव जो उसने सहा था अत्यधिक तनाव एवं पीड़ा के कारण हुआ था। उसका मनोविघटन हुआ था। अपने मन को हल्का करने के लिए उसने मृत पत्नी की भूमिका में प्रवेश किया और और अपनी घुटन से कुछ समय के लिए अपने आप को मुक्त किया। दो-तीन घंटे बहुत अभुआती रही, तत्पश्चात् थककर जमीन पर गिर गई। उसे घर में लाया गया। दूसरे दिन वह पुनश्च वही बेचारी बहू की तरह दूसरी पत्नी के रूप में घर में बनी रही।

ऐसे कई उदाहरण समाज में रोजाना देखने को मिलते हैं। अपने अन्तर्मन का तनाव जब असहनीय हो जाता है, तब मनुष्य किसी-ना-किसी मार्ग से उसे बाहर लाने की कोशिश करता रहता है। उस समय वह व्यक्ति, किसी मृतक आत्मा ने उसमें संचार किया है का स्वाग रचता है और हम उससे भूतबाधा का काल्पनिक सन्दर्भ जोड़ देते हैं। जाहिर है हमें मन तथा उसकी बीमारियों के बारे में जितना जानकारी होगी उतना हम ऐसी परिस्थितियों का, समस्याओं का आकलन अच्छी तरह से कर पाएँगे।

पाखंड विरोधी वैचारिक भूमिका

आज हम आध्यात्मिक पाखंड—इस विषय को अधिक विस्तार से जान लेंगे। इस बात पर गौर करें कि यह विषय केवल पाखंड को लेकर नहीं है, पाखंड अलग व्याख्यान का विषय है। एक उदाहरण बताता हूँ। गुजरात के भावनगर में जो पार्वती माँ है, वह नि:सन्तान स्त्रियों के पेट पर हाथ फेरती है और उन स्त्रियों को सन्तान होती है, ऐसी अफवाह फैल गई थी। फिर महाराष्ट्र के उन सभी जिलों में हमारे कार्यकर्ताओं ने इसके विरोध में प्रबोधन का आन्दोलन चलाया, जहाँ से लोग पार्वती माँ की शरण में गए थे। यह वह पाखंड नहीं, जिसके बारे में मैं बात कर रहा हूँ। इस प्रकार का एक अन्य उदाहरण कोल्हापुर जिले के गुरव बंधु का था। उनका कहना था कि आँखों की बीमारी तुरन्त ठीक करने कि दवा उन्होंने ढूँढ़ ली है और लोग उसे सच मानकर उनके पास दवा लेने चले जाते थे। मैं ऐसे पाखंड की भी बात नहीं कर रहा हूँ।

मैं आध्यात्मिक पाखंड की बात कर रहा हूँ। मतलब निर्मला माताजी सहजयोग द्वारा कुंडलिनी जाग्रत करने का दावा करती थीं। प्राचीन अध्यात्म शास्त्र के अनुसार मनुष्य की गुद्दअस्थी में कुंडली मारकर बैठे साँप की तरह एक कुंडलिनी होती है। जप, तप या साधना के लिए उसे जाग्रत कर सकते हैं। वह आपकी पीठ में मौजूद मगजतंत्रिका के माध्यम से ऊपर की ओर जाती है। फिर वह मनुष्य के तालू के ब्रह्मारंध्रों से बाहर निकलती है और मनुष्य को ब्रह्म ज्ञान प्राप्त होता है। निर्मला माता का यह दावा था कि सारी प्रक्रिया सहजयोग के द्वारा अत्यधिक आसान है। हमने माताजी को ललकारा कि 'आप इसे सिद्ध कीजिए वरना बन्द कीजिए।' उस दौरान उनका जुलूस निकाला गया था। जुलूस के बाजू में हम सभी कार्यकर्ता शान्ति से निषेध कर रहे थे। तभी जुलूस में मौजूद माताजी के भक्तगण हम पर टूट पड़े। इतना ही नहीं बल्कि उन्होंने 'हमने उनसे मारपीट की है' ऐसी झूठी शिकायत हमसे पहले ही पुलिस थाने में जाकर दर्ज की। अगले आठ वर्ष मैं इसके खिलाफ लड़ता रहा। यह मामला 'निर्मला माताजी का हिंसक अध्यात्म' इस शीर्षक के साथ मैंने अपनी 'अन्धश्रद्धा विनाशाय' पुस्तक में बयान किया है। इसको लेकर स्वाभाविक ही निर्मला माता ने बखेड़ा खड़ा कर दिया। मुझ पर मानहानि का दावा

ठोंक दिया। दरअसल अध्यात्म मनुष्य की उन्नति करता है लेकिन मेरा अनुभव बिलकुल विपरीत था।

आपने 'नरेन्द्र महाराज' नाम सुना होगा। हवाई जहाज के एक कर्मचारी ने नियमानुसार महाराज का दंड धर्म एक बाजू में रख दिया तब उनके शिष्य ने औरंगाबाद तथा मुम्बई हवाई अड्डे पर उधम मचाई थी। अपने शिष्य के इस गलत बर्ताव पर महाराज ने एक शब्द तक खेद नहीं जताया। 'नरेन्द्र लीलामृत' में महाराज के अनेक चमत्कारों का वर्णन है। इस सन्दर्भ में मैं स्वयं उनसे मिला था, लेकिन उन्होंने एक भी चमत्कार का स्पष्टीकण नहीं दिया। मैं यह करता ही नहीं ऐसी उनकी प्रतिक्रिया थी। बावजूद इसके उनकी किताब 'लीलामृत' बाजार में बिकती रही, यह अधिक शर्मनाक बात है।

स्वयं आध्यात्मिक ज्ञानी होने का दावा करनेवाले ऐसे पाखंडी अन्धश्रद्धा निर्मूलन समिति पर आरोप करते हैं कि समिति ईसाई मिशनरियों से पैसे लेती है और हिन्दू धर्म को बदलने का काम करती है। ऐसा निहायत झूठा प्रचार ये करते हैं। सांगली जिले के विटा में नरेन्द्र महाराज ने अपने भाषण में नरेन्द्र दाभोलकर और एन. डी. पाटील के हाथ-पैर तोड़ दो ऐसा खुलेआम धमकी भरा आदेश दिया। लोकमत अखबार के प्रथम पन्ने पर यह खबर छपी थी। ऐसा आतंकवाद ही इनका अध्यात्म है? इसीलिए सत्य को सामने लाने की अत्यधिक जरूरत है।

आसाराम बापू! ऐसा ही बदनाम शख्स! जमीन-जायदाद से सम्बन्धित इनके काले कारनामे अखबारों में आना अब आम हो गया है। वे अपने प्रवचन का पूर्व नियोजित पद्धति से बाजार सजाते हैं। उनके आश्रम में होनेवाली छोटे बच्चों की मौतें, निरन्तर चर्चा और पूछताछ का विषय बनी हुई हैं। अनेक कट्टर शिष्यों पर अनेक गम्भीर आरोप भी हो गए हैं। 'आजतक' चैनल ने उनका पर्दाफाश करनेवाली जो स्टोरी की है उसमें अन्धश्रद्धा निर्मूलन समिति की एक स्वयंसेवक युवती का होना हमारे लिए गर्व की बात है। इस स्टोरी को अगर आप देखेंगे तो उनकी भोगवादी आध्यात्मिकता से आपका परिचय हो जाएगा। इस प्रवृत्ति को आध्यात्मिक कहा जाए या नहीं, इसका फैसला आप ही करें तो बेहतर है।

इसी तरह जिस सत्य साईं बाबा को उनकी मृत्यु के उपरांत उनके भक्तों ने 'अर्वाचीन काल के सबसे श्रेष्ठ आध्यात्मिक गुरु' ऐसा उनका वर्णन किया उनकी आध्यात्मिकता किस प्रकार की थी? वे कहते थे, "में चमत्कार करता हूँ क्योंकि चमत्कार करने का विजिटिंग कार्ड मुझे स्वयं भगवान ने दिया है। तुम जैसे पापियों के कल्याण के लिए ही उस परमात्मा ने मुझे भेजा है।"

सत्य साईं बाबा के अधिकृत हाउस जर्नल में एक किस्सा प्रसारित किया गया था—जापान में स्थित सिको नामक विश्वविख्यात कम्पनी के प्रमुख सत्य साईं बाबा से मिलने आए थे। सत्य साईं बाबा ने उस भेंट के दरमियान हवा में हाथ लहराया और

सिको कम्पनी छह महीने बाद मार्केट में घड़ी का जो नया मॉडल लॉन्च करनेवाली थी उस घड़ी का मॉडल ही चेयरमैन के हाथों में थमा दिया। बाबा का चमत्कार यहीं पर खतम नहीं हुआ। जब सिको कम्पनी के चेयरमैन बाबा से मिलकर बाहर आए तो जापान की उनकी कम्पनी से उन्हें फोन आया कि "केसरिया रंग का वस्त्र पहने, घुँघराले बालों की चक्रांकित केशभूषा का एक मनुष्य आज हमारी कम्पनी के कार्यालय से अचानक बाहर आया। उसके हाथ में घड़ी का वही मॉडल था, जिसे छह महीने बाद हम मार्केट में लॉन्च करनेवाले हैं। किसी के कुछ पूछने से पहले ही वह मनुष्य अदृश्य हो गया!"

सत्य साईं बाबा के अधिकृत हाउस जर्नल में छपा यह किस्सा पढ़कर अब्राहम कोहुर ने इस सन्दर्भ में कुछ नाम और पतों की माँग की। उन्हें जानकारी नहीं मिली तो उन्होंने जापान एम्बेसी से सिको का पता मँगवाया। उसके बाद कोहुर ने सिको कम्पनी के चेयरमैन को पत्र लिखकर इसके बारे में सचाई जाननी होगी। "आपके बारे में ऐसी तीन बातें (ऊपर उल्लिखित) बताई जा रही हैं तो क्या वाकई आप भारत आए थे? यहाँ के सत्य साईं बाबा से क्या आप मिले थे? छह महीने बाद आपकी कम्पनी जिस मॉडल को बाजार में ला रही है, क्या वह मॉडल सत्य साईं बाबा ने आपको दिया है?और उस समय आपके स्ट्रांग रूम से सत्य साईं बाबा जैसा एक आदमी बाहर निकला था?" इन प्रश्नों के उत्तर देते समय सिको कम्पनी के चेयरमन ने स्पष्टता से बताया कि "द मैटर सीम्स टू बी क्वाइट इंट्रेस्टिंग बट आय हैव नेवर विजिटेड इंडिया।" अर्थात् यह तो बहुत ही अजीब बात है, आपको बता दूँ कि मैं प्रत्यक्ष रूप में कभी भारत में आया ही नहीं हूँ।

एक भयावह सत्य यह है कि सत्य साईं बाबा के पाँच शिष्यों ने उन पर जानलेवा हमला किया था तब वे जान बचाने के लिए छिप गए। सिक्युरिटी आई, हमलावरों को नि:शस्त्र बना कर एक कमरे में रखा गया और गोली मारकर उन सभी को खत्म किया गया। इसका मतलब यह है कि, बहुसंख्यक भक्त और करोड़ों की जायदाद वाले सत्य साईं बाबा जैसे भगतों का पाखंड अन्य तांत्रिक, मांत्रिक के पाखंड से कई गुना गम्भीर एवं खतरनाक है। 350 वर्ष पूर्व संत तुकाराम ने कहा था—

ऐसे कैसे पनपे पाखंडी। कुकर्म करें और बने साधु॥
शरीर पर भभूत पोते, आँखें मूँद कर पाप करें।
बैरागी का रचें ढोंग, विषयों का करें भोग।
तुका कहे रहो दूर, ऐसे कुसंग से ना करें संग॥

अर्थात् आध्यात्मिकता का या बैरागी होने का सॉन्ग कहिए, इसके जरीए ऐसे लोग अपने भौतिक शौक पूरा करने को उत्सव ही मानते हैं। संत तुकाराम ने ऐसे लोगों से दूर रहने की सलाह दी है लेकिन दुर्भाग्य से आजकल का सामाजिक

व्यवहार **ऐसे** लोगों की मिलीभगत से, संगति से शुरू है। इसलिए हमें आध्यात्मिक बुवाबाबाजी को ढंग से समझ लेना चाहिए।

आत्मा का अस्तित्व होता है या नहीं? अध्यात्म माने क्या? इन प्रश्नों का उत्तर यह है कि अध्यात्म मतलब 'अधि आत्मन् इति अध्यात्मः' अर्थात् आत्मा के अधीन होकर उसके बारे में सोचना, चिन्तन करना ही अध्यात्म है। आधुनिक विज्ञान कहता है कि जब मनुष्य की मृत्यु होती है तब उसके दिमाग की कोशिकाएँ भी मृत हो जाती हैं, उनका विघटन हो जाता है। मनुष्य की भावनाएँ, स्मृतियाँ, बुद्धि वरन् सब कुछ उसके दिमाग से ही उत्पन्न होता है। वह निर्जीव हो जाता है, तब सब कुछ खत्म हो जाता है। मृत शरीर से कोई चीज बाहर आने का सवाल ही नहीं उठता इसलिए 'आत्मा का अस्तित्व' यह केवल कल्पना है। कल्पना के बारे में अधिक चर्चा करने से समय की बर्बादी के अलावा कुछ हासिल नहीं होगा।

'जहाँ विज्ञान का अन्त होता है वहाँ से अध्यात्म शुरु हो जाता है' यह एक लोकप्रिय विधान है। लेकिन वास्तव तो इससे विपरीत है। कैसे? अध्यात्म का इतिहास तकरीबन पाँच हजार वर्षों का है। आधुनिक अर्थ में विज्ञान की उम्र चार सौ वर्ष की है। पाँच हजार वर्ष के इतिहास वाला अध्यात्म मनुष्य जीवन की समस्याओं को नहीं सुलझा सका। न रोटी, कपड़ा, मकान की समस्या हल हुई न यातायात की। लेकिन केवल चार सौ साल पहले विज्ञान आया और उसने बुनियादी समस्याओं को सुलझाया। मनुष्य जीवन का विकास हुआ। अब कहना उचित होगा कि जहाँ अध्यात्म खत्म हुआ वहाँ विज्ञान की शुरुआत हुई और मनुष्य का विकास हुआ। इसलिए अध्यात्म और आत्मा इन विषयों के अस्तित्व का ठोस आधार नहीं है, ऐसी दलील देकर सामनेवाले को खामोश किया जा सकता है। लेकिन मैं ऐसा नहीं करूँगा। मैं अध्यात्मवादी लोगों की भूमिका को व्यावहारिक पद्धति से स्वीकार कर फिर उसका प्रतिवाद करने का प्रयास करूँगा।

जो लोग अध्यात्म का समर्थन करते हैं उनके अनुसार भौतिक जगत से परे 'आत्मा' नामक एक अलग चेतन तत्त्व होता है। यह चेतन तत्त्व अँधेरे में भटकता है, अशुद्ध बनता है, बंधनों में अटकता है और दुखी बनता है। यह चेतन तत्त्व यानी 'आत्मा' बंधनों में फँसकर दुखी बन चुका है। पूरे विश्व में जिसका व्यापक अस्तित्व है वह है परमात्मा अर्थात् ईश्वर। इसीलिए आत्मा का परमात्मा से मिलन करवाना यही जीवन का लक्ष्य होना चाहिए अथवा है। इस मिलन से निर्मित प्रभु के रूप को 'सच्चिदानन्द' कहा गया है। यह एक शाश्वत स्थिति होती है, एकमात्र सत्य होती है। और मनुष्य यही तो चाहता है! आत्मा का परमात्मा से एकरूप होने तक की यात्रा अध्यात्म का चिन्तन पूरा करता है। और इस यात्रा को ही 'धर्म' कहते हैं। इसलिए अध्यात्म के इस सूत्र का उपयोग कर आज समाज में जो आडम्बर का बोलबाला है उसे जानना जरूरी हो गया है।

दरअसल अध्यात्म का अगर उन्नत अर्थ में विचार किया जाए तो उस अर्थ में आचार्य विनोबा भावे का अध्यात्म अर्थपूर्ण है। उनका एक वाक्य है, "अन्त में राजनीति और धर्म का पतन होगा, विज्ञान और अध्यात्म शेष रहेगा।" अब आप कहेंगे कि विनोबा जी ने तो अन्त में विज्ञान और अध्यात्म शेष रहेगा ऐसा बताया है, तो आपका क्या खयाल है? लेकिन आप इस बात पर भी गौर करें, विनोबा जी के कथन में राजनीति का अर्थ हितसम्बधों के सन्दर्भ में है और विज्ञान का अर्थ विकास की वे अनेक सम्भावनाएँ हैं जो मनुष्य के बस में हैं। आज संसार में एक ओर अत्यधिक मात्रा में कुपोषण है, शोषण है, विश्व के सभी देशों का एक-दूसरे के विरोध में जमा किया शस्त्र संग्रह इस कुपोषण और शोषण के पीछे का एक कारण है। भारत के अर्थसंकल्प में तक 17 प्रतिशत राशि सुरक्षा हेतु खर्च की गई है और इसे वरीयता दी गई है।

विनोबा जी कहते हैं कि "जब मनुष्य को राजनीति की निरर्थकता ज्ञात होगी, तब विज्ञान शेष रहेगा। (पूरे विश्व की मनुष्य जाति को सुखी बनाने की शक्ति विज्ञान में आज भी है।) लेकिन धर्म विज्ञान से भी परे होगा।" यह बात सत्य है कि धर्म में नैतिकता है लेकिन उसमें शोषण, दमन तंत्र, पाखंड भी है। ये दोष धर्म से निकल जाएँगे और अध्यात्म शेष रहेगा। यह बताते समय विनोबा जी की भावना यह है कि "अन्तिम जीत मंगल भावना की होगी, करुणा की होगी।" भले ही इस विधान की पृष्ठभूमि में कोई कार्यकारण भाव ना हो लेकिन यह कामना मनुष्य के मन में हमेशा होती है और उसी दिशा में वह अपने कार्य भी करता है। "इसी अर्थ में अन्त में राजनीति और धर्म नष्ट होंगे और अध्यात्म शेष रहेगा," यह कथन विनोबा जी ने किया है। अध्यात्म की यात्रा करुणा एवं मंगलमयी भावना से युक्त होती है। यह उस कथन का सही और अर्थपूर्ण विश्लेषण है।

वर्तमान युग में जो बाबा, भगत हैं उनके अध्यात्म की स्थिति क्या है? और वह किस आधार पर टिका हुआ है? इस राज को जानना हो तो इस देश की इस सन्दर्भ में जो मानसिकता है, उसकी जानकारी उन्हें उपयुक्त है। अर्थात् इस देश की मानसिकता में 'ब्रह्म', 'परब्रह्म', 'प्रारब्ध', 'माया', 'मोक्ष' ये शब्द गहरे पैठ चुके हैं। मूलत: यहाँ के लोग 'मोक्ष क्या है' यह ढंग से नहीं जानते, उन्होंने ब्रह्म देखा नहीं होता, परब्रह्म देखा नहीं होता, परमात्मा को देखा नहीं होता, प्रारब्ध और संचित से बेखबर होते हैं लेकिन 'ये शब्द परम्परा से आने के कारण बिलकुल सत्य है' ऐसा उन्हें लगता है। क्योंकि 'ब्रह्म' का 'परब्रह्म' से मिलन होने पर ही हमें इस मायारूपी संसार से मुक्ति मिल सकती है ऐसा उन्हें बार-बार बताया जाता है।

यह बात लोगों के मन पर किस प्रकार अंकित की जाती है, इस सन्दर्भ में एक किस्सा हमेशा बताया जाता है—एक जंगल में मास्टरजी आपने शिष्यों को पढ़ा

रहे थे—"बोलो, अहं ब्रह्मास्मि। ब्रह्म सत्यम जगत मिथ्या॥" मतलब मैं ब्रह्म हूँ और ब्रह्म ही सत्य है बाकी संसार माया है, असत्य है! तभी अचानक सामने से एक बौराया हुआ हाथी उनकी ओर आता मास्टरजी को दिखाई दिया। उसे देखते ही मास्टरजी घबराकर अपनी पोथी के पन्ने समेटते हैं और एक पेड़ पर चढ़ जाते हैं। गुरुजी के पलायन से शिष्य इधर-उधर देखने लगते हैं, तभी उन्हें भी हाथी नजर आता है। वे भी दूसरे पेड़ पर चढ़ जाते हैं। हाथी आता है, थोड़ी देर उधम मचाता है और दूर निकल जाता है। हाथी चला जाने पर मास्टरजी नीचे उतरते हैं और पोथी खोलते हैं। गुरुजी को देखकर शिष्य भी नीचे उतरकर बैठ जाते हैं। मास्टरजी शुरू हो जाते है, "चलो पढ़ाई शुरू करो, बोलो, अहं ब्रह्मास्मि। ब्रह्म सत्यम जगत मिथ्या॥" एक तेज और जिज्ञासु लड़का मास्टरजी से कहता है, "एक सवाल है।" मास्टरजी की अनुमति मिलने पर वह पूछता है, "आप तो कहते हैं कि संसार मिथ्या है तो हाथी के आने पर आपने पलायन क्यों किया?" मास्टरजी भी कुछ कम नहीं थे, इसीलिए तो उन्होंने दो हजार वर्षों तक अपना साम्राज्य कायम रखा! उत्तर में वे बोले, "गजोपि मिथ्या, पलायनपि मिथ्या।" मतलब हाथी आया यह भी मिथ्या और मेरा पलायन भी मिथ्या है। अर्थात् 'झूठ बोलो मगर डटकर बोलो' यह मानसिकता दो हजार वर्षों से यहाँ के समाज में है जिसका आध्यात्मिक पाखंड को लाभ होता है।

दूसरी इससे महत्त्वपूर्ण बात यह कि अपनी सभी परम्पराओं में गुरु को अधिक महत्त्व दिया गया है। यह गुरु मानो ईश्वर का ही अवतार होता है, ऐसा हमें बताया जाता है। और ईश्वर का अवतार क्या करता है? वह 'परित्राणाय साधुनाम विनाशाय च दुष्कृताम' यानी जगत की दुष्टता का विनाश और सदाचार के संवर्द्धन हेतु 'सम्भवामि युगे-युगे' ऐसा कहते हुए साक्षात् गुरु के रूप में अवतार लेता है। इस तरह की यहाँ के लोगों की मानसिकता बन गई है जिसका आध्यात्मिक पाखंड को लाभ ही होता है।

अपने ढोंग, पाखंडों को आधुनिक समय में उचित सिद्ध करने के लिए यह बाबा भगत मंडली विज्ञान का भी आधार लेती है। ये रुद्राक्ष की माला गले में पहनते हैं और रुद्राक्ष के वैज्ञानिक लाभ लोगों को बताते हैं। अर्थात् यह उनका केवल वाकचातुर्य होता है। क्योंकि रुद्राक्ष के आयुर्वेदिक लाभ अगर ये बता सकते तो बात ठीक थी लेकिन "शरीर पर रुद्राक्ष धारण करने से शरीर में रुधिर परिसंचार (blood circulation) अच्छा होता है, ऊर्जा प्राप्ति होती है और सुप्रा पार्टिकल्स सन्दीप्त होते हैं वगैरह डींगें हाँकते हैं। आम मनुष्य सोचता है कि अरे यह रुद्राक्ष तो बहुत ही पॉवरफुल है। हमें इसे आपने पास रख लेना चाहिए। 'सुप्रा पार्टिकल्स' माने क्या? उनका उदीप्त-सन्दीप्त होने का मतलब क्या होता है? इसे सोचने की वह जहमत नहीं उठता।

एक और आध्यात्मिक पाखंड का अन्धविश्वास और दूसरी ओर उसे चलानेवाले पाखंडी आध्यात्मिक गुरु होता है। यह गुरु क्या करता है? 'टाइम्स ऑफ इंडिया' को दिए एक साक्षात्कार में आसाराम बापू ने इस बात का स्पष्टीकरण दिया है कि "यह गुरु कई तरीकों से अपने शिष्यों की मदद करता है। पहला, वह शिष्यों की भौतिक जरूरतों को पूरा करता है।" यह महत्त्वपूर्ण है। गुरु की ओर जानेवाले सभी लोग समाज कल्याण हेतु नहीं बल्कि अपनी व्यक्तिगत समस्या लेकर ही गुरु के पास जाते हैं। कोई तबादला चाहता है, किसी को अपने बेटे-बेटी को बिना डोनेशन के मेडिकल में भेजने की इच्छा होती है, किसी के अपनी बेटी के लिए अच्छे रिश्ते की चाह होती है, कोई कोर्ट में शुरू के मामले में अपने पक्ष में फैसला सुनवाई की माँग लेकर आता है। मतलब अपनी भौतिक अड़चनों को सुलझाने की आशा लेकर ये भक्त, शिष्य गुरु के पास आते रहते हैं।

आसाराम बापू आगे बताते हैं, "सबसे महत्त्वपूर्ण बात गुरु अपने भक्तों के लिए यह करता है कि वह उसका भाग्य बदल देता है।" भाग्य का मतलब क्या है? आपके पिछले जन्म में किए कर्मो का फल संचित मतलब भाग्य। वह संचित बैंक बैलेंस की तरह होता है, और वर्तमान में आपको जो फल भुगतने होते हैं, वह भाग्य होता है। मान लीजिए पैतृक विरासत के रूप में आपके खाते में दस लाख रुपए की पूँजी है लेकिन आपको इस जन्म में उसमें से दो लाख खर्च करने है अर्थात् 'साक्षात् ब्रह्म के मध्यस्थि करने पर भी इस स्थिति में कोई परिवर्तन नहीं होगा' ऐसा भी एक ओर बताया जाता है और दूसरी ओर आसाराम बापू जैसे गुरु का कहना है कि 'गुरु भक्त का भाग्य बदलता है और जन्म-मृत्यु के फेरे से उसे मुक्त कराता है।' मतलब 84 लाख योनियों में जन्म लेने के चक्रव्यूह से आपको बचाता है।

इससे भी अहम बात 'गुरु अपने शिष्यों को वासना से मुक्त करता है और आपकी नैतिकता बढ़ाता है।' ऐसा ये आध्यत्मिक बुवा-बाबा बताते हैं। हम सभी काम, क्रोध, लोभ, मोह, मत्सर इन छह विकारों मतलब षडरिपुओं के अधीन होते हैं, जो हमारे शरीर में आश्रित होते हैं। हमारे मनुष्य होने के नाते यह स्वाभाविक भी है। लेकिन हम चाहते हैं कि मन में होनेवाली दया, क्षमा, प्रेम, शान्ति, करुणा इन सात्त्विक गुणों का भी हमें लाभ मिलना चाहिए जो सहजता से नहीं होता। लेकिन गुरु के कारण षडरिपुओं का ह्रास और सात्त्विक गुणों से हम लाभान्वित हो सकते हैं। आपको अब पता चला होगा कि गुरु अथवा जो भी आध्यात्मिक बाबा हैं वे तो साक्षात् ईश्वर का ही काम करते हैं।

यह काम वह किस तरह करता है? इसका एक एक मार्ग है, योगसाधना! आजकल योगसाधना का अधिक महत्त्व आ चुका है क्योंकि वह एक लाभदायक, स्वास्थ्यकारक व्यायाम है। इतना ही नहीं तो उचित पद्धति से योगसाधना करने पर हमारी आध्यात्मिक उन्नति होकर हम ब्रह्मानुभूति से लाभान्वित होते हैं।

आसाराम बापू के अनुसार, "गुरु में विशिष्ट शक्ति होती है। उनका शरीर वायब्रेशन्स बाहर छोड़ता है, स्पन्दनों को बाहर फेंकता है, वे भक्तों के शरीर में उचित परिवर्तन लाते हैं।" गुरु के प्रवचन तो भक्तों का परमकल्याण कर देते हैं। अब आपको समझ में आ गया होगा कि एक ओर आध्यात्मिक पाखंड को बढ़ावा देनेवाली अवतार कल्पना से हमारी मानसिकता को दृढ़ किया गया है। उससे आधुनिक विज्ञान को जोड़कर पुनश्च ब्रह्म, परब्रह्म, भाग्य माया, मोक्ष, इन पारम्परिक संकल्पनाओं पर विश्वास की बुनियाद तैयार की गई है। दूसरी ओर आपके जीवन के कल्याण का आश्वासन भी गुरु आपको देते हैं। तीसरी ओर उसके लिए योगसाधना का मार्ग है और गुरु की शक्ति के स्पन्दनों के साथ-साथ उनके प्रवचन भी हैं।

लेकिन वास्तव क्या है? ये प्रवचन अशास्त्रीय एवं तथ्यहीन होते हैं। आसाराम बापू को ही देख लीजिए। उन्होंने अपने एक व्याख्यान में कहा था कि "मनुष्य के 800 सीसी खून से एक एक सीसी वीर्य का निर्माण होता है इसलिए वीर्यनाश मनुष्य के लिए अत्यधिक नुकसानदेह है।" बापूजी का यह विधान केवल अशास्त्रीय ही नहीं बल्कि अपने यौवन के प्रति अतिरिक्त अपेक्षाओं को बढ़ाकर मन में अपवित्र भावनाओं का निर्माण करनेवाला है। और कैसे न हो? इन सभी प्रवचनों का उद्देश्य ऐसा ही होता है।

ये लोग कभी व्यवस्था परिवर्तन की बात नहीं करते। प्रेम स्वरूप साईं बाबा ने भूले से कभी बाबरी मस्जिद का जिक्र तक नहीं किया; गुजरात में हुए हत्याकांड अथवा खैरलांजी के दलित हत्याकांड के बारे में चुप्पी साध ली। महँगाई, बेरोजगारी, भ्रूणहत्याएँ जैसे गम्भीर प्रश्नों की ओर इनका ध्यान ही नहीं गया। इसी कारण इनके बेबुनियादी प्रवचन आपका प्रबोधन कर ही नहीं सकते। फिर भी लाखों की तादाद में लोगों का इनकी ओर आकर्षित होने का आखिर क्या कारण हो सकता है? इसका कारण और वहाँ जाने के पीछे होनेवाली लोगों की मानसिकता को ठीक से समझ लेना बहुत जरूरी है।

ये बाबा या भगत कोई चमत्कार या अद्भुत कार्य नहीं करते हैं। इनके पास जानेवाले भक्तों से आप कुछ प्रश्न पूछें तो जो उत्तर मिलेंगे वे आपको वास्तव समझने में काफी मदद करेंगे। मान लीजिए आपने किसी भक्त से पूछा, "आप बाबा के पास क्यों जाते हैं?" वह बताएगा, "कुछ नहीं, हम उनकी भक्ति करते हैं, इसलिए जाते हैं।" आप पूछेंगे, "भक्ति से आपको क्या मिलता है?" इस पर उनका उत्तर होगा, "भक्ति, भक्ति के लिए की जाती है।" आप फिर भी उनसे पूछेंगे कि "भक्ति क्यों करते हो?" इस पर वे कहेंगे, "भक्ति में ही जीवन की सार्थकता है।" आप पूछने से बाज नहीं आएँगे, "जीवन की सार्थकता? मतलब कैसे?" इस पर वे कहेंगे, "उसमें आध्यात्मिक कल्याण है।" इस पर आप अगला प्रश्न पूछेंगे कि "बाबा की भक्ति में आध्यात्मिक कल्याण होने का कोई प्रमाण है?" इस पर उनके

द्वारा बताया जाता है, "इसका प्रमाण माँगने की जरूरत नहीं है। माँ, बाप, गुरु आपका कल्याण करते हैं, आप उनसे प्रमाण माँगते हो? नहीं ना?" गौर कीजिए, कोई भी पाखंड विशेष रूप से आध्यात्मिक क्षेत्र का पाखंड 'प्रमाण न माँगने' की बुनियाद पर ही अपना अड्डा जमाता है।

'माँ, बाप और गुरु हमारा कल्याण करते हैं, क्या आप उनसे प्रमाण माँगते हो?' यह तर्क ऊपरी तौर पर भले ही उचित लगता हो लेकिन इस बात को नजरअन्दाज मत कीजिए हम इन लोगों से प्रमाण माँगते हैं। इसे एक उदाहरण से स्पष्ट करता हूँ। स्कूल से घर आने के बाद माँ बच्चे से कहती हैं, "हाथ-पैर धोकर जल्दी से खाना खा लेना, ग्रहण शुरू होनेवाला है, वह छूटने तक घर से बाहर नहीं जाना।" इस पर आप माँ को बता देते हैं, "माँ, ग्रहण प्रकृति की सुन्दर घटना है। चमत्कार है। और हमें उसे देखने के लिए कहा गया है। मैं ग्रहण देखने बाहर जाऊँगा।"

मान लीजिए आपने दूसरी जाति की लड़की या लड़के से शादी पक्की कर दी है और इसकी प्रतिक्रिया में पिताजी ने कहा कि "अरे अपनी ही जाति में शादी करने में भलाई है। जीवन की सार्थकता है।" तब आप पिता को बताते हैं, "यह आप किस पुराने जमाने की बातें लेकर बैठे हैं। आज के विज्ञान युग में जाति-पाँति यह सब कालातीत हो चुका है।"

स्कूल में आप किसी गुरु से शिक्षा लेते हैं। स्कूल के बाद कॉलेज, यूनिवर्सिटी में उच्च शिक्षा प्राप्त करने के बाद एक ऐसा समय आता है कि स्कूल में गुरु ने जो आपको पढ़ाया था, उसी विषय में आप पंडित बन जाते हो, इतने बड़े विद्वान बन जाते हो कि स्कूल के गुरु आपके पास शिक्षा लेने के लिए आते हैं। इस प्रकार प्रमाण माँगने से, चिकित्सा करने से मनुष्य की उन्नति होती है। लेकिन बिलकुल इसी बात के लिए पाखंड राजी नहीं होता।

यह नकार किस रूप में दिया जाता है इस सन्दर्भ में मराठी में एक श्लोक है—

जय जय श्री गुरुराया। ब्रह्मस्वरूप सगुण काया।
देवार्थ शक्ति कृपा कराया। तुम्हां रूपे प्रगटली॥
सर्वही तीर्थांचे सार। ते सद्‌गुरु चरणीचे नीर।
आत्मज्ञानी शान्त धार। सद्‌गुरुचे मौन ही॥

इस श्लोक का अर्थ ढंग से समझ लें तो आपको पता चलेगा कि इसमें किस बात की ओर उँगली निर्देश किया गया है। जय जय श्री रघुराय, परब्रह्म सगुण काया का अर्थ है, हे गुरु, आप ब्रह्मस्वरूप एवं सगुण काया के हो। अब ब्रह्म को किसी ने देखा नहीं है इसलिए गुरु को ही ब्रह्म स्वरूप सगुण काया कहने से ब्रह्म का अस्तित्व मान लिया जाता है। 'देवार्थ शक्ति कृपा कराया'—देवार्थ शक्ति कैसी होती है, यह पता नहीं है, फिर भी गुरु के रूप से प्रत्यक्ष ईश्वर ही

कृपादृष्टि लेकर प्रकट हुआ है, यह भी मान लिया जाता है। हमारे देश में अनेक नदियों के किनारे अनेक धर्म स्थलों की स्थापना की गई है। उन नदियों के पानी को पवित्र तीर्थ माना गया है। इस तीर्थ को लाना बड़ी तकलीफ देनेवाला काम होता है। लेकिन श्लोक में आगे क्या कहा गया है? 'सर्वही तीर्थांचे सार। ते सदगुरु चरणीचे नीर' मतलब 'अगर हम सदगुरु (उल्लेखित गुरु) के पैर धोकर वह पानी पीते हैं तो वह सभी धर्म स्थलों के पवित्र तीर्थ के समान होता है। मनुष्य को शान्त करनेवाला आत्मज्ञान भी गुरु के द्वारा ही मिलता है। आत्मज्ञान मिलने से मनुष्य को शान्ति मिलती है, इसे मान लेने में कोई हर्ज नहीं लेकिन 'आत्मज्ञान की शान्त धारा सद्गुरु का मौन।' बिना बोले सद्गुरु आत्मज्ञान की धारा कैसे बनाता है, यह बात विवेक से परे है।

आप जब किसी आध्यात्मिक बाबा के पास जाते हैं तब वह दो वाक्य बोलता है, "बेटा तुम्हारा कल्याण किस बात में है, मैं जानता हूँ।" तत्पश्चात् मन में यह सोचकर खुश होता है कि बात तो तुम्हें माननी पड़ेगी, वरना बाबा की शरण में आओगे कैसे? बाबा का अगला वाक्य, "तुम नहीं समझोगे यह मुझे पता है।" बचपन में हमारी माँ भी हमें यही कहती रहती है। हम जब खड़ा होना सीखे तो कहती है, "मेरी उँगली पकड़ लो, वरना गिर जाओगे।" हम थोड़े बड़े हो जाते हैं तब वह गडोलना देकर कहती है, "चलो, नहीं तो गिर जाओगे," लेकिन गौर करें, कुछ दिनों बाद माँ हमारी उँगली छोड़ देती है, गडोलना वापस लेती है। अगर उसने ऐसा नहीं किया तो उसने हमारा पालनपोषण ठीक से नहीं किया, हमें आत्मनिर्भर नहीं होने दिया, ऐसा ही अर्थ होगा। बाबा, भक्त आपका कल्याण करने का मानो ठेका ही लेते हैं और आपको पंगु बना देते हैं।

फिर हमारी मानसिकता पंगु क्यों बनती हैं? उसके पीछे कौन सा आध्यात्मिक ढोंग सक्रिय रहता है? भूमिका को समझना आसान तो नहीं लेकिन फिर भी मैं इसे आपको समझाने की कोशिश करता हूँ। आपसे विनती है कि आप उसे ध्यान से पढ़ें। नम्बर एक, कुछ सत्यों का आकलन मनुष्य की सामान्य समझ से परे होता है ऐसा माना जाता है। नम्बर दो, लेकिन मनुष्य के परमकल्याण के लिए उसकी ही आवश्यकता होती है। मतलब अपने अन्तिम कल्याण के लिए उसे इस आकलन से परे होनेवाले सत्य का ज्ञान जरूरी है। नम्बर तीन, कुछ सर्वज्ञ महानुभावों में ईश्वर की कृपा से जनकल्याण हेतु ज्ञान आंतरिक होता है। चौथी बात, मुझमें वह आंतरिक दुआ है। और नम्बर पाँच, कोई वैज्ञानिक दृष्टिकोण या पचेंद्रिय के द्वारा उसका आकलन नहीं होता, उसके लिए श्रद्धा का ही सहारा लेना पड़ता है। इन दलीलों पर अगर हम गौर से चिन्तन करें तो आध्यात्मिक पाखंड, श्रद्धा के चक्रव्यूह के पीछे होनेवाली सक्रिय मानसिकता हमारी समझ में आएगी। इसमें होनेवाले अन्तरविरोधों से हम भलीभाँति परिचित होंगे।

पहली बात, कुछ सत्यों का ज्ञान मनुष्य की ज्ञानेन्द्रियों से परे होता है। दरसअल हमारी ज्ञानेन्द्रिय एवं हमारे दिमाग के समन्वय से ही हमें दुनिया के किसी भी सत्य ज्ञान प्राप्त होता है। उससे परे कोई सत्य होता नहीं है। क्योंकि ऐसा सत्य पता करने के लिए मनुष्य को अपनी चमड़ी से बाहर आना पड़ेगा, जो कल्पना है। जिस प्रकार यह कल्पना है उसी तरह ज्ञानेन्द्रिय और दिमाग से परे सत्य का अस्तित्व भी केवल एक कल्पना ही है।

नम्बर दो, पर उस ज्ञान को मनुष्य के परमकल्याण के लिए आवश्यक माना गया है। यह किसने तय किया? यह संयघोषित होता है। नम्बर तीन और चार, कुछ सर्वज्ञानी लोगों में यह ज्ञान प्रकट होता है और मेरे बाबा उनमें से एक है। बाबा में इसके प्रकट होने का प्रमाण कुछ भी नहीं है। शून्य प्रमाण की बुनियाद पर बाबा के प्रति यह विश्वास है। सत्य साईं बाबा जैसे स्वघोषित सर्वज्ञ 'माय मिरैकल इज माय विजिटिंग कार्ड—और मैं ईश्वर का अवतार हूँ।' ऐसा प्रचार करते हैं। उनके सर्वज्ञात होने को जाँचने के लिए पहले हमें सर्वज्ञ बनना पड़ेगा। उनका ज्ञान लोककल्याण के लिए है या और किसी हेतु से यह जाँचने की भी अनुमति नहीं है। तो समझ लीजिए ऐसे आध्यात्मिक पाखंड के पीछे की मानसिकता में मौजूद कार्यकारण भाव, जो मनुष्य की उन्नति के लक्षण का, उसे एक ओर रखकर ही हमें उपाय खोजना होगा।

लेकिन फिर सवाल उठता है कि इतने लोग इन लोगों के पास कैसे जाते हैं? इसलिए आपको यह मान लेना होगा कि उस व्यक्ति के पास सत्य का असाधारण ज्ञान पाँचों इन्द्रियों द्वारा सिद्ध नहीं किया जा सकता है। इसलिए श्रद्धा के साथ उस स्थान पर कूद जाना चाहिए। आप केवल कुछ संकेत देख सकते हैं। उदाहरण के लिए, उस व्यक्ति के पास चमत्कारी शक्तियाँ हैं। जैसा कि सत्य साईं बाबा कहा करते थे, "मुझसे यह पूछने का कोई मतलब नहीं है कि चमत्कार कैसे होते हैं। भगवान की अपार शक्ति के कारण जो मुझे प्राप्त हुए हैं, मेरे चमत्कार एक विशाल हाथी के शरीर पर बैठे चिल्ताई के समान शीतल हैं। केवल वे चमत्कार तुम्हें बताते हैं कि मैं तुम्हारे कल्याण के लिए भेजा आदमी हूँ।"

अनिरुद्ध बापू का दावा है या अनिरुद्ध बापू के भक्त कहते हैं कि "अनिरुद्ध बापू ने कभी विट्ठल, कभी विष्णु, कभी शंकर इन देवताओं के रूप में और बापू की पत्नी ने कभी महालक्ष्मी, कभी अंबामाता इन देवियों के रूप में बापू के अनेक भक्तों को प्रत्यक्ष सगुण रूप में दर्शन दिया है।" अब यह स्पष्ट है कि सम्मोहन की स्थिति में गए बिना ऐसी अभिव्यक्तियाँ नहीं हो सकती हैं।

इससे बाबा के चमत्कार, बाबा का भगवान के रूप में प्रकट होना इन बातों से जो घटित होता है उसका बहुत व्यवस्थित तरीके से आयोजन किया जाता है। मतलब, अगर आप अमुक बाबा के भक्त हैं, तो आपको अमुक कपड़े पहनने

चाहिए। वे कपड़े अमुक रंगों के हों, गले में हार हो, छाती पर बिल्ला हो, कलम पर उस बाबा की तस्वीर हो। इसके अलावा, आपको एक मंत्र दिया जाता है। यह एक तरह का मजबूत संगठन बनाता है और इससे एक अकेले आदमी को पहली बार में एकजुट महसूस कराता है। एकता से सन्तुष्टि मिलती तो है। वह सन्तुष्टि उसे सशक्त महसूस कराती है और उसे उस सशक्तीकरण की आदत हो जाती है। एकता, सन्तोष, बल और आदत से विवशता आगे बढ़ती है और भक्त बाबा का कट्टर सैनिक बन जाता है और बुवाबाजी बाबा का अभेद्य गढ़ बन जाता है। मेरा मतलब बाबा के बारे में कोई भी शब्द उच्चारित करना बहुत बड़ा पाप है और 'बाबा की वजह से हमारा भला होनेवाला है।' भक्त का परम कर्तव्य है कि वह बाबा के प्रति कटु वचन कहे, उनके विरुद्ध कटु वचन कहे।

इसका अर्थ यह हुआ कि आध्यात्मिक पाखंड को जारी रखने के लिए एक ओर मनुष्य के विवेक को खोने और दूसरी ओर एक कटु, अनुशासित, आक्रामक संगठन बनाने की रणनीति तैयार की जाती है। इसका अध्यात्म से कोई लेना-देना नहीं है, न ही इसका मनुष्य के मानसिक विकास से कोई लेना-देना है।

दूसरी तरफ से सोचते हुए, आप क्या देखते हैं? कहने का तात्पर्य यह है कि जैसे शरीर व्यायाम करता है, वैसे ही शरीर स्वस्थ और फिट रहता है, वैसे ही मन का व्यायाम होता है। चलो इसे 'आध्यात्मिकता' कहते हैं। इस आध्यात्मिकता की क्या भूमिका है? वह भूमिका है, 'भौतिक सुख से परे जीवन का एक गुण है और यह भौतिक सुख से अधिक मूल्यवान है।' अर्थात् हम सभी भौतिक सुख के लाभों को जानते हैं—मुझे अच्छे कपड़े चाहिए, मुझे अच्छा खाना चाहिए, मुझे एक अच्छा घर चाहिए, मुझे अच्छी शिक्षा और अच्छे स्वास्थ्य की जरूरत है, क्योंकि मैं इनसान हूँ। लेकिन जो लोग मानते हैं कि 'इन सभी भौतिक सुखों से परे जीवन का एक ऐसा गुण है, जो इन सुखों से असीम रूप से अधिक मूल्यवान है', वे उदारवादी हैं। इसलिए वे मनुष्यों के प्रति करुणा के साथ कार्य करते हैं। फलतः शुचिता और पवित्रता आती है। यही सच्ची आध्यात्मिकता है।

मेरा मतलब है, अगर आप इसकी तुलना करते हैं, तो आप तुरन्त देख सकते हैं कि दुनिया के सभी देशों में निर्मला माता के पास शानदार, संगमरमर के महल थे; सत्य साईं बाबा के देहान्त के समय तक उनकी सम्पत्ति कम-से-कम 40,000 करोड़ रुपये थी और यह लगभग 1 लाख करोड़ रुपये होने का अनुमान था। लेकिन अन्त तक इस सम्पत्ति का लेन-देन साईं बाबा के हस्ताक्षर से ही होता रहा। इस परिप्रेक्ष्य में महाराष्ट्र को जो सच्चे 'आध्यात्मिक पुरुष' मिले उन्हें देखिए! उदाहरण के लिए, गाडगे बाबा। गाडगे बाबा ने उस दौरान करोड़ों रुपये कमाए; सभी खर्च का हिसाब सही रखा गया। वह अँगूठा बहादुर थे। उनके पास जीवन भर अपनी जो सम्पत्ति थी वह थी देह पर के चीथड़े, हाथ की लाठी और सर पर होनेवाला

खपरैल का टुकड़ा। उन्होंने प्राप्त दान से कई धर्मशालाओं का निर्माण कराया। उनमें से एक में उनकी ही बेटी को एक धर्मशाला के एक कमरे में जगह दे दी गई। यह जानने पर बाबा तुरन्त वहाँ गए और लड़की को बाहर निकालते कहा, "तुझे पिता की तरह पेड़ के नीचे रहना है। उसी तरह तुम जियो। यह जो बनाया है वह तीर्थस्थान आनेवाले लोगों के लिए बनाया है।"

यही गाडगे बाबा एक बार कोंकण में कीर्तन करते हुए। एक भक्त आया और बाबा को एक तार सौंप दिया। बाबा ने तार की ओर देखा और कहा, "दुनिया से लाखों चले गए हैं। मैं एक के लिए क्यों रोऊँ?" और कहने लगे, "देवकीनन्दन गोपाल। देवकीनन्दन गोपाल...।" इतना कहकर बाबा ने कीर्तन जारी रखा। तार लानेवाला भक्त जोर-जोर से रोने लगा। "बच्चे की मौत हुई है। लेकिन दुनिया से लाखों चले गए हैं। मैं एक के लिए क्यों रोऊँ?" ऐसा कहकर अपना जीवित कार्य जारी रखनेवाले गाडगे बाबा सच्चे अर्थों में एक आध्यात्मिक व्यक्ति थे।

एक और उदाहरण विनोबा का है। महाराष्ट्र ने विनोबा को देखा है। विनोबा ने लगातार 16 वर्षों में दो बार भारत की यात्रा की। उस यात्रा के दौरान वह कभी बीमार नहीं पड़े। उन्हें दान करने के लिए 4 मिलियन एकड़ जमीन मिली। वह सब उन्होंने बाँट दी। उनका अपना बैंक बैलेंस एक पैसा नहीं था और इन सभी यात्राओं में उन्होंने लगभग 16 भाषाएँ सीखीं। यानी यही सच्ची आध्यात्मिकता है।

इस देश ने महात्मा गांधी को देखा है। ऐसे समय में जब लाखों लोगों के दंगे हो रहे थे, यह अकेला महात्मा निहत्था दंगों में प्रवेश करता था। उसमें दंगों में घुसने और लोगों से पूछने की नैतिक शक्ति थी, "तुम क्या कर रहे हो?" महात्मा गांधी ने अपने पूरे जीवन में केवल दो धोतियों का इस्तेमाल किया, एक कमर में और एक देह पर। इतना ही नहीं, वे ब्रिटिश साम्राज्य के तत्कालीन सम्राट से मिलने गए, तब कड़ा जाड़ा था। वे वहाँ उसी पोशाक में गए। उन्होंने महल में प्रवेश करने के लिए पोशाक के प्रोटोकोल का पालन करने से इनकार कर दिया और उसी पोशाक में मिलने की आदत दिखाई जिस देश का वे प्रतिनिधित्व कर रहे थे। यह आध्यात्मिक व्यवहार है।

गांधी के जीवन की एक घटना से पता चलता है कि कैसे वास्तव में आध्यात्मिक लोग उच्च सोच सकते हैं। गांधी दंगा प्रभावित इलाकों में घूम रहे थे। एक हिन्दू उनके पास आया और बोला, "शान्ति बनाए रखिए, ऐसा कहना बहुत आसान है, लेकिन मेरे 16-17 साल के बेटे को मुस्लिम दंगाइयों ने मेरे सामने ही मार डाला। अब मेरे मन में बदले की आग जल रही है। क्या आपके पास इसका कोई समाधान है?" अगर कोई आपसे ऐसा सवाल पूछे तो आपका उत्तर क्या होगा? हम कुछ सूखा, बौद्धिक तर्कवाद करते हैं, क्या बदला लेने से कोई फायदा है? और उसकी वजह से, क्या तुम्हारा बेटा वापस आएगा?...आदि। गांधी ने क्या जवाब दिया? उन्होंने

कहा, "मेरे पास एक उपाय है।" वह आदमी चौंक गया और बोला, "आपके पास क्या उपाय है?" गांधी ने कहा, "आप एक हिन्दू हैं। आपका 16-17 साल का बेटा मारा गया है। दंगे में कोई तो 16-17 साल का मुस्लिम लड़का भी होगा जिसके सामने उसके पिता की हत्या कर दी गई होगी। उसे अपने बच्चे की तरह उठाएँ। उसे अपना धर्म बदलने के लिए मजबूर न करें। यदि आप ऐसा करते हैं, तो बदले की आग शान्त हो जाएगी।" यह एक आध्यात्मिक भूमिका है। अध्यात्म यदि मनुष्य को उन्नत करनेवाला हो तो मनुष्य का उन्नत होना दिखाई देना चाहिए और करुणा से होनेवाली मानव सम्मुख कृति भी दिखाई देनी चाहिए।

याद रखें, यही कारण है कि 'आध्यात्मिक पाखंड' किसी भी अन्य पाखंड की तुलना में अधिक खतरनाक है, क्योंकि यह अपने साथ अन्य पाखंड के खतरे उठाता है, लेकिन साथ ही इसमें आध्यात्मिकता का गलत अर्थ है। फलस्वरूप अध्यात्म की भी बेवजह बदनामी होती है और इसके साथ ही पाखंड से भी शोषण होता है।

वास्तव में, नागरिकों के कर्तव्य, जो 1976 में भारतीय संविधान में शामिल हैं, उसमे से एक कर्तव्य यानी, "It is a duty of every Indian citizen to promote scientific temperament, spirit of reform and humanism." अर्थात् वैज्ञानिक स्वभाव, सुधार की भावना और मानवतावाद को बढ़ावा देना प्रत्येक भारतीय नागरिक का कर्तव्य है। इसका मतलब है कि वैज्ञानिक दृष्टिकोण का उपयोग करना प्रत्येक भारतीय नागरिक का संवैधानिक कर्तव्य है; स्वीकार करना चाहिए। लेकिन याद रखें, यह केवल वैज्ञानिक दृष्टिकोण अपनाने के बारे में नहीं है। इसके आगे स्पिरिट ऑफ रिफॉर्म है। यानी हर नागरिक को वातावरण को बेहतर बनाने का प्रयास करना चाहिए; यानी आध्यात्मिक पाखंड मिट जाएगा और ह्यूमनिज्म, यानी मानवतावाद या तर्कवाद का विकास होगा। जिस हद तक हम अपने संविधान में बताए गए कर्तव्य की ओर बढ़ सकते हैं, इस समाज में आध्यात्मिक पाखंड धीरे-धीरे कम होता जाएगा ऐसा अन्धविश्वास उन्मूलन समिति का दृढ़ मत है और इसी में समाज का व्यापक हित है।

स्त्रियाँ और अन्धविश्वास उन्मूलन

'महिलाएँ और अन्धविश्वास' का मुद्दा महत्त्वपूर्ण है क्योंकि महिलाएँ हर जगह अन्धविश्वास की सबसे बड़ी शिकार होने के साथ-साथ उस अन्धविश्वास की वाहक भी हैं। शोषण के शिकार बने लोगों में शोषण के प्रति एक तरह का आक्रोश होना आम बात है, लेकिन महिला वर्ग में इसका ठीक उल्टा है। ये महिलाएँ जिस अन्धविश्वास की शिकार होती हैं, उस अन्धविश्वास को ये महिलाएँ बड़े सम्मान और गर्व के साथ जी रही हैं। इसलिए 'दास को गुलामी के प्रति जागरूक करें, ताकि वह विद्रोह कर दे', डॉ. बाबासाहेब आंबेडकर का यह वाक्य 'स्त्री और अन्धविश्वास' के सवाल पर सबसे ज्यादा लागू होता है। यानी जिस समय हथकड़ी बँधी हो, उस समय कहा जा सकता है, उठो पगले, तोड़ो कारा। लेकिन हाथ-पैर की बेड़ियों को यादि मनुष्य फूलों के गजरे समझने लगे तो दिक्कत होती है। यही दिक्कत 'स्त्री और अन्धविश्वास' को लेकर पाई जाती है।

इसकी शुरुआत हमारे समाज की दोहरी मानसिकता से होती है। इस सन्दर्भ में मुझे स्कूल की एक कविता याद आती है। इस कविता में नारी को बहुत महान कहा गया है। इसमें कवयित्री कहती है—

मैं माँ, मैं कान्ता, मैं शिक्षक हूँ, मैं सेवक
मैं कलाकार, वैज्ञानिक, मुझमें हैं विभिन्न गुण
मैं ब्रह्मांड की प्रतिभा, मुझमें बसती है सम्पन्नता
मैं संस्कृति मूर्त, स्त्री नाम मेरा।

अर्थात् एक तरफ संस्कृति का असली रूप महिला है ऐसा कहना और दूसरी तरफ अनुभव ऐसा कि पैर की जूती पैरों में ही बेहतर! एक तरफ तो यह कहना कि दुनिया कितनी बदल गई है, एक जमाने में अच्छी औरतें पिंजरे में बन्द होती थीं, लेकिन अब पिंजरे का दरवाजा खुला हुआ है। वे अब मुक्त संचार कर सकती हैं। एक ओर पिंजरे का दरवाजा खुला है, लेकिन दूसरी तरफ पंख काटे गए हैं इसे नजरअन्दाज करना। इसलिए महिलाओं के लिए आसमान में उड़ान भरना अभी भी आसान नहीं है। यानी एक तरफ तो देश की तमाम बड़ी नेता महिलाएँ दिखाई

देती हैं, चाहे वह पश्चिम बंगाल से ममता बनर्जी हों, उत्तर प्रदेश की मायावती हों, तमिलनाडु से जयललिता हों, लोकसभा अध्यक्ष मीराकुमार हों, राष्ट्रपति प्रतिभा पाटिल हों या सोनिया गांधी हों। वहीं दसवीं और बारहवीं की परीक्षा में बड़ी संख्या में अव्वल आनेवाली लड़कियाँ ही शामिल होती हैं। और इस स्थिति में, वास्तव में, ये वे महिलाएँ ही हैं जिन्हें दहेज के लिए जलाया जाता है, जो महिलाएँ अपने पति द्वारा त्याग दी जाती हैं, जो देवी-देवता का संचार होने से अभुआती हैं और अपनी मानसिक बीमारी का इजहार करती हैं।

हमें इन सभी अन्तर्विरोधों को समझना होगा। स्त्री के जो दो विदारक रूप एक ही समय में हमारे सामने आते हैं, हमें इस प्रश्न की बहुआयामिता का एहसास कराते हैं और अगर हम यह पता लगाना शुरू करें कि महिलाओं को अभी भी गौण क्यों माना जाता है, कम क्यों माना जाता है, इसको खोजने का प्रयास करेंगे तो 'महिलाएँ और अन्धविश्वास' इस प्रश्न की व्यापकता को हम समझ सकते हैं। यानी कोई भी महिला 'कुँवारी' होती है। अगर उसकी शादी में देरी होती है, तो वह 'वयस्क कुँवारी' बन जाती है। जब शादी होती है, तो वह 'भाग्यशाली' बन जाती है; जब विवाह होता है, तो वह 'सौभाग्यवती' हो जाती है; अगर पति तलाक देता है, तो वह 'तलाकशुदा' हो जाती है; यदि पति द्वारा त्याग दिया जाता है तो वह 'परित्यक्ता' हो जाती है; पति की मृत्यु हो जाती है तो वह 'विधवा' हो जाती है। यानी हर बार सन्दर्भ में पुरुष होता है; वह खुद कोई नहीं है। अर्थात् परित्याग शब्द में 'पति द्वारा पत्नी का परित्याग' माना गया है। 'पति को पत्नी द्वारा त्याग देने' की क्रिया के लिए शब्द भी नहीं है।

इसका मतलब है कि एक महिला का पूरा जीवन पुरुष से जुड़ा होता है। उसका पति जिन्दा है या नहीं, यह तो और भी अहम होता है। कभी वह युद्ध में मारा जाता है, कभी दुर्घटना में मर जाता है, कभी शराब पीकर अपना स्वास्थ्य नष्ट कर लेता है और मर जाता है; लेकिन एक बार महिला के पति की मृत्यु हो जाने पर उसे हल्दी-कुमकुम कार्यक्रम में आमंत्रित नहीं किया जाता है, घर की नींव आदि का काम उसके हाथों से नहीं कराया जाता है या इस महिला को, जिसने नौ महीने लड़की को गर्भ में पाला उस लड़की के कन्यादान का अधिकार भी नहीं मिलता है। अब कन्यादान करें या न करें इसका सरल उत्तर यह है कि कन्या दान करने की वस्तु नहीं है, इसलिए दान न करें, लेकिन आप एक महिला हैं और आपका पति जीवित नहीं है। इसलिए आपको कन्यादान करने का कोई अधिकार नहीं है। इसमें स्त्री को सभी प्रकार से गौण स्थान दिया गया है।

ऐसी अधीनता इतने लम्बे समय तक कैसे चली? इस सवाल पर सोचते हुए मैंने महसूस किया कि यह महिलाओं के प्रति धर्मों की साजिश है। इसका मतलब यह कि सभी धर्मों ने महिलाओं को दोयम दर्जा दिया है, क्योंकि सभी धर्म पुरुषों द्वारा लिखे

गए हैं। यहूदी धर्म में कहा गया है, "यदि रोटी बनाते समय जल गई तो उस स्त्री को तलाक दे देना चाहिए।" अब महिला द्वारा रोटी का जलना तो सामान्य बात है।

या इस्लाम कहता है, "अगर कोई पति अपनी पत्नी से तीन बार (यहाँ तक कि फोन पर भी) 'तलाक, तलाक, तलाक' कहता है, तो तलाक।" यानी पति-पत्नी का रिश्ता खत्म हो जाता है चाहे पत्नी ने कुछ भी गलत न किया हो। और उसके लिए गुजारा भत्ता के प्रावधान को भी बाद में अस्वीकार कर दिया गया। क्योंकि मुस्लिम मुल्ला-मौलवी ने कहा, "हिन्दुओं में शादी एक संस्कार है। चाहे पति शराब पीकर लात क्यों न मारे, लेकिन हर जन्म में वही पति चाहिए। लेकिन मुसलमानों में विवाह एक समझौता है; जैसा कि मकान मालिक और किरायेदारों के साथ होता है। मकान मालिक किरायेदार से कह सकता है, 'मैंने तुम्हें घर से बाहर निकाल दिया।' किरायेदार मकान मालिक से कह सकता है, 'मैंने तुम्हारा घर छोड़ दिया।' मकान मालिक दूसरे किरायेदार को रखने के लिए स्वतंत्र है; किरायेदार दूसरे घर को देखने के लिए स्वतंत्र है। इसलिए, हमारे धर्म के आदेश के अनुसार, हमें तलाक के बाद अपने धर्म की महिलाओं को गुजारा भत्ता नहीं देना पड़ता है।"

ईसाई धर्म के अनुसार, दुनिया मूल रूप से कैसे बन गई? आदम और ईव से उत्पन्न; लेकिन आदम के बाद ईव की उत्पत्ति हुई है। स्त्री की उत्पत्ति आदम से, आदम की एक पसली से और आदम के बाद हुई। अर्थात् इस धर्म के अनुसार स्त्री पुरुष के बाद आ गई; पुरुष के लिए आ गई और उसे आदमी की पसली से बनाया जा सकता है, बस वह इसी की हकदार है। और फिर स्वर्ग में जो कोई सुन्दर पेड़ था और उस पेड़ के फल न खाने की स्वर्गीय पिता के आज्ञा की अवज्ञा करने के लिए महिला की परीक्षा हुई, इसलिए ईव के साथ ऐसा हुआ, इसलिए उसने आदम पर जोर दिया और ज्ञान का फल खाकर पहले पाप ने जगत की सृष्टि की। यानी ईसाई धर्म में भी स्त्री का स्थान दोयम ही है।

दिगंबर जैन धर्म में स्त्री को मोक्ष का अधिकार नहीं दिया गया है। पति चाहे जैसा हो, शराब पीता हो, जुआ खेले, वेश्या के पास जाए, लेकिन हिन्दू धर्म में, 'पति भगवान है' ऐसा मानने को कहा है। तुलसीदास जैसे कवि ने तक कहा है—

ढोल, गँवार, शूद्र, पशु, नारी
सकल ताड़ना के अधिकारी।

गँवार अर्थात् अज्ञानी मनुष्य। क्षुद्र का मतलब दलित। पशु का अर्थ है पशु और स्त्री का अर्थ है स्त्री। उन सभी को पीटने (फटकार) में धार्मिक रूप से कुछ भी गलत नहीं है, जैसा कि तुलसीदास स्पष्ट रूप से कहते हैं। इस सब पर गौर करें तो हम समझ सकते हैं कि स्त्री को अन्धविश्वास में धकेलने वाले गौणत्व की शुरुआत धर्म से कैसे होती है।

इसके बाद हम एक अलग बिन्दु की ओर मुड़ेंगे। आज भी भारत में कुपोषित महिलाओं का अनुपात लगभग 57 प्रतिशत है। इन महिलाओं के शरीर में पर्याप्त खून नहीं होता है। इसे हम एनीमिया कहते हैं। इन एनीमिक महिलाओं को अपने दैनिक कार्यों को करते समय कई तरह की थकान और बीमारियों का सामना करना पड़ता है। सो एक ओर तो यह स्त्री कुपोषित है; घर पर वह सभी के खाना खाने के बाद अन्त में खाती है। एक अलिखित नियम है कि जो कुछ बचा है, वही उसे खाना चाहिए।

आज भले ही विवाह की आधिकारिक आयु 18 वर्ष है, महाराष्ट्र में लगभग 35 से 40 प्रतिशत विवाह 16 से 17 वर्ष की आयु के बीच ही होते हैं। उसके बाद महिला गर्भवती हो जाती है। उसके शरीर का पर्याप्त विकास नहीं होता; गर्भाशय पर्याप्त रूप से विकसित नहीं होता है; मन भी पर्याप्त विकसित नहीं होता है। ऐसे समय में उसके शरीर पर गर्भावस्था का तनाव आता है। ऐसे में ही वह बच्चे को जन्म देती है। आज भी भारत में गर्भावस्था में मरनेवाली महिलाओं की संख्या पड़ोसी बांग्लादेश की तुलना में अधिक है और शिशु मृत्यु (शून्य से एक इस वर्ष के काल को ध्यान में रखते हुए) पड़ोसी श्रीलंका की तुलना में भी अधिक है।

यह सब बताने का कारण महिला के स्वास्थ्य का पंचनामा करना नहीं है, बल्कि ऐसे समय में जब समाज में ऐसी मानसिकता मौजूद है, उस समय ऊपर बताई गई हर चीज स्त्री को अन्धविश्वास की ओर धकेल रही है। यानी महिलाएँ व्रत-उपवास क्यों करती हैं? वे या तो एक अच्छे पति के लिए या बच्चे के कल्याण के लिए। इसलिए 'हमें जल्दी एक बच्चा होना चाहिए, हमें उस समय गर्भवती होना चाहिए, हमें एक बच्चा होना चाहिए' यही उसके व्रत-उपवास के पीछे के कारण हैं। इसके चलते आज एक प्रकार की अस्थिरता विद्यमान है। तो यह सब भौतिकवाद स्त्री को इस अस्थिरता की ओर और अस्थिरता के द्वारा अन्धविश्वास की ओर धकेलता है। यानी विज्ञान ने अब यह साबित कर दिया है कि बेटा या बेटी होना वास्तव में उस क्रोमोसोम पर निर्भर करता है जो एक महिला को पुरुष से मिलता है। फिर भी, एक महिला के गर्भवती होने के बाद भी, उसका सोनोग्राफ कराया जाता है और फिर गर्भपात करा दिया जाता है। यह एक बार फिर उनकी दोयमता का प्रमाण है। दुर्भाग्य से, कई महिलाएँ अभी भी इस बात पर जोर देती हैं कि 'हम देखना चाहते हैं कि गर्भ में लड़का है या लड़की, और अगर लड़की है, तो हम उसे नहीं चाहते।' और इसलिए इन सबसे बचने के लिए व्रत-उपवास करती हैं।

लेकिन यह करते समय जो हो रहा है, उसके कारणों को हम कभी नहीं भूलते। मुझे याद है, एक बार एक महिला मेरे अस्पताल की सीढ़ियों से ऊपर आई थी। वह पसीने से भीग गई थी और हाँफ रही थी। उसके परिवार को लगा कि उसे कोई गम्भीर बीमारी है। मेरी पत्नी ने उसे मेज पर लिटा दिया; जाँच की, और मेरी पत्नी

ने देखा कि उसे कोई बीमारी नहीं थी, लेकिन वह लम्बे समय से कुपोषित थी। उसके शरीर में खून बहुत कम था और वह उस कमजोरी, खून की कमी से पीड़ित थी। बेशक ऐसे रोगी को दवा लिखने से पहले उचित आहार देने की आवश्यकता होती है। तो स्वाभाविक रूप से या तो महिला की सास को बताना होगा; नहीं तो उसके पति को बताना पड़ता है। क्योंकि आज भी बहू के लिए घर में अपने हाथों से अच्छी चीजें खाना सम्भव नहीं है।

इस वजह से मैंने उसके पति को बुलाया और उससे कहा, "देखो, एक बात पक्की है, तुम्हारी पत्नी को कोई बीमारी नहीं है, लेकिन वह लम्बे समय से कुपोषण से पीड़ित है। इसलिए अगले तीन मास तो उसे दाल खिलाओ। यानी उसे प्रोटीन मिलेगा। उसे अंकुरित सलाद देना जिससे उसे अमीनो एसिड मिलेगा। उसे सुबह और शाम एक कप दूध देना, इससे उसे कैल्शियम मिलेगा। सुबह और शाम एक अंडा खिला देना जिससे प्रोटीन मिलेगा। सप्ताह में दो बार मांसाहार दे देना। और अगर तुम इसे बर्दाश्त नहीं कर सकते हो, तो भी तुम अपनी पत्नी पर तीन महीने तक खर्च करो।" अब अनुभव यह है कि मरीज के परिजन सुनते हैं और सिर हिलाते हैं क्योंकि वे डॉक्टर के पास सिर्फ डॉक्टर की बात सुनने ही आते हैं। यहाँ, हालाँकि विपरीत अनुभव था।

पति ने उछल कर कहा, "डॉक्टर, सामर्थ्य का कोई सवाल ही नहीं है। हमारे पास काफी दूध है। हमारे पास अंडे और मुर्गियाँ हैं। हम उसे हर दिन मांस खिला सकते हैं, पैसों की कोई समस्या नहीं है। लेकिन इसका सोमवार का व्रत होगा, मंगलवार का होगा, गुरुवार का होगा, शुक्रवार का होगा। अभी इसके सोलह श्रावण सोमवार समाप्त हो गए हैं। फिर नवरात्रि का व्रत। बाद में सूर्यनारायण व्रत आएगा। इसका व्रत समाप्त कब होगा और यह भोजन कब करेगी और स्वास्थ्य में सुधार कब होगा!" मतलब खाना न मिलने से कमजोर होना बुरा है लेकिन किसी गलतफहमी, अन्धविश्वास, लगातार उपवास के कारण अपना स्वास्थ्य खोना मानसिक गुलामी का संकेत है, भले ही आपको भोजन मिलने की सम्भावना हो। इस बात के पीछे होनेवाली व्यापकता को समझ लेना चाहिए।

यह प्रचलन तब शुरू होता है जब एक महिला के कोई सन्तान नहीं होती है। मुझे इस सन्दर्भ में आन्दोलन की एक घटना याद है। नगर जिले की पारनेर तहसील के मलचौंडी गाँव का तालाब। इस तालाब की ख्याति है कि अगर कोई नि:सन्तान महिला वहाँ आकर स्नान करे, तो उसे बच्चा होगा। कृष्णा रेपाले यानी बाजीराव रेपाले की दूसरी पत्नी। उसकी पहली पत्नी दस साल से नि:सन्तान थी। फिर उसने दूसरी शादी की। दो साल से उसे भी बच्चा नहीं हुआ। फिर उसने उसे मलचौंडी तालाब लाने का फैसला किया। महिला तालाब के पास आ गई, जिसे देखकर आप दिन में भी डर जाते हैं। स्त्री ने तालाब में स्नान किया और कुछ देर बाद कहा,

"मैं अब सात दिन तालाब में ही रहूँगी और सातवें दिन तुम मुझे ले जाओ।" और देखते-देखते वह घूमने लगी। कुछ देर बाद वह पानी पर तैरने लगी और पानी पर तैरता उसका शरीर किनारे से बीस फीट दूर एक तरफ आ गया। आप समझ सकते हैं कि क्या हुआ होगा। लेकिन लोगों ने सोचा कि यह महिला सात दिनों तक ऐसे ही पानी पर तपस्या करेगी।

फिर देखते-देखते उस तालाब को एक तीर्थ का स्वरूप प्राप्त हुआ। कई लोग बैलगाड़ियों, जीप, टैक्सियों से वहाँ आने लगे और उस महिला का दर्शन करने लगे। फिर हम पुलिस के पास गए। पुलिस ने कहा, "आप लोग किसी बात पर विश्वास ही नहीं करते। आप देखिए, सात दिनों के बाद आपको पता चलेगा कि वह जीवित है और तपस्या कर रही है।" इसके बाद मामला काफी तूल पकड़ गया। आखिरकार हमारे दबाव ने डीएसपी को कार्रवाई करने पर मजबूर कर दिया। अंग्रेजी अखबारों ने मामले को उठाया। इससे डीएसपी की काफी बदनामी हुई।

उसके बाद नगर के डीएसपी ने पुलिस प्रशिक्षण शिविर का आयोजन किया था। मैं उस प्रशिक्षण शिविर में गया था। प्रशिक्षण शिविर में 400-500 पुलिसकर्मियों के सामने बोलते हुए मैंने कहा, "क्या आपको एहसास हुआ कि उस तपस्वी महिला कृष्णा बाजीराव रेपाले की मौत के लिए हम जिम्मेदार हैं?" तो पुलिस वाले एक-दूसरे को देखने लगे और मैंने कहा, "क्या बात है? महिला अन्धविश्वासी थी और उस अन्धविश्वास के कारण उसकी जान चली गई।" लेकिन उसने अपनी जान क्यों गंवाई? क्योंकि उसके कोई बच्चा नहीं था; वह समाज में एक नि:सन्तान महिला को मिलनेवाले अपमानजनक व्यवहार को बर्दाश्त करने को तैयार नहीं थी। यानी आपकी समझ में आएगा कि स्त्री के स्वास्थ्य से सम्बन्धित प्रश्नों का सम्बन्ध उस स्त्री को अनायास लेकिन यकीनन अन्धविश्वास की मानसिक गुलामी की ओर धकेलता है।

यह शारीरिक स्वास्थ्य की बात है, लेकिन महिलाओं में मानसिक बीमारी की अभिव्यक्ति निश्चित रूप से अन्धविश्वास का रूप मानी जाती है। अचानक एक महिला की छाती धड़कने लगती है, उसके अंग काँपने लगते हैं, रंग उड़ने लगता हैं, गले में खराश होने लगती है। यह कुछ समय तक रहता है और कुछ दिनों के बाद अपने आप ठीक हो जाता है। बेहतर होता है उसे डॉक्टर के पास ले जाना; डॉक्टर के पास ले जाने पर भी यह दोबारा हो जाता है; मांत्रिक के पास ले जाना अच्छा था; मांत्रिक के पास ले जाने पर भी वह फिर प्रकट हो जाता है। और यह इस विचार को जन्म देता है कि 'यह कुछ असाधारण है, और यह अचानक हुआ है।'

या अक्सर कोई महिला अचानक होश खो बैठती है; वह देख नहीं सकती; अंगों को लकवा मार जाता है, लेकिन इन सबका कारण ज्ञात नहीं होता, जिसे चिकित्सकीय भाषा में हिस्टीरिकल कन्वर्जन कहते हैं। एक बार फिर अन्धविश्वास

का शिकार होकर उपाय किये जाते हैं। मुझे याद है, जब मैं मेडिकल कॉलेज में था, तो छह बेड के मरीजों की जाँच हमें करनी पड़ती थी। एक बार 18-19 साल की एक खूबसूरत लड़की दाखिल हुई। वह लकवाग्रस्त थी। उसके आधे अंग पूरी तरह से लकवाग्रस्त हो गए थे। लकवा अब 18-19 साल की उम्र में होनेवाली बीमारी नहीं है तो हम बहुत उत्सुक थे कि उसे लकवा क्यों था? उसके दिल में एक छोटा-सा छेद था। उसके मस्तिष्क में रक्त के थक्के का पता चला था जिससे वह लकवाग्रस्त हो गई थी। पक्षाघात के लिए उपचार बहुत कम और बहुत दूर हैं। इसलिए ऐसी बीमारी के लिए भर्ती कराने का कोई मतलब नहीं है जिसका इलाज सम्भव नहीं है। इसलिए उसे घर भेजने का फैसला किया।

हम युवा दोस्त सोचते थे, 'ओह, इस औरत की ज़िन्दगी कैसी बीतेगी?' तो उस समय के मनोचिकित्सक डॉ. देप सिकन्दर से हमने कहा, "सर, उसका मनोविश्लेषण करो या नार्कोएनालिसिस करो।" मनोविश्लेषण या नार्कोएनालिसिस के दौरान रोगी को सोडियम पेंटाथोल नामक विशिष्ट पदार्थ दिया जाता है। इसे देने के बाद रोगी के बाहरी दिमाग पर तनाव कम हो जाता है और रोगी मन में छुपी बातें व्यक्त करने लगता है। जब इस लड़की का नार्कोसिस किया तो हमने नोटिस किया कि वह शादी नहीं करना चाहती थी। वह एक युवक से प्यार करती थी। परिवार के दबाव में उसने शादी कर ली। शादी के बाद उसका पति उसका कानूनी पति बन गया। कानूनी पति बनकर उसके साथ सेक्स किया। उसके इनकार करने की कोई योजना नहीं थी, लेकिन उसके शरीर ने उसे अस्वीकार कर दिया और उसका आधा शरीर लूला पड़ गया।

यानी बीमारी मानसिक थी; उसकी दृश्य छवि शारीरिक हो गई, इसलिए इस लड़की के दिमाग का इलाज करना पड़ा। लकवाग्रस्त लड़की अगले आठ दिनों में ठीक हो गई; लेकिन अगर यह लड़की एक जादूगर के पास, एक भक्त के पास, एक देवी के पास, बाबा के पास जाती और उसकी दवा या राख से ठीक हो सकती, क्योंकि वह उसके टूटे हुए दिमाग को सही सहारा देता तो कहा जाता, 'बाहरी बाधा है और वह जादूगर, मांत्रिक से दूर की जा सकती है। इसमें डॉक्टर से कोई फायदा नहीं होता है।' मैं आपको बस इतना बता रहा हूँ कि एक महिला का मन बीमार हो जाता है।

हमें सोचना होगा कि आखिर महिलाएँ अन्धविश्वास की शिकार क्यों होती हैं? स्त्री के शरीर में देवी-देवता क्यों संचारित होते हैं? भानमती के जो विविध प्रकार मिलते हैं उसमें स्त्री ही एजेंट कैसे मिलती है? इसका अर्थ यह हुआ कि भानमती कई प्रकार की होती है, जैसे कपड़े का अपने आप फट जाना, महिला के शरीर पर तेंदुए के धब्बे, कपड़ों का अपने आप जलना, घर पर पत्थर गिरना, भोजन में मल का मिश्रण। इसके पीछे अधिकतर स्त्री ही होती है। स्त्री के सन्दर्भ में ये सब

बातें होने का सीधा कारण यह है कि हमारे समाज में स्त्री को दी जानेवाली हीन भावना से स्त्री के मन में दुख का बाँध जल्दी भर जाता है। यदि बाँध के गेट नहीं खोले जाते हैं और बाँध भरने के बाद पानी की निकासी नहीं होती है तो पानी के दबाव से बाँध की दीवार गिर जाती है। इसी प्रकार विभिन्न सामाजिक कारणों से स्त्री का हृदय दुख से भर जाता है और तब उसके पास दो ही मार्ग शेष रह जाते हैं, या तो अपने व्यक्तित्व को छिन्न-भिन्न कर देना या उस दबाव से अपने अन्तर्मन के द्वार खोल देना। फिर कभी उन्मादी अभिसरण, कभी अंग उड़ना, कभी भानमती के प्रकार ये सब घटित होने लगता है और इससे अपना खुद का तनाव कम किया जाता है। जब हम महिला और अन्धविश्वास के बारे में सोचते हैं, तो धर्म ने उन्हें कितना अन्धविश्वास की ओर धकेला है, भौतिकवाद की उपेक्षा के कारण वह कितना अन्धविश्वास में बदल गया है, अपनी मानसिकता के कारण और मानसिक गुलामी बनाकर वह कितना अन्धविश्वास में बदल गया है और इसके चलते फिर एक मानसिक गुलामी निर्माण करके उसे पवित्रता मानने को कैसे सिखाया जाता है इस सबको हमें गौर से सोचना होगा।

इसका एक उदाहरण है हमारे व्रत वैकल्य, व्रत वैकल्य ही क्यों, हम सती प्रथा को भी देख सकते हैं। 1987 में राजस्थान के देवरा में पति की मौत के बाद शव को गोद में लेकर सती हो जाने की घटना घटी। उसके बाद इसी स्थान पर सतीस्थल का निर्माण होना था। हालाँकि तत्कालीन केंद्र सरकार द्वारा इस कार्यक्रम पर प्रतिबन्ध लगा दिया गया था लेकिन आपको आश्चर्य होगा, प्रतिबन्ध के बावजूद हजारों पुरुषों और महिलाओं ने 'सती माता की जय' के नारे लगाते हुए कार्यक्रम स्थल पर मार्च किया था। कहने का तात्पर्य यह है कि अन्याय महसूस करने के बजाय उसे गर्व का विषय माना जाता था। उसी तरह हम जो व्रत वैकल्य करते हैं उन्हें कई लोग गर्व की बात समझते हैं।

हमारे यहाँ महिलाएँ वटसावित्री का व्रत रखती हैं। वे दो चीजों के लिए यह व्रत रखती हैं। एक बात यह है कि पति को लम्बी उम्र मिले और दूसरी बात यह है कि सात जन्मों में एक ही पति मिले। दरअसल जिस तरह सावित्री यमराज से सत्यवान के जीवन को वापस लाई, अगर उपवास करनेवाली महिलाओं के मामले में ऐसा होता, तो हम डॉक्टरों को बहुत आराम मिलता। हमने अस्पताल के दरवाजे पर एक बरगद का पेड़ लगाया होता और जब मरीज को सर्जरी के लिए ले जाया जाता, हम उसकी पत्नी के हाथ में सूत का एक बंडल देते और उससे कहते, 'तुम पेड़ के चारों ओर सूत लपेटो।'

आप यह व्रत करें क्योंकि इससे दोहरा फायदा होता है। एक तरफ हमारी सर्जरी, दूसरी तरफ आपकी कसमें; चलो एक डबल इंजन है। चाहे कुछ भी हो जाए, लेकिन स्कोर जरूर आएगा। लेकिन भले ही वह इन सब की व्यर्थता को

जानती है, फिर भी एक शिक्षित महिला सभी प्रकार के व्रत रखती है—विशेष रूप से वटसावित्री। और यह कैसे काम करता है? मेरा मतलब है, बरगद के पेड़ अब कहीं गाँव के बाहर होंगे। मुम्बई-पुणे जैसे शहरों में ऐसी सुविधाएँ नहीं हैं। फिर बड़े पैमाने पर बरगद की शाखाओं को काट दिया जाता है, उन्हें बिक्री के लिए लाया जाता है और बड़ी संख्या में पेड़ों को काट दिया जाता है।

बोन्साई को आप जानते होंगे। बड़े पेड़ों को छोटा रखना जापानी कला है। इसलिए बरगद का पेड़ 20 साल पुराना होता है, लेकिन वह एक छोटे गमले में होता है। मुम्बई की उच्च शिक्षित विदुषी एक बार मुझे अपने घर में बरगद का बोन्साई दिखा रही थी। यह दिखाते हुए उसने कहा, "डॉक्टर, यह बरगद का पेड़ 22 साल पुराना है, लेकिन इसका एक बड़ा फायदा है। हमारे कॉलोनी की महिलाएँ मेरे घर आती हैं और इसकी पूजा करती हैं।" क्योंकि लोगों को नहीं लगता कि हमें ज्ञान के आलोक में अपनी परम्पराओं की जाँच करनी चाहिए।

जब मैं यह प्रश्न पूछता हूँ कि वटसावित्री की कथा कितने लोग जानते हैं, तो मेरा अनुभव है कि महिला समुदाय में कोई भी उस कहानी को ठीक से नहीं बता सकता। कहानी क्या है अश्वपति नाम का राजा निःसन्तान है। वह सन्तान प्राप्ति के लिए देवी की पूजा करता है। अठारह साल की तपस्या और उपवास के बाद उसकी एक सुन्दर बेटी हुई। उसका नाम सावित्री है। यह सावित्री इतनी सुन्दर है कि कोई भी उससे शादी करने की हिम्मत नहीं करता। अन्त में राजा सावित्री को एक बूढ़े अमात्य के साथ विदा करता है ताकि वह अपना दूल्हा खुद चुन सके। सावित्री इस राज्य से उस राज्य में जाती है, इस जंगल से उस जंगल में जाती है। क्योंकि उस समय दोनों राज्यों को जोड़नेवाले जंगल ही थे।

और एक जंगल में उसे सत्यवान दिखाई देता है। सत्यवान एक राजा है जो राज्य खोने के बाद जंगलवासी बन गया है। उनके पिता महाराज हैं। वे भी उसके साथ जंगल में रहते हैं। वे अन्धे हैं और जब से राज्य चला गया तब से उनका जंगल में रहने का समय है, यानी यह वीरानी उनके पास आ गई है। ऐसे समय में सत्यवान मिट्टी के हाथी और घोड़े बनाकर उनके साथ खेलता है। उसे देखकर सावित्री कहती है, "मैं उससे शादी करूँगी।" जब उसके पिता को यह पता चलता है, वह यह कहते हुए खुश होते हैं, "चलो, अपनी बेटी ने स्वयं वर चुन लिया।"

शादी से पहले नारद वहाँ आते हैं और सावित्री के पिता से कहते हैं, "बाबा, जिसे आपकी बेटी ने चुना है, वह एक साल बाद मर जाएगा। एक साल बाद आपकी बेटी विधवा होगी। इसलिए उससे शादी न करें।" लेकिन फिर भी अश्वपति ने खुशी-खुशी अपनी बेटी की शादी जंगल में जाकर सत्यवान से कर दी। इसके एक साल बाद की बात है। यम एक वर्ष के बाद आते हैं और सत्यवान को लेकर जाते हैं। सावित्री उनका पीछा करती है। यम उसे वापस भेजने की कोशिश करते

हैं, लेकिन वह कोई जवाब नहीं देती। अन्त में यम उसे तीन चीजें माँगने के लिए कहते हैं। पहले तो वह कहती है, "मेरे ससुर ने अपना राज्य खो दिया है वह उन्हें वापस मिले। और उस राज्य को देखने का मुझे सौभाग्य दो।" दूसरी बात कहती है, "मेरे निःसन्तान पिता के सौ पुत्र हों।" तीसरी बात कहती है, "हम पति-पत्नी दोनों को लम्बे जीवन का आनन्द मिले और मेरी दुनिया को खुश रहने दें।" और फिर यम कहते हैं, "तथास्तु।"

क्या आपने कभी सोचा है कि यह सब मामला किस बारे में है? मान लीजिए, आज के आधुनिक युग में, आपकी एक बहुत ही सुन्दर बेटी है और अगर जल्द ही उसकी शादी की घोषणा नहीं की गई, तो पिता खुद एक बूढ़े मंत्री के साथ उसे वर खोजने लिए बाहर भेजने की पूरी कोशिश करेगा? इससे भी महत्त्वपूर्ण बात, वह जानती थी कि उसके पति की एक साल में मृत्यु हो जाएगी। उदाहरण के लिए, यदि कोई आकर कहता है, 'अरे, आपकी बेटी की शादी हो रही है, लेकिन क्या आप जानते हैं कि उसके होनेवाले पति का लीवर डैमेज है? उसे लीवर की किसी तरह की बीमारी है। वह एक साल से ज्यादा नहीं जीएगा'—तो क्या लड़की उससे शादी करेगी? और क्या उसके माता-पिता उसे ऐसा करने देंगे? या आज के सन्दर्भ में क्या आज के जमाने की लड़की ऐसे लड़के से शादी करेगी जो झुग्गी में रहता है और भविष्य में उसे अपने अन्धे पिता की देखभाल करनी है? और अगर वह कहती है, 'शादी करूँगी', तो क्या उसके माता-पिता उस शादी के लिए हाँ कहेंगे?

अश्वपति राजा ने अपनी इकलौती पुत्री का विवाह जंगल में क्यों किया? उन्होंने राजधानी में शादी की व्यवस्था क्यों नहीं की? और दामाद ने ससुर की मदद क्यों नहीं ली? अश्वपति ने अपने दामाद को लाकर राजधानी में क्यों नहीं रखा? ये सवाल उपवास करनेवालों से भी नहीं होते। इस कहानी में सब कुछ होने का मुख्य कारण यह है कि जिस लड़की का भाई नहीं था उसकी शादी उस समय नहीं हो रही थी। इसलिए अश्वपति सावित्री की शादी इस भावना के साथ करने के लिए उत्सुक थे। फिर भी, उसकी शादी नहीं होनेवाली थी, लेकिन किसी तरह, अब वह कम-से-कम शादी कर रही है।' परम्परा के जुल्म के चलते वह शायद शादी करने के लिए बेताब थी। परम्परा का यह जुल्म इतना बड़ा था, उसने यम से क्या पूछा? पहले तो उसने अपने ससुर के लिए आशीर्वाद माँगा। दूसरा अपने पिता के लिए और तीसरा अपने पति के लिए माँगा। मेरा मतलब है, उसने पुरुषों के लिए तीनों चीजें माँगीं। इसलिए जब आप इन सभी व्रतों को करते हैं, तो इसका तात्पर्य यह है कि महिला को अपनी सारी खुशी पुरुष वर्ग को समर्पित कर देनी चाहिए—शायद पिता, शायद ससुर या पति। यह सब आज की आधुनिक सोच के साथ पूरी तरह से असंगत है!

अब यह विसंगति कई बार कितनी हास्यास्पद होती है! कोल्हापुर का एक उदाहरण है। एक गाँव में वटसावित्री के दिन गाँव की महिलाएँ वटसावित्री की पूजा

कर रही थीं। बरगद को सूत लपेट रही थीं; हल्दी-कुमकुम से बरगद की पूजा कर रही थीं। इनमें से एक महिला जिसकी शादी को दो साल हो चुके थे, यह सब कर रही थी, तभी अचानक एक जीप आ गई। एक व्यक्ति जीप से उतरा। उसने स्त्री का हाथ थाम लिया; उसे घसीटा; उसे जीप में बिठाया और जीप तेजी से भाग निकली।

इससे गाँव में कोहराम मच गया। सब कहने लगे, "यह कैसी बात है? हमारे गाँव में एक स्त्री जो भगवान की पूजा करती है, बरगद की पूजा करती है और वटसावित्री का व्रत रखती है, उसे एक पुरुष दिन में खुलेआम इस प्रकार ले जाता है! पकड़ो!" तभी इस जीप का पीछा किया गया। जीप गति में नहीं थी। फिर जीप रोक दी गई; आदमी को नीचे उतारा गया। उससे पूछा, "यह कैसी बात है? तुम्हें क्या लगता है? तुम हमारे गाँव से ऐसे क्यों भागे?" इस पर उस आदमी ने बहुत धीरे से कहा, "क्या आप जानते हैं कि वह महिला कौन है?" गाँव वालों ने कहा, "वह कौन है? वह हमारे गाँव की बेटी है!" उसने कहा, "ठीक है, लेकिन वह मेरी पत्नी है। हमारी शादी को दो साल हो चुके हैं।" अब गाँव वालों के हैरान होने की बारी थी। उन्होंने कहा, "हे सज्जन, तब वह अच्छी वटसावित्री की पूजा कर रही थी; वह कहती थी, 'जन्म-जन्म सात जन्म यही पति हो'; तो आपको उसका अपहरण करने की आवश्यकता क्यों पड़ी? आप पूजा के बाद उसे ले जा सकते थे।" उन्होंने कहा, "अरे, हमारी शादी को दो साल हो गए हैं। यह महिला सात दिन भी मेरे साथ नहीं रही। अब वह कहती है, 'सात जन्म यही पति होना चाहिए।' मैं दो साल तक ऐसे ही रहा। क्या अब सात जन्म मुझे ऐसा ही रहना चाहिए?"

अब वह स्त्री जो मायके में ही रहना चाहती थी; ससुराल जाना नहीं चाहती थी, वह बेवजह वटसावित्री का व्रत क्यों कर रही थी? यह सब एक तरह की मजबूरी पैदा करता है। जिस समय हमने डेढ़ हजार शिक्षित महिलाओं का सर्वेक्षण किया, जो वटसावित्री का व्रत कर रही थीं, उनमें से 70 प्रतिशत उपवास कर रही थीं। हमने उनसे पूछा, "आप व्रत क्यों रखती हो? क्या आप इस पर विश्वास करती हो?" इस पर उन्होंने कहा "नहीं, हम उस पर विश्वास नहीं करते।" हमने कहा, "फिर आप क्यों रखती हो?" उन्होंने कहा, "मान लीजिए, अगर हमने एक साल उपवास नहीं किया और उसी साल पति को कोई गम्भीर बीमारी हो गई, तो घर के लोग कहेंगे, अगर हमने उपवास किया होता, तो क्या कुछ गलत होता? इस वजह से उपवास रखना बेहतर है, इसलिए हम व्रत रखते हैं।" ये सारी बातें मैंने आपको इसलिए बताईं कि यह परम्परा की गुलामी हमारे मन में कितनी गहरी पैठी है।

साथ ही यह सब स्वयं को धोखा देने की प्रवृत्ति पैदा करता है। मैं पिछले साल एक जगह गया था। जिस घर गया था उस घर की की पढ़ी-लिखी महिला बरगद की विधिवत पूजा करके आई थी। मुझे पता था कि उसे यह सब पसन्द नहीं है,

लेकिन घर के दबाव के कारण उसके पास कोई विकल्प नहीं था। तो मैंने मजाक में उससे कहा, "भाभी, बरगद की पूजा की या नहीं? सात फेरे लिए या नहीं?" वह महिला जानती थी कि मैं यह किस अर्थ में कह रहा हूँ। उसने कहा, "हाँ, बरगद की विधिवत पूजा की, हल्दी-कुमकुम लगाया, बरगद के सात फेरे लगाए; उसको सूत लपेटा और कहा, हर जन्म में, सात जन्मों तक यही पति मिले, लेकिन यह उसका सातवाँ जन्म हो।"

इसका क्या मतलब है? इसका मतलब है कि हम इन परम्पराओं के साथ खुद को धोखा देने का बहाना बना रहे हैं। यदि इन सब बातों पर गौर करें तो हम महिलाओं के अन्धविश्वास उन्मूलन में इन सभी रूढ़ियों का महान योगदान देख सकते हैं। एक बार एक सज्जन मेरे पास आए और उन्होंने कहा, "दाभोलकर, आप कुछ भी कहें लेकिन अन्त में सगुन नाम की कोई चीज होती है। जब नई बहू घर आती है, तो कुछ घर में लाभ होता है, कुछ घर में नुकसान होता है। अब देखो, उनके घर नई बहू के आने के छह महीने के भीतर क्या हुआ। उसके पति की पदोन्नति रुक गई, उसका देवर परीक्षा में फेल हो गया, उसकी ननद का रिश्ता टूट गया, उसके ससुर को जेल हो गई, उसकी सास को ब्लड प्रेशर की बीमारी हुई। अगर बहू के आने के छह महीने के भीतर ऐसा होता है, तो आप उसे अशुभ नहीं कहेंगे?"

मैंने उनसे कहा, "मुझे बताओ, पति की नौकरी में पदोन्नति क्यों रुक गई?" उन्होंने कहा, "ऐसा कुछ नहीं है। बैकलॉक तोड़कर उसकी पदोन्नति होनेवाली थी, लेकिन उसी समय किसी ने बैकलॉक का मुद्दा उठाया और इस वजह से उसे पदोन्नति नहीं मिली।" मैंने आगे कहा, "बारहवीं कक्षा में उसका देवर फेल हुआ यह सही है। लेकिन जिसे दसवीं में तीन बार बैठना पड़ा वह पहली बार बारहवीं कैसे पास करेगा?" मैंने कहा, "ननद ने शादी क्यों तोड़ी?" उन्होंने कहा, "यह क्या तरीका है? ऐन शादी के समय वर पक्ष ने दस तोला सोना मांगा।" मैंने कहा, "तो शादी टूटने का क्या कारण था? वह सोने की मांग के कारण टूटी, लेन-देन के कारण टूट गई। इसमें बहू का क्या दोष है? और उसके ससुर को दंडित क्यों किया गया?" उसने दावा किया कि "वैसे वे रिश्वतखोर ही थे, उन पर मुकदमा भी चल रहा था लेकिन शादी के दो मास बाद ही उस मुकदमे का फैसला आया। और फैसला उनके विरोध में आ गया। वैसे वह आनेवाला ही था। परिणामस्वरूप उन्हें सजा हो गई।" अब गौर करें; जिस महिला के बेटे का प्रमोशन रुक गया है, जिस महिला का बेटा बारहवीं में फेल हो गया है, जिसकी बेटी की अरेंज मैरिज टूट गई है, जिसके पति को जेल जाना पड़ा है, उस महिला को अर्थात् सास को हाई ब्लड प्रेशर होगा या नहीं? मेरा मतलब है, वे गृहस्थ जो कुछ कह रहे थे, हर बात में कार्यकारण भाव है, लेकिन यह परम्परा उस महिला को इसे जाँचने का मौका नहीं देती है।

इस वजह से उस पर आजीवन अधीनता थोपी गई है। यानी हाल ही में महिलाओं को शिक्षा प्राप्त करने का अवसर मिला है। इस देश में नारी शिक्षा का इतिहास 150 वर्ष से अधिक का नहीं है और वास्तव में यह स्वतंत्रता के बाद ही कुछ अधिक प्रभावशाली ढंग से प्रारम्भ हुआ। प्रारम्भ में, महिलाओं की शिक्षा 'गृह विज्ञान' थी, एक ऐसा समीकरण जो सामान्य था। हालाँकि, गृह विज्ञान एक विज्ञान का विषय और शिक्षा का एक पाठ्यक्रम है, जिसे हाल ही में विश्वविद्यालय में, 60-70 साल पहले माना गया है। इसलिए जिस समय महिलाओं को शिक्षा का अवसर मिला और लड़कियों ने बड़े पैमाने पर सीखना शुरू किया, उनमें 'चिकित्सा' की प्रवृत्ति पैदा करने के बजाय, शिक्षा को स्वाभाविक रूप से 'कुशल रोजगार के अवसर' के रूप में देखा जाने लगा। इससे भले ही वह महिला बी.एससी., बी.एड. हो, उसे इस बारे में गम्भीर रूप से सोचने की ज़रूरत नहीं है कि हम व्रत क्यों करते हैं और उस व्रत का क्या अर्थ है।

एक स्थान पर बोलते हुए मैंने कहा, "मैं व्रत-उपवास के खिलाफ हूँ, लेकिन अगर लड़कियाँ हरितालिका का व्रत करती हैं, तो मुझे नहीं लगता कि यह इतना अनुचित है।" तब बेशक लोग हैरान हुए। मैंने कहा, "बताओ, हरितालिका व्रत की कथा कौन जानता है?" एक बार फिर वही बात—सभी महिलाएँ, लड़कियों को अच्छा पति पाने के लिए हरितालिका का व्रत रखने को कहती हैं। लेकिन व्रत क्या है? व्रत ऐसा है कि प्रजापिता ब्रह्मा की पुत्री पार्वती ब्याहने योग्य हुई। वह शंकर से विवाह करना चाहती थी। शंकर कैलाश पर बैठे थे। वह शादी के लिए बिलकुल तैयार नहीं था। इसलिए उसने खुद को जलाया और अपनी जान दे दी।

दूसरे जन्म में, वह फिर से प्रजापिता ब्रह्मा की पुत्री हुई। फिर ब्याहने योग्य हुई। वह बड़ी रूपवती थी। एक बार त्रिखंड में यात्रा कर रहे नारद, ब्रह्मा के पास आए, उस समय ब्रह्मा ने नारद से कहा, "नारद, मेरी बेटी बहुत सुन्दर है, उसकी शादी करनी है। उसके लिए एक अच्छा पति सुझाओ।" नारद ने सुझाव दिया, "आपकी बेटी का त्रिखंड में केवल एक ही पति है और वह है, शेषशायी विष्णु भगवान।" इस तरह, ब्रह्मा ने पार्वती का विवाह शेषशायी विष्णु भगवान से करने का फैसला किया। शादी तय होने की बात जब पार्वती को पता चली तब पार्वती अपनी सहेली को लेकर घर से चली गई। वह जंगल में नदी के किनारे गई। उसने रेत का शिवलिंग बनाया। वह शिव की पूजा करने लगी। फिर जो शंकर कैलास पर थे उन्हें इसका पता चला। उन्हें लगा कि अब खैरियत नहीं। शंकर आ गए और शंकर और पार्वती का मिलन हुआ।

हरित का अर्थ है जंगल और अलि का अर्थ है सखी। सखी के साथ वन में जाकर किए गए व्रत को 'हरितालिका व्रत' कहते हैं। अब अच्छा पति पाने के लिए शादी से पहले ये सब करना चाहिए ऐसा लड़कियों को घर में बताया जाए तो यह

व्रत कहता है कि अगर लड़की जिस व्यक्ति से शादी करना चाहती है उससे शादी करने का विरोध हो तो उसे अपनी सखी के साथ घर से निकल जाना चाहिए। और जिससे वह शादी करना चाहती है उससे ही वह शादी करे। यदि ऐसा कहें तो विज्ञान शाखा में पढ़नेवाली लड़कियाँ तक अचम्भित होती हैं या हँसती हैं। इसका कारण यह है कि आपकी चेतना को गहरा, उन्नत और चिकित्सीय बनाने का जो शिक्षा का मुख्य उद्देश्य है उसे आजमाने का बहुत कम अवसर मिला है।

यानी हम जानते हैं कि महिला कितनी भी पढ़ी-लिखी क्यों न हो, फिर भी वह मासिक धर्म के दौरान खुद को भगवान की पूजा करने के लायक नहीं समझती। दरअसल, जैसे आँखों के आँसू, मुँह की लार, वैसे ही स्त्री के गर्भाशय से होनेवाला रक्त का स्राव। यही वह चीज है जो एक महिला को मातृत्व की ओर ले जाती है। यदि एक निश्चित अवधि के भीतर गर्भावस्था होती है, तो उस भ्रूण के पोषण के लिए गर्भाशय की परत का निर्माण होता है। हालाँकि, अगर गर्भावस्था उस विशिष्ट अवधि के भीतर नहीं होती है, तो त्वचा को स्वाभाविक रूप से हटा दिया जाता है। इसे मासिक धर्म कहते हैं। इस पूरी प्रक्रिया में कुछ भी अशुद्ध नहीं है। विनोबा ने एक बार कहा था, "मानव शरीर मलमूत्र के नाले हैं। हम रोज शौच करते हैं।" उन्होंने यह भी कहा है, "जिस पुजारी के शरीर में ये नाले दिन-रात बहते हैं, वह स्नान करता है और विश्वास करता है, अब मैं भगवान की पूजा करने के लिए पवित्र हूँ।" फिर जो स्त्री स्वयं सन्तान पैदा करती है, जो स्वाभाविक रूप से मातृत्व का आशीर्वाद प्राप्त करती है, वह मासिक धर्म के दौरान स्वयं को अशुद्ध क्यों मानती है?

एक बार मेरे इन सब कथनों को सुनकर तीन स्त्रियों ने निश्चय किया, 'हम मासिक धर्म के समय मन्दिर जाया करेंगे।' तीनों महिलाओं ने हिम्मत जुटाई। वे चली गईं; लेकिन एक का दृढ़ संकल्प तब तक डगमगाया जब तक वह मन्दिर तक नहीं पहुँच गई, और उसकी वजह से वह वापस लौट आई। अन्य दो मन्दिर तो पहुँचीं, लेकिन उनमें से एक मन्दिर में प्रवेश करते ही भयभीत हो गई; उसे चक्कर आने लगे और वह भी पलट गई। तीसरी मन्दिर में गई और भगवान को देखा। उसने पूजा करने का फैसला किया; उसने पूजा की, लेकिन उसने महसूस किया कि मूर्ति उसे हमेशा प्यार भरी नज़र से देखने के बजाय बहुत गुस्से से देख रही थी। मेरा मतलब है, आज भी अगर हम इस मुद्दे की बात करें तो ऐसा लगता है जैसे 'संस्कृति पर हमला किया गया है', 'धर्म भ्रष्ट हो गया है' और इसका समर्थन क्या है? विश्वास मानसिक स्वास्थ्य लाता है; बुद्धि से नष्ट होना पड़ता है। वास्तव में, यह विचार करना होगा कि जो मानसिक स्वास्थ्य मिलता है वह मानसिक बेहोशी तो नहीं है।

दरअसल, गुलामी का एहसास होने के बाद अगर हम गुलाम यानी पूरे नारी वर्ग को इस गुलामी से मुक्त कराना चाहते हैं तो हम सोचते हैं कि सिर्फ धार्मिक

हीनता, शारीरिकता, मानसिकता से ही मुक्त करना काफी नहीं है। केवल रूढ़ि-परम्परा से ही उसको मुक्त करना पर्याप्त नहीं है। तो जिसे मैंने पहले 'आजीवन हीनता' कहा, समाज में उन सभी जगहों पर आज भी महिलाएँ गौण ही हैं। उन्हें राजनीति में 50 फीसदी सीट देने की केवल बातें हो रही हैं। आज भी विधानसभा और लोकसभा में महिलाओं की संख्या पचास फीसदी है, वहीं हकीकत में महिला सांसदों और विधायकों की संख्या पाँच फीसदी भी नहीं है। आर्थिक दृष्टि से यदि कोई विवाहित महिला अपने ससुर के घर जाती है तो उसका नाम घर या खेत पर नहीं आता है। वो विज्ञापन जो आज भी घूम रहे हैं, जिनमें महिला के 'शरीर' का 'इस्तेमाल' किया जाता है। भ्रूण हत्या के कारण घटती जनसंख्या आज भी देश के सामने एक गम्भीर समस्या बनी हुई है और धार्मिक दृष्टि से विधवा को आज भी अपवित्र माना जाता है।

यह सब एक व्यापक सामाजिक परिवर्तन की ओर इशारा करता है। इन सब में बदलाव की जरूरत है। लेकिन उसके लिए सबसे पहले 'महिला और अन्धविश्वास' या 'महिला और अन्धविश्वास उन्मूलन' इस विषय को समझना जरूरी है। इससे भी मुश्किल बात यह है कि जो महिला इस अन्धविश्वास से बाहर निकलना चाहती है वह असुरक्षित है। उसे शायद स्थायी वित्तीय अभाव की समस्या है। एक ओर तो उसे अपने ससुराल की मानसिकता को सहेजना पड़ता है; बड़ों का आदर करना पड़ता है; पारिवारिक प्रेम और आत्मीयता भी बनाए रखनी पड़ती है। और यह सब कसरत करते हुए अपने विवेक की रक्षा करनी पड़ती है। तो एक बहन जो अन्धविश्वास को मिटाने के लिए तैयार है, स्वाभाविक रूप से पुरुषों की तुलना में अधिक कठिन लड़ाई लड़ रही है। इसलिए हमारा मानना है कि यह मुद्दा निश्चित रूप से अन्धविश्वास उन्मूलन समिति की प्राथमिकता और सहानुभूति का विषय है और इस काम में महिलाओं को हर सम्भव मदद करनी है; इसी परिप्रेक्ष्य में हम इस मुद्दे को देखते हैं और इस पर कार्य करते हैं।

श्रद्धा और अन्धश्रद्धा

अन्धविश्वास उन्मूलन का पूरा आन्दोलन 'श्रद्धा' और 'अन्धश्रद्धा' शब्दों के इर्द-गिर्द घूमता है। मेरा मतलब है, हम जो करते हैं, कुछ लोग इसे वांछनीय, सही समझते हैं, जबकि कुछ लोग इसे अवांछनीय, अस्वीकार्य और अनुचित पाते हैं। कुछ लोगों का मानना है कि भारत तब तक 21वीं सदी में प्रवेश नहीं कर पाएगा, जब तक हम अन्धविश्वास को मिटाने के लिए हर सम्भव प्रयास नहीं करते। कुछ लोग सोचते हैं कि हम ईश्वर को डुबोने, धर्म को तोड़ने और परम्परा को उखाड़ने वाले लोग हैं। कुछेक को लगता है कि अन्धविश्वास श्रद्धा की रसीली लौ पर होनेवाली राख है, और अगर उस राख को उड़ा दिया जाए, तो श्रद्धा की यह लौ फिर से खिल उठेगी। इसका कारण इस प्रश्न के जवाब में है कि लोग 'श्रद्धा' और 'अन्धश्रद्धा' शब्द को कैसे देखते हैं।

मैं पिछले पच्चीस सालों से इस आन्दोलन में सक्रिय हूँ, लेकिन मुझे ऐसा कोई नहीं मिला जो कहता हो, "आप बुरा काम करते हो।" लोग कहते हैं, "डॉक्टर, आप अच्छा काम करते हैं। अन्धविश्वास को मिटाना होगा। बुवा और बाबा लोग बदमाश हैं। वे लोगों को धोखा देते हैं; महिलाओं का शोषण करते हैं। आप इन बुवा-बाबा के खिलाफ लड़ते हैं। आप यह अच्छा कार्य करते हैं।" एक सांस में ये सब कहने के बाद वे आगे कहते हैं, "लेकिन डॉक्टर साहब, सारे बाबा ऐसे नहीं होते! हमारा जो बाबा है, वह सच्चा है। बाकी सभी बदमाश!" अर्थात् मेरी जो है वह श्रद्धा है। उसके बारे में बात बात करेंगे तो खैर नहीं। और औरों की जो है वह अन्धश्रद्धा है। उसके बारे में कुछ भी कह सकते हैं। ऐसा हर कोई सोचता है। इससे 'श्रद्धा ' और 'अन्धश्रद्धा' इन अवधारणाओं के बीच चर्चा के संवाद में, इन संकल्पनाओं को समझना मुश्किल हो जाता है।

लेकिन ऐसा क्यों है? क्योंकि 'श्रद्धा' 'कालातीत' और 'व्यक्तिगत' है। यानी 1987 में देवराला में पति की मौत के बाद एक महिला उसी शव को गोद में लेकर सती हो गई। उस समय पूरे देश में दंगा हुआ और राजीव गांधी को सती प्रथा के खिलाफ मौजूदा कानून को कड़ा करने के लिए मजबूर होना पड़ा, लेकिन 1829 में क्या हुआ जब लॉर्ड बेंटिंग ने सती होने के लिए जा रही एक महिला को बचाने

की कोशिश की? सती होने जा रही महिला को जब अपने पति की लाश के साथ गंगा के पानी में छोड़ा गया, तो वह गंगा की धारा में लॉर्ड बेटिंग के सैनिकों के हाथों लग गई और उसे बचाने की कोशिश हुई। उस समय इलाहाबाद में पाँच हजार लोगों का मार्च निकाला गया था। 'इस महिला को हमारी हिरासत में दे दो। क्योंकि अपने ही पति की मृत्यु के बाद सती हो जाना उसके पवित्र धर्म का हिस्सा है। इसमें रोड़ा बननेवाले आप कौन हैं? ईस्ट इंडिया कम्पनी को क्या अधिकार है?' ऐसा लोग कहते थे। मेरा मतलब है, याद रखना, डेढ़ सौ साल पहले जो धर्म की 'आस्था' का हिस्सा था, वह डेढ़ सौ साल बाद शुद्ध 'अन्धविश्वास' का हिस्सा बन गया। यह विश्वास की काल सापेक्षता बन गई।

अब श्रद्धा की व्यक्ति सापेक्षता का अर्थ है कि व्यक्ति आस्था के स्थान के अनुसार अपना व्यवहार और वर्तन करता है। हमारे हाथ में एक बार सत्य साईं बाबा की वीडियो क्लिप आ गई। कौन सा वीडियो? हैदराबाद में सत्य साईं बाबा ने कल्याणसाईं मंडपम नामक एक मंगल कार्यालय का उद्‌घाटन किया था। उस उद्‌घाटन के लिए, भारत के तत्कालीन प्रधानमंत्री पी. नरसिम्हा राव, लोकसभा अध्यक्ष शिवराज पाटिल, गृह मंत्री शंकरराव चव्हाण इस अवसर पर उपस्थित थे। अपने भाषण के अन्त में सत्य साईं बाबा ने कल्याणसाईं मंडपम के निर्माण में मदद करनेवालों को कुछ उपहार देना शुरू किया। जब कल्याणसाईं मंडपम की डिजाइन करनेवाले वास्तुकार पुरस्कार लेने के लिए सीढ़ियों से ऊपर आए, तो सत्य साईं बाबा ने उन्हें अपना खाली हाथ दिखाया और फिर सत्यसाईं बाबा का नौकर उनके लिए उपहार लेकर आया। वह उपहार उन्होंने इस आर्किटेक्ट को दिया। वास्तुकार पीछे मुड़े। सत्य साईं बाबा ने उन्हें वापस बुलाया। जो हाथ पहले खुलेआम दिखाए गए थे, वे हवा में लहरा रहे थे। उन्होंने अपने हाथ से एक अच्छी सोने की चेन निकाली और वास्तुकार के गले में डाल दी। फिर दूसरे दिन समाचार-पत्र में खबर आई, 'येस, ही इज मिरैकल मैन! ही हैज मेड इट अगेन।' अर्थात् हाँ, सत्य साईं बाबा वास्तव में चमत्कार के अवतार पुरुष हैं। क्योंकि उन्होंने प्रधानमंत्री की मौजूदगी में चमत्कार किया था।

लेकिन उस समय सत्य साईं बाबा को नहीं पता था कि कार्यक्रम में प्रधानमंत्री उपस्थित होने से कार्यक्रम की जैसे आगे से शूटिंग चल रही वैसे ही पीछे से भी चल रही थी। इसलिए सत्य साईं बाबा के खास भक्त ने जब उन्हें मोमेंटो लाकर दिया, उस समय मोमेंटो के नीचे से सत्य साईं बाबा हाथ में उस भक्त की दी हुई सोने की चेन का स्पष्ट चित्रण कैमरे में हुआ था। हमें क्लिप मिली है। हमने इसे शंकरराव चव्हाण और तत्कालीन अध्यक्ष शिवराज पाटिल को भेजा था। कुछ दिनों बाद हम सोलापुर में शंकरराव चव्हाण से मिले। उस समय उन्होंने कहा, "सत्य साईं बाबा भगवान के अवतार हैं। मेरा मानना है कि चीजें उनके हाथों में अपने आप बनती हैं, इस पर मेरी श्रद्धा है। इस वजह से मैं आपसे व्यक्तिगत रूप से इस पर चर्चा

नहीं करना चाहता।" तो समस्या क्या थी? जैसा कि मैंने पहले कहा, समस्या यह थी कि एक की जो 'श्रद्धा' है, वही दूसरे की 'अन्धश्रद्धा' होती है और तीसरे का 'अन्धविश्वास' होता है। चौथे की जीवन-मृत्यु की 'श्रद्धा' होती है।

हम 'श्रद्धा' शब्द का प्रयोग कितने तरीकों से करते हैं? मुझे अपने माता-पिता के प्रति श्रद्धा है, मुझे भगवान में श्रद्धा है, मुझे धर्म में श्रद्धा है, मुझे चमत्कारों में श्रद्धा है, मुझे मंत्रों की शक्ति में श्रद्धा है। मुझे समानता के सिद्धान्त में श्रद्धा है। मुझे भारतीय संविधान में श्रद्धा है। इनमें से प्रत्येक श्रद्धा का अलग-अलग विश्लेषण करना सम्भव है, लेकिन जब हमारे यहाँ 'श्रद्धा' शब्द का प्रयोग किया जाता है—'अन्धश्रद्धा' शब्द में भी 'श्रद्धा' शब्द शामिल है—उस समय अधिकांश लोग इसे 'धार्मिक आस्था' के अर्थ में लेते हैं; और इस श्रद्धा के सन्दर्भ में हजारों कीर्तनकार लाखों मन्दिरों में कीर्तन करते हुए कहा करते हैं—'श्रद्धा रखो, तुम भवसागर को पार करोगे', तो 'श्रद्धा से सम्बन्धित चिकित्सा' लोगों को अपनी ही श्रद्धा पर हमला लगती है। उनके लिए श्रद्धा क्या होती है?

तर्क-कुतर्क से। नहीं होता है कोई सम्बन्ध।
यहाँ केवल भाव ही प्रमाण। रखो ताक पर एहसास।

अर्थात् बहस मत करो। क्योंकि यह कुतर्क है। उसकी वजह आप कभी नहीं जान पाएँगे। भाव को ही आदर्श और जागरूक मानना और एहसास या अनुभूति को बाजू में रखना। लेकिन जो ऐसी होती है, वह कभी भी श्रद्धा नहीं हो सकती, वह सिर्फ अन्धश्रद्धा ही होती है। इसलिए अगर हम श्रद्धा-अन्धश्रद्धा को समझना चाहते हैं तो हम तीन शब्द लेंगे। पहला शब्द 'श्रद्धा' दूसरा शब्द 'अन्धश्रद्धा' और तीसरा शब्द 'श्रद्धा'।

'श्रद्धा क्या है?' अगर मैं कहूँ कि 'मुझे विश्वास है कि मेरी आवाज यह लाउडस्पीकर आप तक पहुँचा देगा। मेरा विश्वास है कि यह ट्यूबलाइट इस हॉल में प्रकाश देगी। मेरी कलम की स्याही से कागज पर अक्षर निकल आएँगे ऐसा मेरा विश्वास है।' तो क्या ये वाक्य सही हैं? आपको पता है कि अगर हॉल में बिजली की आपूर्ति काट दी जाती है और बिजली का कोई विकल्प नहीं है, तो मैं लाउडस्पीकर या बिजली के ट्यूबों में कितना भी श्रद्धा करता हूँ, न तो उस लाउडस्पीकर से आवाज आएगी, न ही उस विद्युत ट्यूब से प्रकाश! इसलिए जहाँ हम 'श्रद्धा' शब्द का इस्तेमाल करते हैं, वहीं असल में हमारा मतलब 'विश्वास' होता है। हम 'श्रद्धा' शब्द का उपयोग तब करते हैं जब एकाध बात का कार्यकारण सम्बन्ध यकीनन सिद्ध हो जाता है। दोगुना दो-चार हो जाता है; कलम में स्याही होगी, कागज पर अक्षर आ जाएगा; पोलियो का टीका लगवाने के बाद पोलियो नहीं होता ये सब 'विश्वास' के ही रूप हैं।

तो 'अन्धविश्वास' क्या है? इस बीच, हमारे पास पुरंदर तालुका से एक मामला आया था। दो जेठानी-देवरानी थीं। जेठानी के घर में कुछ ठीक नहीं चल रहा था; पैसा घर में नहीं रहता था; वहीं बीमारी आ रही थी; झगड़ा चल रहा था। किसी ने उससे कहा, "देवरानी ने तुम्हारे साथ भानमती की है।" उस समय जेठानी के पक्ष के लोगों ने देवरानी से कहा, "तुमने भानमती की है, उसे वापस ले लो।" इस पर देवरानी हाथ जोड़कर कहने लगी, "अजी, ऐसी कोई भानमती नहीं होती, ऐसी नहीं होती, मैंने भानमती नहीं की है।" अन्त में वे सभी उरली कंचन के भगत के पास गए। उसने भगवान से संवाद किया और निर्णय दिया, "हाँ, देवरानी ने भानमती की है।" हालाँकि देवरानी ने हाथ जोड़कर "नहीं-नहीं" कहना शुरू कर दिया। उस समय वह भगत अभुआने लगा और उसमें संचारित ईश्वर कहने लगा, "यदि देवरानी सच्ची हो और उसने भानमती नहीं की है, तो मेरे सामने उबलते हुए तेल में हाथ डालकर उसमें से सिक्का निकाल ले। अगर उसका हाथ नहीं जला, तो उसने भानमती नहीं की है, यह सच माना जाएगा।" इसका अर्थ यह हुआ कि जब कार्यकारण सम्बध होता है तो वह 'विश्वास' कहलाता है और कार्यकारण का अभाव और शोषण का प्रभाव होता है, तो उसे 'अन्धविश्वास' कहा जाता है।

तो 'श्रद्धा' क्या है? जो पर्याप्त सुनिश्चित नहीं है, जिसका पर्याप्त प्रमाण नहीं है, यह मानना कि यह एक चीज है और उसके अनुसार कार्य करना, श्रद्धा है। हम इसे बाद में और अधिक विस्तार से देखेंगे।

अक्सर कहा जाता है, 'श्रद्धा कभी अन्धी नहीं होती।' लेकिन यह क्या है? आइए एक उदाहरण देखते हैं जिससे हम परिचित हैं। हम सब कहते हैं, "मुझे अपने फैमिली डॉक्टर पर भरोसा है।" इसका मतलब यह है कि जब मेरा बच्चा घर पर बीमार पड़ता है तो मैं उसे डॉक्टर के पास ले जाता हूँ। डॉक्टर उसे दवा देता है। वह अच्छा होता है। ऐसा बहुत बार होता है और फिर हमें उस डॉक्टर पर भरोसा होता है। मान लीजिए आपका बच्चा फिर बीमार पड़ जाता है। आप उसे उस डॉक्टर के पास ले गए। उसने उसे दवा दी। दवा का कोई असर नहीं हुआ। लड़के को दूसरे डॉक्टर को दिखाना पड़ा। दो महीने बाद, बच्चा बीमार पड़ गया। डॉक्टर पर होनेवाले भरोसे की वजह से आप बच्चे को उसके पास ले गए। उसने उसे दवा दी। दवा का असर नहीं हुआ। उसे महानगर के अस्पताल में भर्ती कराना पड़ा। छह महीने बाद, बच्चा फिर से बीमार पड़ गया। अब अगर आपका बच्चा चौथी बार बीमार पड़ता है, तो क्या आप उस समय बच्चे को उसी डॉक्टर के पास ले जाएँगे? नहीं जाएँगे न?

तो उस डॉक्टर पर आपकी जो श्रद्धा थी उसका क्या हुआ? आप सोच सकते हैं, 'मैं हर बार अपने बीमार बच्चे को डॉक्टर के पास ले जाता था। उस समय उसके द्वारा दी गई दवा से वह ठीक हो रहा था। आखिरी, दो नहीं, तीन बार का

अनुभव है कि मेरे बच्चे की तबीयत ठीक नहीं हुई है। इसका मतलब है कि अब मुझे अपने बच्चे के बीमार होने पर दूसरे डॉक्टर के पास ले जाना पड़ेगा।' यदि आप अपने बच्चे को अपने पिछले डॉक्टर पर होनेवाले भरोसे के कारण वास्तव में ठीक नहीं होने पर भी वापस उसके पास ले जाना जारी रखते हैं, तो यह 'श्रद्धा' होगी या 'अन्धश्रद्धा'?

आपमें से हर कोई कह सकता है कि यह निश्चित रूप से अन्धविश्वास है।

यहाँ क्या हुआ, क्या आपकी समझ में आ गया? जो अनुभव और ज्ञान की सहायता से उपलब्ध तथ्यों पर प्रश्न करने पर कायम रहती है, वह श्रद्धा है; जो टिकता नहीं, वह अन्धविश्वास कहलाता है। सच तो यह है कि मेरा बच्चा बीमार है। अनुभव यह है कि 'अमुक डॉक्टर के पास ले जाने पर वह ठीक हो रहा है, यह जानते हुए भी कि उसे एक बार, दो बार, तीन बार उस डॉक्टर के पास ले जाने के बाद भी वह ठीक नहीं हुआ है। निष्कर्ष यह है, मुझे अब अपना डॉक्टर बदलना चाहिए। इसका मतलब है, मुझे डॉक्टर पर भरोसा है, लेकिन मैं उस श्रद्धा की परीक्षा लेने को तैयार हूँ। क्योंकि अगर मैंने इसे जाँचा नहीं तो मेरा उचित व्यवहार सम्भव नहीं होता।

अगर यह इतना आसान है, तो श्रद्धा और अन्धविश्वास के लिए एक अलग आन्दोलन चलाने की क्या आवश्यकता है? यह आवश्यक है क्योंकि हमारे पास जो श्रद्धा है वह मौखिक रूप पर आधारित है। यूरोप में सदियों तक ऐसा माना जाता था कि 'Aristotle is the master of all who knows.' यानी जो ज्ञान का एकाधिकार है वह अरस्तू के वचन से शुरू होता है। अरस्तू ने ऐसा लिखा है कि 'महिलाओं के दाँत पुरुषों की तुलना में कम होते हैं।' यूरोप में चार सदियों तक यह पढ़ाया जाता था। अरस्तू की खुद की दो पत्नियाँ थीं। उसने कभी अपनी पत्नी के दाँत नहीं गिने। यह 'शब्द प्रमाण' हो गया।

या जब गैलीलियो ने दिखाना शुरू किया, "एक दूरबीन के माध्यम से देखो, बृहस्पति के तीन उपग्रह हैं, जैसे चन्द्रमा पृथ्वी का उपग्रह है", तब लोगों ने उससे कहा, "हम जानते हैं कि दूरबीन के काँच पर आपने तीन धब्बे रखे हैं और आप उन्हें उपग्रह कहके दिखा रहे हैं।" गैलीलियो ने कहा, "आप दूरबीन की काँच पोंछकर देख सकते हैं।" उन्होंने कहा, "हमारी अपने गुरु के ज्ञान में इतनी श्रद्धा है कि हमें उसे देखने की जरूरत ही नहीं है।" गैलीलियो ने कहा, "लेकिन मैं इसे देख सकता हूँ।" उन्होंने कहा, "इसका सीधा-सा मतलब है कि अगर आपकी आँखें खराब नहीं होंगी, तो आपका दिमाग जरूर खराब हुआ है।" इस वजह से, हम इस प्रामाणिकता की जाँच करने के लिए तैयार नहीं होते। यानी सत्य साईं बाबा ने चमत्कार करके कहा, "मैं भगवान का अवतार हूँ। तो मेरा यह चमत्कार एक बहुत ही सरल, तुच्छ उपलब्धि है, क्योंकि वास्तविक ईश्वर के लिए कुछ भी असम्भव नहीं है।" और उनकी इस बात पर इस देश के बड़े वैज्ञानिक, राष्ट्रपति

और प्रधानमंत्री तक कइयों ने विश्वास रखा! इसे कहते हैं 'शब्द प्रमाण'।

'ग्रंथ प्रमाण किसे कहेंगे?' एक बार मुझे जालना के पास के चीनी कारखाने के एक अधिकारी का पत्र मिला, जिसमें लिखा था, "डॉक्टर, मुझे आपके विचार रास आते हैं। मैंने आपकी किताबें पढ़ी हैं, और मैं कहता हूँ, दुनिया में कोई भूत नहीं है, यह हमारे दिमाग में है। लेकिन परसों मेरे कुछ अधिकारी दोस्तों ने मुझसे कहा, "अजी, ज्ञानेश्वर ने अमृतानुभव में कहा है, अगर आप इसे नियमित रूप से पढ़ते हैं, तो आपको बहुत लाभ मिलेगा, लेकिन इसके साथ ही आप भूतबाधा से भी मुक्त होंगे। अगर ज्ञानेश्वर कह रहे हैं कि भूतबाधा से मुक्त होंगे तो इसका मतलब है कि भूतबाधा होगी, और और भूतबाधा होंगी तो भूत भी होना चाहिए।" अब दाभोलकर कहते हैं, "दुनिया में भूत नहीं है", ज्ञानेश्वर कहते हैं , "दुनिया में भूत है।" फिर बुद्धिमान कौन है दाभोलकर या ज्ञानेश्वर? अब इस प्रश्न का उत्तर मैं भी निश्चित रूप से ज्ञानेश्वर ऐसा ही दूँगा क्योंकि मैं उनकी अलौकिक प्रतिभा से बराबरी नहीं कर पाऊँगा। फिर भी, मैं इतनी दृढ़ता से 'नो घोस्ट' कैसे कह सकता हूँ?

अब एक उदाहरण लेते हैं। मेले के दौरान, सड़क पर भीड़ होती है और लोग मस्ती से देख रहे होते हैं। एक 30-35 वर्षीय व्यक्ति अपने चार साल के बेटे के साथ यह सोचता हुआ चल रहा है कि इस भीड़ में क्या है? इसे देखने के लिए लड़का तरसता है। वह पिता से कहता है, "बाबा क्या है, देखो!" बाबा एड़ी पर खड़े होकर देखते हैं, लेकिन क्या चल रहा है इसे वे नहीं देख पाते। अन्त में वे बच्चे को अपने कंधे पर बैठाते हैं। कंधे पर बैठने पर बच्चे को वहाँ क्या चल रहा है यह दिखाई देता है। फिर लड़का पिता को बताने लगता है, "एक सँपेरा है। उसके पास एक साँप और एक नेवला है। वह अब नेवला और साँप को लड़ाने जा रहा है..." आदि। ध्यान दें, पिता उससे कह सकता है, "बेटा, मैं 34 वर्ष का हूँ। मुझे कुछ भी नहीं दिख रहा है; तुम केवल चार वर्ष के हो और तुम मुझे ज्ञान सिखा रहे हो और तुम मुझे बता रहे हो कि यह क्या है!"

अब यह सही है कि पिता 34 वर्ष का है और बेटा चार साल का है, लेकिन यह भी सच है कि पिता जो नहीं देख पाता वह बच्चा देखता है। क्योंकि इसके साथ तीसरी एक और बात सच है कि वह देखता है, क्योंकि वह अपने पिता के कंधे पर बैठा है। इसलिए अगर मैं ज्ञानेश्वर के कंधों पर 700 साल के ज्ञान की सीढ़ी के साथ बैठा हूँ, तो 'मनुष्य का मन क्या है?' इसके बारे में मेरा आकलन अधिक सटीक होने की सम्भावना है। इसलिए मुझे उस ग्रंथ को प्रमाण मानने की आवश्यकता नहीं है।

तीसरी बात यह है कि श्रद्धा की चिकित्सा करना मनुष्य को रास नहीं आता। वह स्वयं भी नहीं करता है; दूसरों को भी अनुमति नहीं देता। आप जानते हैं, मुस्लिम समुदाय में, अगर पति अपनी पत्नी को तीन बार फोन पर भी—मौखिक रूप से,

तलाक! तलाक! तलाक! ऐसा कह दे तो तलाक हो जाता है। उसके बाद, वैवाहिक सम्बन्ध समाप्त हो जाता है; पत्नी तलाकशुदा होती है। वास्तव में, भारतीय संविधान के अनुच्छेद 125 के अनुसार, एक महिला को तलाक के बाद गुजारा भत्ता दावा करने का अधिकार है; लेकिन मुस्लिम मुल्लाओं ने क्या कहा? उन्होंने कहा, "अजी, हिन्दुओं में शादी एक 'संस्कार' है और मुसलमानों के बीच शादी एक 'अनुबंध' है। पति चाहे जैसा हो, नशे में धुत होकर लात क्यों न मार ले, लेकिन 'जन्म-जन्म में, सात जन्म में यही पति चाहिए' ऐसा हिन्दुओं में माना जाता है। हमारे यहाँ विवाह पति और पत्नी के बीच एक अनुबंध है; जैसा मकान मालिक और किरायेदार के बीच होता है। मकान मालिक किरायेदार से कह सकता है, "मैंने तुम्हें निकाल दिया" और किरायेदार मकान मालिक से कह सकता है, "मैंने छोड़ दिया।" मकान मालिक दूसरे किरायेदार को रख सकता है; किरायेदार दूसरे मकान मालिक को देख सकता है। इसी तरह हम अपनी पत्नी को तलाक दे सकते हैं। यह हमारे धर्म का कानूनी प्रावधान है। हम पर इसकी वजह से गुजारा भत्ता कानून लागू नहीं होता।

इस तर्क को राज़ीव गांधी ने स्वीकार कर लिया और पाँच करोड़ मुस्लिम बहनों का गुजारा भत्ता अधिकार छीन लिया गया। हम जैसे कुछ लोगों ने कहा, "अरे, यह सही नहीं है। हम इसकी चिकित्सा करेंगे।" मुल्ला-मौलवी ने कहा, "सावधान! आप इसकी चिकित्सा नहीं कर सकते, क्योंकि यह इस्लाम के शास्त्रों के आदेश का हिस्सा है।" हमने कहा, "अगर हम ऐसा नहीं कर सकते तो वह मुस्लिम मुल्ला-मौलवियों को करना चाहिए क्योंकि यह महिलाओं पर होनेवाले अन्याय का सवाल है।" उन्होंने कहा, "हम इसकी चिकित्सा नहीं करेंगे। आपको भी चिकित्सा करने की अनुमति नहीं देंगे।" इससे असल में हुआ यह कि तलाक के बाद पाँच करोड़ मुस्लिम बहनों का गुजारा भत्ता पाने का अधिकार एक कानूनी झटके से खत्म हो गया। इसका मतलब है, भले ही हम कहें कि 'चिकित्सा करनी चाहिए' तो भी 'शब्दप्रामाण्य', 'ग्रंथप्रामाण्य' और 'मैं चिकित्सा नहीं करूँगा; दूसरों को भी नहीं करने दूँगा' इस भूमिका से वास्तव में 'श्रद्धा' और 'अन्धविश्वास' की कोई चर्चा ही नहीं करता है और अन्धविश्वास बने रहते हैं।

अब कोई पूछ सकता है, "आप चिकित्सा पर इतना जोर क्यों देते हैं?" इसका उत्तर सीधा है—मनुष्य जाति के विकास का इतिहास 'श्रद्धा की चिकित्सा' का इतिहास है। मनुष्य नहीं जानता था कि भारी वर्षा क्यों होती है? मनुष्य नहीं जानता था, बिजली क्यों चमकती है? मनुष्य नहीं जानता था कि आग कैसे लगती है और कैसे रुकती है? जब तक इन प्रश्नों के उत्तर न मिले तब तक मनुष्य का मानना था कि ये पंचमहाभूत हैं और हमारा जीवन इन्हीं पर निर्भर है। फिर मनुष्य को पता चला कि कि ये पंचमहाभूत नहीं हैं; ये पंचमहादेवता नहीं हैं, बल्कि अग्नि घर्षण द्वारा निर्मित एक सरल वैज्ञानिक सिद्धान्त है। इस आग ने इनसान की जिन्दगी बदल

दी। वह अपना खाना खुद बनाने में सक्षम था। वह रात में देखने लगा। वह हिंस्र जानवरों से अपना बचाव करने में सक्षम था। इसलिए 'मानव प्रगति का इतिहास श्रद्धा परीक्षण का इतिहास है।' अगर मनुष्य अग्नि को महादेवता ही मानता रहता तो शायद मानव प्रगति का इतिहास नहीं बनता।

यह पृथ्वी ब्रह्मांड के केंद्र में है, यह सदियों से सिखाया गया है। लेकिन बाद में हमें पता चला कि पृथ्वी ब्रह्मांड के केंद्र में नहीं है। सूर्य हमारे सौर मंडल के केंद्र में है; हमारी पूरी आकाशगंगा में सूर्य से 200 अरब तारे बड़े हैं और ब्रह्मांड में ऐसी अरबों आकाशगंगा हैं। यह जानने के बाद ही खगोलशास्त्र का विकास हुआ। यह मनुष्य की निर्मिति खास या विशेष खुशी की सफलता का हिस्सा नहीं है—इस शोध ने मनुष्य का अपनी निर्मिति के प्रति देखने का दृष्टिकोण ही बदल दिया।

आस्था-अन्धविश्वास का यह मामला मूल्यों के सन्दर्भ में भी था। मतलब, 'राजा भगवान का अंश है। इसलिए बारिश की मार पड़े या राजा ने मारा तो किसके पास जाएँ?' इस देश में सदियों से यही माना जाता रहा है। जब इस धारणा की जाँच की गई कि 'राजा भगवान का अंश है' और लोकतंत्र अस्तित्व में आया, तो यह महसूस किया गया कि 'जो कानून आम आदमी पर लागू होते हैं वही राजा पर भी लागू होते हैं।' अर्थात् एक ओर चिकित्सा पर जोर देने से मानव समूह की प्रगति होती है और दूसरी ओर 'शब्दप्रामाण्य', 'ग्रंथप्रामाण्य' और 'गैर चिकित्सीय दृष्टिकोण' के कारण लोग चिकित्सा पर जोर नहीं दे सकते।

लेकिन ऐसी दुविधा में भी कई अन्धविश्वास चले जाते हैं। कौन से अन्धविश्वास जाते हैं?—अज्ञान पर आधारित अन्धविश्वास दूर हो जाते हैं। अमानवीय अन्धविश्वास जाते हैं। अघोरी अन्धविश्वास जाते हैं। गतिशील सामाजिक जीवन में न टिकनेवाले अन्धविश्वास गायब हो जाते हैं और समाज सुधारकों के प्रयासों से कुछ अन्धविश्वासों को मिटा दिया जाता है।

अज्ञान पर आधारित अन्धविश्वास क्या है? 100 साल पहले भारत में क्या स्थिति थी? महिला के चेहरे पर छाले पड़ते थे। महिला को बुखार आता, बुखार चला जाता था, उसके चेहरे पर के छाले चले जाते, लेकिन जाते-जाते उसके चेहरे पर घाव बन जाते थे और उसका चेहरा कुरूप दिखता था। तब लोग कहते थे, 'देवी क्रोधित हुई और उससे स्त्री का सुन्दर चेहरा विकृत हो गया।' अब यदि कोई कहे, 'देवी के रोगी की रिपोर्ट करो और एक करोड़ रुपये प्राप्त करो' और तुम कितनी भी कोशिश कर लो, तुम्हें देवी का रोगी नहीं मिलेगा। चूंकि देवी का रोग एक व्यक्ति से दूसरे व्यक्ति में संक्रमित होता है और दुनिया में सभी लोग अब देवी के रोग से मुक्त हो गए हैं, इसलिए देवी के रोग की पुनरावृत्ति सम्भव नहीं है। स्वाभाविक रूप से उसको लेकर जो अन्धविश्वास था—वह रोग देवी के कोप के कारण होता है, और वह भी अपने आप खारिज हो गई है। यानी 'देवी का रोग' यह अज्ञान पर आधारित

अन्धविश्वास, अज्ञान के दूर होने से और विज्ञान के आगमन के साथ दूर हो गया।

दूसरी बात, अमानवीय अन्धविश्वास दूर हो जाते हैं। मेरा मतलब है, आज भी हम देखते हैं कि बचपन में लड़की के बालों का तेल, पानी, चोटी आदि से रखरखाव नहीं होता है तो उसके बाल गूँथ जाते हैं। कभी कोई जोगी या जोगनी कहती है, "अरे, इस लड़के या लड़की के बाल में जटा निकल आई है।" वास्तव में, वह सफाई न होने से टूटे बालों की जटा होती है। वह जटा भगवान की मानी जाती है; माना जाता है कि यल्लमा देवी से सम्बन्धित है। इससे लड़का या लड़की का स्कूल छूट जाता है। उस जटा में हल्दी-कुमकुम लगाया जाता है। धीरे-धीरे वह लड़की या लड़का के अभुआने लगता है। उसके बाद शुक्रवार को वह सात घर भिक्षा माँगने लगती है या माँगने लगता है। या वह लड़की सौंदत्ती देवी के पहाड़ पर चली जाती है। उसकी भगवान से शादी रचाई जाती है। भगवान से शादी करने का मतलब है कि या तो वह गाँव के लोफरों की शिकार बन जाती है; नहीं तो उसे मुम्बई के वेश्यालय में बेचा जाता है। यह अमानवीय है। यह मानवता नहीं है। यह पूरी तरह से बन्द नहीं हुआ है, लेकिन जादू-टोना विरोधी कानून का विरोध करनेवाली सरकार द्वारा देवदासी रोकथाम अधिनियम 1934 का जो देवदासी प्रिवेंशन एक्ट था, उस भानमती विरोध कानून को विरोध करनेवाली सरकार ने भी अधिक कड़ा कर दिया, और अब लड़की देवी-देवता को समर्पित करना ही अपराध नहीं है बल्कि जो लोग वहाँ मौजूद हैं, सभी को अपराधी माना जाता है क्योंकि अमानवीय अन्धविश्वास समाज को स्वीकार्य नहीं है।

तीसरी बात यह है कि अघोरी अन्धविश्वास दूर हो जाते हैं। महाराष्ट्र में कई जगहों पर बच्चों को मन्दिर के ऊपर से नीचे झोली में फेंकने की प्रथा थी; आज भी कुछ मात्रा में है। सांगली के ज़िला मजिस्ट्रेट ने इस सम्बन्ध में एक मामला दायर किया और दावा किया कि यह आचरण बाल अधिकारों पर संयुक्त राष्ट्र कन्वेंशन के अनुसार 2005 में अधिनियमित कानून के साथ असंगत है। इस निमित्त से कानून बनने के बाद स्वाभाविक रूप से इन घिनौने अन्धविश्वासों का अन्त हो गया।

चौथी बात है तेजी से बढ़ते सामाजिक जीवन के चलते अन्धविश्वास से मुक्ति पाना। कुछ दशक पहले, महाराष्ट्र में रोटी-बेटी व्यवहार पर प्रतिबन्ध था; अस्पृश्यता का पालन किया जाता था। यानी जिन्हें 'निम्न जाति के आदमी' माना जाता था उनके द्वारा उपयोग में लाई थाली में बाकी लोग खाना नहीं खाते थे। उनका स्पर्श त्याज्य माना जाता था और शादी का तो कोई सवाल ही नहीं था। अब यात्रा करना बढ़ गया है, भीड़ इतनी अधिक है कि भीड़ में प्रवेश करते समय जिस व्यक्ति के साथ आपके शरीर का स्पर्श हो रहा है, उसकी जाति देखना लगभग असम्भव है। इससे अस्पृश्यता का पालन बन्द हुआ। साथ ही यह जानना भी लगभग नामुमकिन हो गया है कि होटल में हम जिस थाली में खाते हैं, उसमें पहले किसने खाया है। उसके कारण, प्रतिबन्ध हट गया लेकिन विवाह का बन्धन अभी शेष है क्योंकि अभी भी लोग अपनी

कथित 'जाति पवित्रता' को सहेजे हुए हैं। फलस्वरूप गतिशील सामाजिक जीवन में 'रोटीबन्दी' और 'स्पर्शबन्दी' का पतन हुआ। अगर दुनिया सचमुच एक गाँव में तब्दील हो गई तो शायद कुछ दशक बाद विवाह के बन्धन भी शिथिल होते देखे जा सकते हैं। इससे गतिशील सामाजिक जीवन के कारण कुछ अन्धविश्वास दूर हो जाते हैं।

पाँचवीं बात, समाज सुधारक जिन अन्धविश्वासों को दूर करने की कोशिश करते हैं, वे दूर हो जाते हैं। यानी बीच में एक ऐसा प्रश्न था कि एक सुन्दर, जवान लड़की थी। बहुत कम उम्र में उसके पति की अचानक मृत्यु हो गई। इस लड़की के बाल बहुत ही लम्बे और खूबसूरत थे जो उसके पति को बहुत भाते थे। तो उसने कहा, "मुझे अब इन बालों की कोई जरूरत नहीं है, ये बेकार हैं। तो अब मैं अपने बाल कटवाऊँगी।" अब अगर पुरुष बाल कटवाता है, तो क्या सम्भावना होती है? एक सम्भावना यह है कि घर में कुछ दुर्भाग्यपूर्ण घटना हुई। दूसरी सम्भावना यह होती है कि वह तिरुपति बालाजी को गया और वहाँ बाल दान कर आया। तीसरी सम्भावना यह होती है कि उसने अपने बाल इसलिए कटवाए क्योंकि उसके पसन्दीदा नायक ने बाल कटवा दिए। तो बाल उसके होते हैं। उन्हें क्यों रखा जाए या काटा जाए यह उसका फैसला होता है। इसी प्रकार उस महिला ने कहा, "बाल मेरे हैं इन्हें इसे रखना है या काटना है यह मेरा निर्णय है। आप इसका विरोध क्यों करते हैं?"

अब यहाँ मूल धारणा क्या है? धारणा ऐसी है कि "मेरी सारी सुन्दरता मेरे पति की जमा पूँजी थी। तो मेरे पति की मृत्यु के बाद, मेरे प्रचुर बाल, जो स्वाभाविक रूप से मेरे पति को प्रसन्न करते थे, बेकार हो गए हैं और इसलिए मुझे सुन्दर रहने का कोई अधिकार नहीं है। मुझे अब बदसूरत होकर रहना चाहिए।" इसमें भले पति के लिए होनेवाला प्यार हो सकता है, लेकिन 'स्व' या 'आत्मसम्मान' खोने का खतरा है। यह कैसे? बात ऐसी है, "मैं एक व्यक्ति के रूप में स्वतंत्र हूँ। मैं नहीं चाहती थी कि मेरे पति की मृत्यु हो जाए, लेकिन मेरे पति की मृत्यु हो ही गई, तो एक व्यक्ति के रूप में मुझे जो भी स्वतंत्रता है, जो मेरा अधिकार है, उसका पोषण किया जाना चाहिए। ऐसी परिस्थिति में भी मैंने बाल कटवा दिए तो मैं महाराष्ट्र के समाजसुधारकों का आन्दोलन 50-60 साल पीछे लेकर गई ऐसा उसका अर्थ होगा।" इसलिए मैंने आपको बताया कि अज्ञान पर आधारित अन्धविश्वास, अमानवीय अन्धविश्वास, गतिशील समाज के सामने न टिकनेवाले अन्धविश्वास, अघोरी अन्धविश्वास और समाज सुधारकों के प्रयासों से नष्ट हुए अन्धविश्वास दूर हो जाते हैं।

जो अन्धविश्वास बने रहते हैं, वे अधिक गम्भीर, गहरी समझ का हिस्सा हैं। एक बार प्रसिद्ध साहित्यकार विजय तेंदुलकर ने मुझसे कहा था, "नरेन्द्र, क्या आपको नहीं लगता कि लोग अन्धविश्वासी इसलिए होते हैं, क्योंकि उन्हें अन्धविश्वासी होने की जरूरत है। अब यह विधान हमें ढंग से समझ लेना चाहिए। लोगों को जीवन में कई कठिनाइयों का सामना करना पड़ता है। कभी-कभी घर में बहुत

बड़ा आर्थिक संकट आ जाता है, घर में पैसा नहीं होता। कभी-कभी बहुत करीबी व्यक्ति की अचानक मृत्यु हो जाती है। कभी-कभी कोई गम्भीर रूप से बीमार हो जाता है। लड़की की शादी अप्रत्याशित रूप से टूट जाती है। जिस समय व्यक्ति ऐसी असफलताओं से बर्बाद हो जाता है, वह अपने दिमाग को ठीक करने के लिए अन्धविश्वास का आधार लेता है। उसका यह व्यवहार ठीक नहीं है। इसका मतलब यह है कि अगर माँ को कैंसर है, सभी उपाय खत्म हो गए हैं, सभी इलाज किए लेकिन कोई फायदा नहीं हुआ, ऐसे में कोई व्यक्ति उसे भभूत लगा रहा है तो वह उचित नहीं है, लेकिन वह क्षम्य है। इसी वजह से अन्धविश्वास उन्मूलन आन्दोलन में हम कार्यकर्ताओं को हमेशा एक वाक्य कहते हैं—"अन्धविश्वास के उन्मूलन के लिए क्रोध के बजाय करुणा की और उपहास से अधिक आत्मीयता की आवश्यकता होती है।"

'लोगों को अन्धविश्वास चाहिए' इसका क्या अर्थ है? आइए एक उदाहरण देखते हैं। मान लीजिए कोई हीरो होंडा कार है और हीरो होंडा कार अच्छी है। वह अच्छी है, जिसका अर्थ है कि उसके सभी पार्ट अच्छे हैं और उनका मिलान अच्छा है। मनुष्य अच्छा है, जिसका अर्थ है कि उसके पास एक अच्छी आनुवंशिक विरासत है और वह समाज में अच्छी तरह से एकीकृत है। लेकिन हीरो होंडा गाड़ी कितनी भी अच्छी क्यों न हो, उसमें शॉक एब्जॉर्बर होते हैं। क्योंकि वह जिन सड़कों पर चलनेवाली है, वे अच्छी नहीं हैं। उसके कारण, उसमें शॉक एब्जॉर्बर होना चाहिए, क्योंकि मैं उस पर बैठनेवाला हूँ, और सड़क पर होनेवाले गड्ढों का धक्का गाड़ी को लगेगा, वह मेरी पीठ को लगा तो पीठ को चोट पहुँचने की सम्भावना है। ऐसा नहीं होना चाहिए इसलिए गाड़ी में शॉक एब्जॉर्बर बिठाये होते हैं।

इसी प्रकार जीवन पथ पर भी जिन अलग-अलग प्रकार के धोखों की सम्भावना होती है, गड्ढे होते हैं, उनसे चोट न लगे इसलिए मनुष्य अन्धविश्वास के शॉक एब्जॉर्बर लगाता है। मैं आपको एक उदाहरण बता देता हूँ: मान लीजिए कि एक गाँव में एक आदमी रहता है। डॉक्टर ने उससे कहा होता है कि "आपकी बीमार माँ कल का दिन नहीं देख पाएगी। अपने रिश्तेदारों को बुलाओ।" बाजू के गाँव में इस आदमी की बहन रहती है। तो वह जाएगा और माँ को मिलाने बहन को साथ लेकर आएगा। अब इसमें कोई विशेष बात नहीं। लेकिन दिक्कत यह है कि समय रात का है, अमावस का दिन है और उस गाँव की ओर जानेवाला रास्ता कब्रिस्तान से होकर गुजरता है। ऐसे समय 'कब्रिस्तान में भूत होते हैं; रात में और अमावस के दौरान तो निश्चित ही होते हैं' ऐसा जिसका पक्का अन्धविश्वास होता है वह ऐसा नहीं कह सकता कि "मैं अब बहन को लाने नहीं जा सकता, क्योंकि शायद मुझे भूत बाधित कर सकता है।" फिर वह क्या करता है? वह हिम्मत जुटाता है; रास्ते पर चल देता है; कब्रिस्तान से जानेवाले रास्ते के पास आता है और मन-ही-मन

'राम राम' कहने लगता है। जब वह अपनी बहन के गाँव जाता है और उसे अपने साथ ले आता है और जब वे वापस लौटते हैं तो फिर कब्रिस्तान मिलता है, और वे दोनों फिर 'राम राम' कहते हैं।

अर्थात् अमावस की रात कब्रिस्तान से गुजरते हुए अन्धविश्वास का शॉक एब्जॉर्बर लगाकर वे भूत के डर से टूटने वाले अपने मन को बचा लेते हैं। जैसा कि मैंने पहले कहा, यह अच्छी बात नहीं है, लेकिन क्षम्य है। इससे समझ में आता है कि लोग अन्धविश्वास का 'आधार' लेते हैं, लेकिन लोग अन्धविश्वास के 'अधीन' होते हैं, यह बात उनके स्वतंत्र व्यक्तित्व को ही नष्ट कर देती है। आधी रात को आप कब्रिस्तान के रास्ते में 'राम राम' कहते हैं तो समझ में आता है, लेकिन अगर आप हर दिन सड़क पार करते समय यही करते हैं और केबिन में साहब द्वारा बुलाए जाने पर भी 'राम राम' कहते हुए केबिन में जाते हैं तो इसका अर्थ यह होता है कि आप अन्धविश्वास के अधीन हो गए हैं। इससे बचना चाहिए।

अर्थात् 'श्रद्धा' का अर्थ है 'विचार को वरीयता; भावना का कोई स्थान नहीं है' और 'अन्धविश्वास' का अर्थ है 'विचारों को दबा कर किया भावनाओं का निवेश।' जैसा कि मैंने पहले कहा, 'श्रद्धा' का अर्थ है 'कार्यकारण भाव का प्रभाव'; 'अन्धविश्वास' का अर्थ है 'कार्यकारण की कमी और शोषण का प्रभाव'; लेकिन हमें इस परिभाषा को विस्तार से समझना चाहिए। अन्धविश्वास कार्यकारण की कमी और पवित्रता की भावना का प्रभाव है जिसके कारण मानसिक गुलामी का शोषण निर्माण हुआ होता है, उन बातों का प्रभाव। इसलिए अन्धविश्वास सिर्फ मानसिक गुलामी नहीं है, बल्कि उस गुलामी में सम्बन्धित व्यक्ति खुद को पवित्र महसूस करता है।

अर्थात् आज भी एक शिक्षित स्त्री तक, जो प्रतिदिन भक्ति भाव से भगवान की आराधना करती है और वह कर सकती है; उसे वह अधिकार है, लेकिन वह मासिक धर्म के दौरान खुद को अशुद्ध मानती है और भगवान की पूजा नहीं करती है। अपने ही घर में मंगल कार्य या धार्मिक कार्य हो तो वह डॉक्टर के पास जाती है और मासिक धर्म पहले या बाद आए इसके लिए गोली लेती है। याद रखें, जैसे आँखों से आँसू और मुँह से लार निकलती है उसी तरह एक महिला को अपने जीवन के कुछ वर्षों में मासिक धर्म होता है। मासिक धर्म का अर्थ है शारीरिक उत्थान, जो स्त्री को मातृत्व के आशीर्वाद की ओर ले जाता है। एक महिला के गर्भाशय की परत भ्रूण के पोषण के लिए तैयार होती है। हालाँकि, अगर गर्भावस्था एक निश्चित अवधि के भीतर नहीं होती है, तो एंडोमेट्रियम को निष्कासित कर दिया जाता है। मासिक धर्म एक ऐसी सरल वैज्ञानिक गतिविधि है। विनोबा ने एक बार कहा था, "मनुष्य शरीर मलमूत्र के गटर हैं", और यह सच है, क्योंकि हम प्रतिदिन मलमूत्र का उत्सर्जन करते हैं; लेकिन जो पुजारी प्रतिदिन मलमूत्र त्यागता है, वह अपने आप को अत्यंत पवित्र समझता है और वह प्रतिदिन ईश्वर की पूजा

कर सकता है, लेकिन जिस प्रकृति धर्म को अर्जित किया है, उसमें स्त्री स्वयं को अपवित्र मानती है और ईश्वर की पूजा नहीं करती है!

मैंने एक बार मेरी सहपाठी होनेवाली एक स्त्री रोग विशेषज्ञ से पूछा, "यह आपके व्यवसाय का हिस्सा है। आप इसके पीछे के विज्ञान को जानती हैं। आप मासिक धर्म के दौरान खुद को अशुद्ध क्यों मानती हैं? और आप भगवान की पूजा क्यों नहीं करतीं?" उसने मेरी तरफ देखा और कहा, "डॉक्टर, मैं इसकी चिकित्सा नहीं करूँगी और यदि आप इसकी चिकित्सा करना चाहते हैं मुझे रास नहीं आएगी।" जैसा मैंने आपको बताया, श्रद्धा में विचार प्रबल होता है; कार्यकारण भाव स्पष्ट होता है। शोषण का प्रभाव होता है। अन्धविश्वास में कार्यकारण भाव का अभाव होता है और मानसिक गुलामी को पवित्रता मिलने से निर्माण हुए शोषण का प्रभाव होता है।

फिर 'श्रद्धा' क्या है? 'श्रद्धा' का अर्थ है 'जोश से प्रेरित विवेक'। इसलिए श्रद्धा के मानदंड तीन हैं। एक जुनून है यानी भावना प्रधानता। दूसरा कृतिशीलता है और तीसरा विवेकशीलता। सत्य और अहिंसा ये विवेक के दो बुनियादी मानदंड हैं। यानी जो श्रद्धा सत्य के आधार पर स्वयं को जाँचने को नकार देती है वह श्रद्धा अन्धविश्वास ही होती है। बाबासाहेब आंबेडकर ने एक बार कहा था, "अगर आपको पीली चमकदार धातु का टुकड़ा मिलता है, तो आप 'मुझे सोना मिला' ऐसा कहकर खुश नहीं होते। आप सुनार के पास जाते हैं। उसे वह चमकदार धातु का टुकड़ा दिखाते हैं। सुनार बेहिचक उसे आग में फेंक देता है। आपको बिलकुल चिन्ता नहीं होती। क्योंकि आप जानते हैं, अगर वह पीला चमकदार टुकड़ा पीतल का है, तो आग में पिघल जाएगा और आपको उसकी आवश्यकता नहीं होगी। और यदि वह सोने का हो, तो वह आग से निखर आएगा। वह आग से नहीं डरता। आप साधारण धातु का परीक्षण करते हैं, फिर आपको उस श्रद्धा की परीक्षा लेने से इनकार नहीं करना चाहिए जिसके आधार पर आप अपना जीवन तय करते हैं।

लेकिन क्या होगा अगर इस तरह की जाँच के बाद, अलग-अलग लोगों को अलग-अलग सचाई का पता चलता है? उदाहरण के लिए, हमारे देश में कुछ लोग सोचते हैं, 'हाँ, यह एक हिन्दू राष्ट्र है और इसे हिन्दू राष्ट्र बनाना सत्य-पालन की भूमिका है।' मेरे जैसे कुछ लोग सोचते हैं, 'यह एक धर्म का राष्ट्र बिलकुल नहीं होना चाहिए। यह एक धर्मनिरपेक्ष राष्ट्र है।' अब यदि सत्य की धारणा भिन्न है, तो उस सत्य का अनुसरण करने का अधिकार आपको है, लेकिन दूसरी कसौटी 'अहिंसा' है। अपने स्वयं के सत्य में अपनी भावनाओं को निवेश करके आपको कभी भी उत्तेजित नहीं होना चाहिए कि दूसरों के लिए अपने स्वयं के सत्य को अंजाम देना मुश्किल हो जाए। इसलिए, 'सत्य' और 'अहिंसा' किसी भी धर्म के दो मूल तत्त्व हैं।

दूसरी ओर, श्रद्धा एक 'भावुक रूप से सक्रिय विवेक' है। जुनून का अर्थ है भावुकता। मनुष्य केवल एक बुद्धिमान प्राणी नहीं है। मनुष्य का व्यक्तित्व 'बुद्धि'

और 'भावना' से बना है। वास्तव में उसमें भावना का प्रभाव अधिक होता है। मेरा मतलब है, हर बार जब किसी को प्यार होता है और प्यार होने के बाद, वह प्यार में अच्छी तरह से गिर जाता है, आप जानते हैं, तो हम उससे कहते हैं, "फिर तुम क्यों गिरे?" यानी मानव जीवन में कई निर्णय भावना पर आधारित होते हैं। इसलिए भावनाओं के आधार पर निर्णय लेना मानव होने की निशानी है, क्योंकि कृतिशीलता के लिए भावना के साथ-साथ बुद्धि की भी आवश्यकता होती है। बुद्धि इंजन है और भावना ईंधन है। इसके कारण, जुनून और भावना प्रधानता श्रद्धा का एक हिस्सा है।

दूसरी बात, श्रद्धा मनुष्य को सक्रिय बनाती है। फिर श्रद्धा ने मनुष्य को कृतिशील बनाया है या नहीं, यह किससे तय होता है। 'डर' और 'मोह' ये व्यक्ति के लिए दो सबसे मजबूत प्रेरणा हैं। आपको अपनी श्रद्धा के आधार पर इन प्रेरणाओं को दूर करने में सक्षम होना चाहिए। अर्थात्, हममें से हर कोई कहता है, "मेरी धर्म में आस्था है।" लेकिन मान लीजिए कोई आपको एक तरफ ले जाकर पूछता है, "क्या आप अपना धर्म बदल सकते हैं? आपको एक करोड़ रुपये नकद देता हूँ।" आप आसपास कोई दिखता तो नहीं यह देखकर कहेंगे, "वाकई एक करोड़ रुपए नकद में दोगे?" क्योंकि एक बार मुझे एक करोड़ रुपए नकद मिल जाते हैं, तो चाहे मैं किसी भी धर्म का हूँ और मैं कहीं भी रहूँ, इससे कुछ बिगड़ता नहीं है। या अगर कोई आपके गले पर तलवार रखकर कहता है, "आप धर्म बदलते हैं या नहीं? अगर धर्म नहीं बदलते तो मैं आपको और आपके परिवार को मार डालूँगा।" तो आप सोचते हैं, 'जान बची लाखों पाए। सिर सलामत तो पगड़ी पचास!' आप कहते हैं, "भाई, धर्म बदलता हूँ। मुझे जीने दो। जीने के बाद अगर सम्भव हो तो धर्म फिर से बदल जाएगा, लेकिन मुझे पहले जीने दो।" इसलिए आपको अपनी श्रद्धा के आधार पर 'भय' और 'प्रलोभन' के कारण कमजोर करनेवाली मजबूत प्रेरणाओं को दूर करना होगा। इसका एक उदाहरण संभाजी राजा की जीवनी है।

तीसरी महत्त्वपूर्ण बात यह है कि जो आपकी आत्म-चेतना या आपके विवेक को उन्नत करती है वह 'श्रद्धा' है। और जो आपकी आत्म-चेतना या आपके विवेक को अवनत करता है वह 'अन्धविश्वास' होता है। यह क्या है? उदाहरण के लिए, इस देश में राम मन्दिर निर्माण की लड़ाई के समय कहा गया था कि भगवान रामचन्द्र इस देश में लाखों लोगों की श्रद्धा का विषय हैं। अब वास्तव में ऐसा ही है; लेकिन भगवान रामचन्द्र किस सन्दर्भ में श्रद्धा का विषय हैं? हम अभी भी भगवान रामचन्द्र के दो नैतिक मानकों का पालन करते हैं। एक तो वे सच्चे थे और दूसरी ओर उन्होंने उस समय एक विवाह को अपना लिया था। अब यदि आप अपने भगवान रामचन्द्र में श्रद्धा व्यक्त करना चाहते हैं, तो आपको सच्चा होना होगा और एकपत्नीत्व का पालन करना होगा। या ऐसा नहीं है तो उसके लिए आपकी स्पष्ट भूमिका होनी चाहिए। इस देश में आज ऐसी स्थिति है जहाँ सच बोलने की

बात नहीं की जानी चाहिए। यानी हमारा आदर्श वाक्य है 'सत्यमेव जयते' और हमारा अनुभव है 'असत्यमेव वार्ता'। ऐसे में जब राम जन्मभूमि की लड़ाई जोरों पर थी, कुछ कार्यकर्ताओं ने महाराष्ट्र में परित्यक्ता की एक रैली का आयोजन किया था। परित्यक्ता का अर्थ तलाकशुदा नहीं है। परित्यक्ता यानी पति द्वारा छोड़ी गई पहली पत्नी। महाराष्ट्र में कम-से-कम छह लाख महिलाएँ हैं जिन्हें उनके पतियों ने गैरकानूनी रूप से छोड़ दिया है। उनमें से साठ हजार स्त्रियाँ इकट्ठा हुई थीं। लेकिन याद रहे, राम जन्मभूमि आन्दोलन की शुरुआत करनेवालों में से किसी ने भी आज तक परित्यक्ता के प्रश्न पर बात नहीं की है। क्योंकि उनके लिए 'राम' 'मूल्य' की बात नहीं थे, बल्कि 'मत' और 'मतलब' का विषय थे। इसलिए जो आपका मूल्य विवेक उन्नत करती है वह 'श्रद्धा' होती है और जो आपका मूल्य विवेक अवनत करता है वह 'अन्धविश्वास' है।

श्रद्धा और विश्वास में क्या अन्तर है? अन्तर यह है कि श्रद्धा को कार्यकारण द्वारा परखा नहीं जा सकता। अर्थात् अगर आप गाँव के गुंडों से लड़ना तय करते हैं और लोग आपसे कहते हैं, "क्या आप पागल हुए हैं? आप जानते हैं वे गुंडे कितने खतरनाक हैं? उनके साथ पूरी पुलिस है। उनके पास बहुत पैसे हैं। नेता भी उन्हीं के साथ हैं। प्रेस भी उन्हीं का साथ देता है और आप उनसे लड़ने का फैसला कर रहे हैं!" तो आप कहते हैं, "गुंडों से लड़ने का मैंने फैसला किया है। क्योंकि मेरी ऐसी श्रद्धा है कि अन्त में सत्य की जीत होती है" या मेरा मानना है कि "ईश्वर की कृपा से अन्त में सत्य की जीत होती है, ऐसी मेरी श्रद्धा है।" वास्तव में, सत्य की जीत होती है, ऐसा दुनिया में कहीं सिद्ध नहीं हुआ है। सत्य की जीत होती है, उसका कोई निश्चित कार्यकारण भाव नहीं, लेकिन जब भी आपको मूल्यों के लिए लड़ना होता है, तो आप सक्रिय होने के लिए भावनाओं पर आधारित मूल्यों के बारे में मानते हैं, 'अन्त में सत्य की जीत होती है' या, 'ईश्वर की कृपा से सत्य की जीत होती है।' इसका मतलब है कि आप अपने विवेक को ऊपर उठाने और सक्रिय करने के लिए श्रद्धा का उपयोग करते हैं।

यदि ऐसी श्रद्धा है तो निश्चय ही अन्धविश्वास-विरोधी समिति उसका स्वागत करती है, लेकिन 'सत्य' और 'अहिंसा' इन आधारभूत मानदंडों पर श्रद्धा की परीक्षा लेने के लिए अन्धविश्वास-विरोधी समिति का मानना है कि यदि वार्ता जारी रहती है, समाज देखता है कि आस्था मूल्यों को बढ़ाती है तो वह संवाद ही समाज को आगे ले जाएगा। इसलिए आन्दोलन में 'श्रद्धा' और 'अन्धविश्वास' के विषय पर लगातार चर्चा हो रही है।

ईश्वर-धर्म-नीति

'ईश्वर और अन्धविश्वास उन्मूलन' यह आन्दोलन में हमेशा से जिज्ञासा और चर्चा का विषय रहा है। कहने का तात्पर्य यह है कि 'अन्धविश्वास विरोधी समिति' की नीति या भूमिका 'ईश्वर' और 'धर्म' के प्रति तटस्थ है। 'इसको लेकर आपत्तियाँ क्या हैं? डॉ. श्रीराम लागू जैसे हमारे पुराने मित्र कहते हैं, "ईश्वर इस दुनिया में पहला अन्धविश्वास है और जब तक आप इस अन्धविश्वास को खारिज नहीं करते हैं, तब तक आपके हाथों से अन्धविश्वास को मिटाना सम्भव नहीं है।" वहीं कुछ लोग सोचते हैं कि आज हम कहते हैं कि 'ईश्वर के बारे में हमारी भूमिका तटस्थ है', लेकिन जब आन्दोलन की ताकत बढ़ेगी, तो हम इस भूमिका को छोड़ देंगे और 'भगवान को लेकर हमारी भूमिका तटस्थ है', यह हमारा एक षड्यंत्र होगा। मैं व्यक्तिगत रूप से सोचता हूँ कि ईश्वर के प्रति अन्धविश्वास विरोधी समिति की भूमिका निश्चित रूप से एक वैचारिक नींव पर आधारित है और वह प्रगल्भ है।

इस भूमिका का व्यावहारिक पक्ष यह है कि 'हम देव-धर्म के बारे में तटस्थ हैं' इसका अर्थ यह है कि अन्धविश्वास विरोधी समिति की किसी भी शाखा में कभी भी किसी देवता या किसी धर्म का कोई कार्य नहीं देखा जाता है; कोई धार्मिक अनुष्ठान नहीं किया जाता है। वहीं, अन्धविश्वास विरोधी समिति, एक संगठन के रूप में, समाज में कहीं भी, ऐसी गतिविधियों में भाग नहीं लेती है। अन्धविश्वास उन्मूलन समिति के कार्यकर्ता से हम यह नहीं पूछते कि वह अपने निजी जीवन में क्या करता है। हमारा अनुभव यह है कि जब वह अन्धविश्वास उन्मूलन की धारा में प्रवेश करता है, तो वह धीरे-धीरे अपने मन में होनेवाले 'भगवान' के बारे में सोचने लगता है, और वह अपने आचरण को भी बदलना शुरू कर देता है; लेकिन मुझे लगता है कि 'व्यवहार' और 'विचार' दोनों के आधार पर हमारी भूमिका सही है।

हमारा व्यवहार क्या है? अन्धविश्वास विरोधी समिति चार सूत्री है—

1. शोषक अन्धविश्वासों का विरोध करना।
2. वैज्ञानिक दृष्टिकोण के विचार का प्रचार और अनुसरण।
3. धर्म की रचनात्मक, सक्रिय और कठोर चिकित्सा करना।
4. व्यापक सामाजिक परिवर्तन के आन्दोलन से स्वयं को जोड़ना।

पिछले 22 वर्षों से इस आन्दोलन को चलाते हुए इन चार सिद्धान्तों में से किसी को भी अमल में लाने में 'ईश्वर' का विचार हमारे लिए कोई समस्या साबित नहीं हुआ है। यह हुआ व्यावहारिक पक्ष।

सबसे प्रभावी वैचारिक पहलू क्या है? देश के संविधान में धर्मनिरपेक्षता की भूमिका के साथ वैचारिक पहलू संगत है। देश के संविधान के चार अनुच्छेद 25, 26, 27, 28 में धर्मनिरपेक्षता की भूमिका बताई गई है। उसमें से अनुच्छेद 25 सबसे महत्त्वपूर्ण है। इसमें ऐसा कहा है कि हर एक को पूजा, आराधना, दिव्य कल्याण और आध्यात्मिक उन्नति की स्वतंत्रता का अधिकार है। चाहे आप हिन्दू, मुस्लिम, ईसाई, बौद्ध, सिक्ख या किसी भी धर्म के हों या किसी भी धर्म के न हों। अल्लाह, जीसस, गुरु ग्रंथ साहिब, तथागत गौतम बुद्ध की पूजा करें या किसी की भी पूजा न करें। आप एक धर्म के हैं और उस धर्म को छोड़कर दूसरे धर्म को स्वीकार करते हैं, आप तीसरे धर्म की स्थापना करते हैं। हालाँकि यह आपकी व्यक्तिगत वैयक्तिक श्रद्धा का हिस्सा है। इससे आपकी नागरिकता बाधित नहीं होती।

इसलिए यदि संविधान ने किसी व्यक्ति को पूजा और धर्म के पालन की पूर्ण स्वतंत्रता दी है, तो मैं व्यक्तिगत रूप से सोचता हूँ कि आन्दोलन की भूमिका संविधान के अनुरूप है। और केवल इतना ही नहीं, बल्कि नागरिकों के महत्त्वपूर्ण कर्तव्यों में से एक जो देश के संविधान में शामिल किया गया है, उनमे से एक महत्त्वपूर्ण कर्तव्य है, 'it is a duty of every Indian Citizen to promote scientific temperament, spirit of reform and humanism.' यानी वैज्ञानिक दृष्टिकोण अपनाना इतना ही हर भारतीय का कर्तव्य नहीं बताया है। उस वैज्ञानिक दृष्टिकोण का अनुसरण क्यों करना है? वह 'spirit of reform' के लिए है; सुधारवाद हेतु है और यह सुधारवाद खुले तौर पर धार्मिक है। अत: देश का संविधान मुझे धर्म की चिकित्सा करने की अनुमति देता है। अब यह चिकित्सा कैसी होने की उम्मीद है? तो 'humanism' अर्थात् मानवतावाद से सुसंगत तरीके से किए जाने की अपेक्षा की जाती है। इसलिए, मुझे लगता है कि अगर अन्धविश्वास विरोधी समिति की ईश्वर सम्बन्धी भूमिका यदि ढंग से समझते हैं, तो हमें अन्धविश्वास विरोधी आन्दोलन की वैचारिक शक्ति की स्पष्ट भूमिका समझ में आ सकती है।

प्रश्न हमेशा कैसे पूछा जाता है? "क्या आप भगवान में विश्वास करते हैं या नहीं?" यह प्रश्न मुझसे अब तक महाराष्ट्र में सैकड़ों जगहों पर पूछा जा चुका है। और यह प्रश्न पूछनेवाले लोग अक्सर कहते हैं, "डॉक्टर, आप भगवान को मानते हैं या नहीं?" एक शब्द में कहना बेहतर है! 'हाँ' कहो, या 'ना' कहो। अब, मैं हमेशा उन लोगों को अदालती मामले से एक उदाहरण देता हूँ जो चाहते हैं कि प्रश्न को एक शब्द में हल किया जाए। सतारा की अदालत में एक मुकदमा चल रहा था। प्रतिवादी के वकील गवाह से पूछताछ कर रहे थे। वह जवाब देने की कोशिश

कर रहा था। प्रतिवादी के वकील ने कहा, "नाहक लम्बी बातें मत कहो। मेरे द्वारा पूछे गए प्रश्न के लिए मुझे 'हाँ' या 'नहीं' कहना होगा।" ऐसा दो-तीन बार हुआ। गवाह कह रहा था, "मैं आपको विस्तार से बताना चाहता हूँ।" प्रतिवादी के वकील ने कहा, "मुझे एक शब्द में जवाब देना है, 'हाँ' या 'नहीं'।"

उसके बाद, गवाह के वकील ने कहा, "श्रीमान न्यायमूर्ति, आरोपी के वकील ने जोर देकर कहा है कि मेरे गवाह को एक शब्द, 'हाँ' या 'नहीं' में जवाब देना चाहिए। मैं ज्यादा गपशप नहीं करना चाहता। मेरा गवाह अब एक शब्द में उसके सवाल का जवाब देगा, लेकिन उससे पहले मैं आरोपी के वकील से एक सवाल पूछना चाहूँगा। अगर वह जवाब देता है, तो मेरा गवाह उसके हर सवाल का जवाब एक शब्द में देगा।" न्यायाधीश महोदय ने कहा, "अनुमति है।"

आरोपी के वकील ने कहा, "पूछो, जो भी सवाल हो पूछो।" गवाह के वकील ने आरोपी के वकील से सवाल पूछा, "वकील साहब, आप रोज रात को शराब पीकर, अपनी पत्नी की मारपीट कर डकैती करने के लिए बाहर जाते थे, वह आजकल आपने बन्द कर दिया है ऐसा सुना है। एक शब्द में 'हाँ' या 'नहीं' में बता दो। 'हाँ' कहने का अर्थ है, अतीत में मैं हर रात शराब पीकर, अपनी पत्नी को मारपीट डकैती करने के लिए बाहर जाता था, लेकिन अब यह रुक गया है। और 'ना' कहा तो उसका अर्थ है यह अभी भी चल रहा है।" स्वाभाविक रूप से, आरोपी के वकील ने कहा, "नहीं, एक शब्द में कोई कैसे उत्तर दे सकता है? मुझे विस्तार से समझाना होगा।" तब वादी के वकील या गवाह के वकील ने कहा, "ठीक है। फिर मेरे आदमी को भी सब कुछ विस्तार से बताना होगा।"

उसी तरह मैं कहता हूँ, 'आप भगवान में विश्वास करते हो या नहीं' इस प्रश्न का उत्तर मैं एक शब्द में नहीं दे सकता। अर्थात् वह मैं दे नहीं सकता ऐसी बात नहीं। लेकिन वह मैं देता नहीं इसका कारण यह कि पूछे जानेवाले प्रश्न में 'ईश्वर क्या है?' इसकी व्याख्या नहीं की गई है। इसलिए 'भगवान को मानते हैं या नहीं?' या 'भगवान के बारे में अन्धविश्वास विरोधी समिति की क्या राय है?' हमें इस प्रश्न का उत्तर विस्तार से देखना चाहिए।

ईश्वर का पहला विचार यह है कि वह सृष्टिकर्ता है। वह विधाता है। 'He is a Creator.' महात्मा फुले ने कहा है, "निर्मिक ने यदि एक पृथ्वी का निर्माण किया/सहती बोझ भली/सभी का। मतलब 200 साल पहले, अगर मुझसे यह पूछा जाता, "इस पृथ्वी को किसने बनाया?", तो मैं कहता, "मुझे इसका उत्तर नहीं पता।" यदि आज मुझसे यह प्रश्न पूछा जाता है, "इस पृथ्वी का निर्माण कैसे हुआ?" तो मुझे उसका उत्तर ज्ञात है और इसलिए मैं कह सकता हूँ, "वह ईश्वर ने निर्माण नहीं किया है;" लेकिन अगर कोई पूछे, "ब्रह्मांड बारह या पन्द्रह अरब साल पहले कैसे अस्तित्व में आया?" तो मैं कहता हूँ कि "आज मेरे पास इसका उत्तर नहीं लेकिन

मुझे ऐसा लगता है कि वह स्वयं कार्यकारण भाव से निर्माण हुआ है।" दूसरा कोई और कह सकता है, "यह बनाया गया था, क्योंकि यह प्रभु द्वारा बनाया गया था।"

इसमें अन्धविश्वास विरोधी समिति की क्या भूमिका है? याद रखें, यदि ईश्वर इस ब्रह्मांड का निर्माता है, तो अन्धविश्वास विरोधी समिति की भूमिका अज्ञेयवादी है। हम इसे एक ऐसा विषय मानते हैं जिसका अभी तक निर्णय नहीं हुआ है। बावजूद इसके यहाँ हमें दो बातों का ध्यान रखना होगा। मान लीजिए कि यह ब्रह्मांड एक घड़ी है, और इसे बनानेवाला भगवान एक घड़ी बनानेवाला है। अभी घड़ी बनानेवाले का घड़ी बनाने के बाद उसका और घड़ी के बीच का रिश्ता खत्म हो जाता है। घड़ी बनानेवाला गति से चलता है इसलिए घड़ी आगे नहीं चलती। घड़ी बनानेवाला धीरे से चलता है इसलिए घड़ी पीछे नहीं रहती। घड़ी बनानेवाला खांसता है, इसलिए घड़ी की आवाज नहीं आई और घड़ी का निर्माता मर गया, इसलिए घड़ी नहीं रुकती। 'निर्मिति हुई और और सम्बन्ध समाप्त' इसी तरीके से इस विश्व की निर्मिति हुई और स्वयं कार्यकारण भाव से बद्ध हुआ। उसके बाद 'ईश्वर' नामक कल्पना इस दुनिया को नहीं चलाती है।

लेकिन फिर लोगों की भाषा में कहें तो वे ऐसा कहते हैं, "Where ever there is creation, there is creator." अर्थात् जहाँ सृष्टि है, वहीं रचयिता है। मेरे शरीर पर होनेवाली कमीज एक रचना है। उसका एक निर्माता है। मेरे पैरों की चप्पल एक रचना है। उसका एक निर्माता है। मेरा चश्मा एक रचना है। उसका एक निर्माता है। इस प्रकार ब्रह्मांड एक रचना है, इसका निर्माता है और हम उसे 'भगवान' कहते हैं। लेकिन फिर इसी तर्क को आगे बढ़ाते हुए कहा जाता है, कि जो भी रचयिता या भगवान है, वह भी एक रचना है। तो इसे किसने बनाया? ऐसा पूछने पर कहा जाता है, 'नहीं-नहीं, किसी ने नहीं बनाया है। वह आत्मनिर्भर है।' यह स्वत: ही स्पष्ट है, मैंने पहली बार जो उत्तर दिया है, वह यह है कि यह संसार स्व-कारण की भावना से बंधा हुआ है, हम उसी नियम पर आते हैं। इसलिए अन्धविश्वास उन्मूलन के लिए समिति की भूमिका उन लोगों के प्रति है जो सोचते हैं, 'इस दुनिया को किसने बनाया और वह ईश्वर है' अज्ञेयवाद है।

नम्बर दो, 'भगवान न केवल निर्माता है, वह नियंत्रक भी है।' अर्थात् ईश्वर इतना सर्वशक्तिमान है कि उसकी इच्छा के बिना इस ब्रह्मांड में वृक्ष का एक भी पत्ता नहीं हिल सकता। तो भगवान, निर्माता और नियंत्रक के बारे में अन्धविश्वास उन्मूलन समिति की क्या भूमिका है? ईश्वर ब्रह्मांड का नियंत्रक है, यह तथ्य अन्धविश्वास विरोधी समिति को स्वीकार्य नहीं है। क्योंकि इस देश में, इस दुनिया में, हमने अन्याय के इतने मामले देखते हैं कि अगर इसे नियंत्रित करनेवाला कोई है, तो वह नियंत्रक इसे बिलकुल भी नियंत्रित नहीं कर सकता है। ऐसा ही कहना होगा। मेरा मतलब, उसे पूछना है, 'आपका क्या नियंत्रण था जब लातूर में बिना

किसी कारण के भूकंप आया, चालीस-पचास हजार लोग मारे गए? परमाणु बम गिरा; एक ही समय में लाखों लोग मारे गए, उस समय आपके नियंत्रण का क्या? हिटलर नाम के एक तानाशाह ने 60 लाख लोगों को जला दिया, उस समय ब्रह्मांड का शासक क्या कर रहा था?' इसलिए हम नहीं मानते कि कोई इस ब्रह्मांड को नियंत्रित कर रहा है।

हमें यहाँ विस्तार से एक बात समझनी होगी। यह नियंत्रक कैसा है? विश्व के सभी धर्मों में ईश्वर की तीन शक्तियों की कल्पना की गई है। सबसे पहले तो 'वह सर्वज्ञ है।' दूसरी बात है, 'वह सर्वशक्तिमान है।' तीसरी बात है, 'वह सर्वमंगल है।' वह सर्वज्ञ है, इसका अर्थ यह है कि दुनिया के सभी राष्ट्रों के जासूसी खाते एक तरफ हैं और दूसरी तरफ भगवान अकेले हैं। प्रभु सबसे अच्छा जानता है। वह सर्वशक्तिमान है, जिसका अर्थ है कि दुनिया की सभी सेनाएँ एक तरफ और दूसरी तरफ भगवान हैं। फिर भी वह अपराजेय है। और वह सर्वमंगल है, जिसका अर्थ है कि वह इस दुनिया में बेहतर करना चाहता है। ईश्वर का ऐसा विचार सभी धर्मों में मौजूद है।

अब मान लीजिए, मेरे घर में चोरी हुई और मेरी मेहनत की कमाई के एक लाख रुपये छीन लिए। मुझे बताओ, अगर सर्वशक्तिमान भगवान के पास शक्ति होती, तो वह आसानी से चोरों को रोक सकता था; मेरी मेहनत की कमाई किसी और ने ले जाना उसे स्वीकार्य नहीं है क्योंकि वह सर्वमंगल है। फिर भी मेरे घर में चोरी हुई अर्थात् वह सर्वज्ञ नहीं है। उसे नहीं पता था कि चोर मेरे घर में घुस जाएगा। या वह जानता होगा कि एक चोर मेरे घर में घुस जाएगा, क्योंकि वह सर्वज्ञ है। वह जानता होगा कि चोर का मेरा घर में घुसना और मेरी मेहनत की कमाई चुराना सही नहीं था, क्योंकि वह सर्वमंगल है, लेकिन फिर भी वह चोरों को नहीं रोक सका। क्या इसका मतलब यह है कि चोर उससे ज्यादा ताकतवर हो गया? अर्थात् वह सर्वशक्तिमान नहीं होगा। या मेरे घर में चोरी हुई। प्रभु जानते होंगे कि क्योंकि वे सर्वज्ञ हैं। उनके लिए चोरों को रोकना भी एक मामूली बात होगी, क्योंकि वे सर्वशक्तिमान है। फिर भी उसने मेरे घर में चोरी होने दी, क्योंकि वह सर्वमंगल नहीं है। वह इस बारे में कुछ नहीं कहना चाहता कि मेरी पसीने की कमाई बचे या चुराई जाए। अर्थात् ईश्वर के लिए जो तीन कसौटियाँ मानी जाती हैं, अगर हम उनका सही तरीके से उपयोग करें, तो वे कैसे विरोधाभास पैदा करती हैं, इसे आप समझ सकते हैं।

ईश्वर का तीसरा रूप यानी वह निराकार है। अर्थात् उसका कोई रंग नहीं, कोई रूप नहीं, कोई गुण नहीं, कोई गंध नहीं, कोई स्वाद नहीं। यह काम नहीं करता है; बोलता नहीं; हिलता नहीं है; कुछ नहीं करता। अब जिसका न रंग, न रूप, न गुण, न गंध, न स्वाद। जो चलता नहीं; बोलता नहीं; हिलता नहीं है; कुछ नहीं करता; तो उसका होना और न होना क्या मायने रखता है। यदि वह है

तो सुखी हों; यदि वह नहीं है, तो भी सुखी हों। लेकिन यदि उसके कारण कुछ होनेवाला नहीं है, तो मेरे लिए इस बात की चर्चा करने का कोई कारण नहीं है कि वह है या नहीं।

ईश्वर के बारे में चौथा विचार यह है कि वह सुख का स्रोत है। एक कॉलेज में बोलते हुए एक प्रोफेसर ने मुझसे कहा, "मैं हर सुबह आधे घंटे के लिए अपने हाथ जोड़कर एक मूर्ति के सामने बैठती हूँ। मैं भगवान से कुछ नहीं माँगती, लेकिन इससे मुझे बहुत खुशी मिलती है। क्या आप इसका विरोध करते हैं?" मैंने कहा, "मैं इसका बिलकुल भी विरोध नहीं करता। मुझे हर सुबह योगा करने में मजा आता है। किसी को संगीत सुनने में मजा आता है और किसी को सुबह टहलने में मजा आता है। आप इसके खिलाफ हैं?" तब उस महिला ने कहा, "मेरे पास जो खुशी है, वह उच्चतम है या नहीं?" मैंने कहा, "यह चर्चा का विषय हो सकता है। यानी ईश्वर के सामने हाथ जोड़कर बैठने से आपको एक घंटा या आधा घंटा जो खुशी मिलती है वह और संगीत सुनने के बाद मुझे जो खुशी मिलती है इन दोनों में से कौन सी श्रेष्ठ है और कौन सी हीन है, यह व्यक्तिनिष्ठ होगी। यह इस तरह तय नहीं किया जा सकता है। इसलिए यदि कोई कहता है, 'ईश्वर सुख का स्रोत है' तो उसे अन्धविश्वास समिति का विरोध नहीं है।

वास्तव में भगवान का जो पाँचवाँ रूप है—वैसे पाँचवाँ, छठा और सातवाँ ये मानसिकता से सम्बन्धित हैं। एक तरह से ये रूप एक-दूसरे से जुड़े हुए हैं। इसमें से पहला रूप हमेशा देखने को मिलता है। परीक्षा को जाते समय छात्र भगवान को प्रणाम करके जाता है। भगवान को प्रणाम करने और परीक्षा में जाने के बाद उसके लिए पेपर आसान होने की कितनी सम्भावना होती है? कुछ कहते हैं, 'होती है'; कुछ लोग कहते हैं, 'नहीं होती।' मैं कहता हूँ, 'सीमित अर्थों में होती है।' 'यानी कैसे?' आप परीक्षा में जाते हैं, यानी आप एक अज्ञात का सामना करते हैं (यदि पेपर पहले लीक नहीं हुआ हो तो)। अज्ञात से सामना होने पर आपका मन साशंक रहेगा। ईश्वर में विश्वास और ईश्वर को प्रणाम करके आप अपने मन को स्पष्ट करने का प्रयास करते हैं। इससे होता यही है कि आपने जो पढ़ा है, उसका ठीक उत्तर उत्तरपत्रिका में प्रकट होता है। लेकिन याद रखिए, अगर आपने जो नहीं पढ़ा है, उसके बारे में कोई सवाल है, तो आपने कितनी भी ईमानदारी से भगवान को नमस्कार किया हो, आपको उत्तर नहीं मिलेगा। या परीक्षा के समय के बाद यदि आप घर से देर से निकलते हैं, तो आप भगवान को कितना भी नमस्कार करें, आप सही समय पर परीक्षा में नहीं पहुँच पाएँगे।

इसी तरह हम 'भगवान' के विचार को दूसरी मानसिकता के लिए इस्तेमाल करते हैं। आज की आधुनिक दुनिया में तनाव होने पर लोग क्या करते हैं? लोग काउंसलर के पास जाते हैं। काउंसलर क्या करता है? काउंसलर प्रश्न का उत्तर

नहीं देता है। वह आपको प्रश्न के विभिन्न पहलुओं का पता लगाने और उसके आधार पर अपना उत्तर प्राप्त करने के लिए प्रेरित करता है।

अगर आप किसी काउंसलर से कहते हैं, "माँ और पत्नी के बीच घर में मेल-जोल नहीं रहता, तो क्या करना चाहिए?" इस पर काउंसलर आपसे कहता हैं, "कुछ सम्भावनाएँ हैं। एक सम्भावना यह है कि आप एक बड़ा घर खरीद लें। यानी पत्नी और माँ को अलग-अलग कमरे मिलेंगे। एक और सम्भावना यह है कि आप अपनी पत्नी को कुछ दिन मायके भेजें। तीसरी सम्भावना यह है कि आप माँ को कुछ दिनों के लिए दूसरे भाई के पास भेज दें। चौथी सम्भावना यह है कि मुझे उनके स्वभाव में कुछ खामियाँ नजर आ रही हैं तो किसी अच्छे मनोचिकित्सक की सलाह से उनका इलाज करें।" काउंसलर द्वारा बताये इन अलग-अलग विकल्पों में से आपको जो बात उचित लगती है वह आप करते हैं। "यही करो" ऐसा काउंसलर बताता नहीं। आप काउंसलर के इस रूप पर गौर करेंगे तो आपकी समझ में आएगा कि God is the best Counsellor.

जैसे आप काउंसलर के पास जाते हो, वैसे ही भगवान के पास जाते हो। लेकिन काउंसलर के पास जाने के लिए आपको उसका समय लेना होगा; भगवान के पास आप कभी भी जा सकते हैं। काउंसलर के पास जाने के लिए आपको भुगतान करना होगा; भगवान आपसे पैसे नहीं माँगता। परामर्शदाता आपको केवल सम्भावित उत्तर सुझाता है; प्रभु के सामने बैठकर, आप अपने सम्भावित उत्तरों का पता लगाते हैं। उसके बाद आप काउंसलर द्वारा सुझाए गए उत्तरों में से एक को निश्चित कर उसे लागू करते हैं। वैसे ही भगवान के सामने बैठने के बाद आपको प्रश्नों का जो स्वरूप समझ में आता है उसके आधार पर आप अमल करने की कोशिश करते हैं। इसका अर्थ यह है कि आप प्रभु का परामर्शदाता के रूप में उपयोग करते हैं।

इस तरह की मानसिकता में 'भगवान' की अवधारणा का इस्तेमाल 'शॉक एज्बॉर्बर' अर्थात् 'अवशोषक' के रूप में भी किया जाता है। मेरा मतलब है, जैसा कि आप जानते हैं सुनील गावस्कर बहुत अच्छे क्रिकेटर हैं, लेकिन टेस्ट मैच में चार हजार रन बनाने के बाद, पाँच हजार रन पूरे करते समय काफी समय उन्हें बैड पैच से गुजरना पड़ा। रन ही नहीं बन रहे थे। उस समय किसी ने तो उनसे कहा, "सब कुछ जो हो रहा है इसलिए क्योंकि शादी के बाद आप कोंकण के कुलदेवता के पास नहीं गए। तब सुनील गावस्कर कोंकण के देवता के पास हो आए। इसका अर्थ यह कि कुलदेवता से मनौती माँगना, पूजा करना यह 'शॉक एज्बॉर्बर' उन्होंने अपने दब रहे मन को लगाया और अपने ही टूटने वाले मन को बचाया।

ईश्वर के विभिन्न रूपों के बारे में बात करते हुए मैंने कहा, क्या ईश्वर सृष्टिकर्ता है? तो हमारा मत अज्ञेयवाद का है; क्या ईश्वर नियंत्रक है? इसके लिए

हमारी स्पष्ट अस्वीकृति है; यदि ईश्वर निर्गुण, निराकार है, तो उसके विषय में हमें कुछ नहीं कहना है; यदि ईश्वर सुख का स्रोत है, तो यह आपका निजी मामला है; यदि प्रभु आपको मनोचिकित्सा में उपयोगी हैं, तो हम इसे समझ सकते हैं; यदि प्रभु एक परामर्शदाता है, तो हम इसे भी समझ सकते हैं; जब आप प्रभु को 'शॉक एज्बॉर्बर' अर्थात् अवशोषक के रूप में उपयोग करते हैं, तो यह उचित नहीं है, लेकिन क्षम्य है।

भगवान का उपयोग दो और चीजों के लिए किया जाता है। अन्धविश्वास विरोधी समिति ने इसका स्पष्ट विरोध किया है। उनमें से एक है, 'चमत्कार करनेवाला ईश्वर!' जैसे एक दिन भारत में श्रीगणेश की मूर्तियाँ अचानक दूध पीने लगीं। यह बात पूरी तरह से झूठ थी; गलत थी; यह एक धोखाधड़ी थी। लेकिन ईश्वर कैसे चमत्कार कर सकता है इसका एक जीता-जागता उदाहरण अभी तक मौजूद था। क्योंकि सत्यसाईं बाबा कहते थे, "मैं वास्तव में भगवान का अवतार हूँ।" उनके कई भक्त भी यह मानते थे कि वे भगवान के अवतार हैं। अपने हाथों से सोने की चेन से लेकर रत्न के लॉकेट और घड़ी निकालने तक के सभी चमत्कार वे करते और उसके बारे में कहते, "मुझे ये सिद्धि प्राप्त हैं क्योंकि मैं ईश्वर हूँ।" इसलिए, प्रभु के लिए कुछ भी असम्भव नहीं होता। उसने सिर्फ एक संकल्प किया, या संकल्प भी छोड़ दो; साधारण इच्छा व्यक्त की, 'अब मेरे हाथ में एक सोने की अँगूठी दे', तो हाथ में सोने की अँगूठी आती है। इसलिए उन्होंने खुद को 'चमत्कारी भगवान' घोषित किया। यह उनके लाखों अनुयायियों द्वारा स्वीकार किया गया। यह अन्धविश्वास उन्मूलन समिति को पूरी तरह से अस्वीकार्य है। हम भगवान का 'चमत्कार करनेवाला' रूप स्वीकार नहीं करते हैं।

इसके अलावा, भगवान का एक और लोकप्रिय रूप है। यानी जो मनौती पूरी करता है। जब परीक्षाएँ नजदीक आती हैं उस समय स्वाभाविक रूप से गणपति के चक्कर बढ़ जाते हैं और गणपति के पास जानेवाला छात्र मन-ही-मन कहता है, "हे गणपति, तुम मुझे परीक्षा में अच्छे अंकों से पास करो, मैं तुम्हें आधा किलो पेड़े का प्रसाद दूँगा।"

महाराष्ट्र के एक बुद्धिजीवी नरहर कुरुंदकर ने अपनी पुस्तक में इस कथन का विश्लेषण कैसे किया है, उसे देखते हैं। मनौती माँगनेवाला मन-ही-मन कहता है, "हे बुद्धिदेवता गजानन, तुम मुझे परीक्षा में अच्छे अंक दिलवाओ, मैं तुम्हें आधा या एक किलो पेड़ा प्रसाद के रूप में दूँगा।" उस समय वह छात्र वास्तव में क्या कहता है? वह कहते हैं, "हे बुद्धि देवता गजानन—यानी बुद्धि देनेवाले गजानन, लेकिन वह छात्र उसे पढ़ा रहा है। क्या पढ़ाता है? अगर मैंने पूरे साल नियमित रूप से अध्ययन किया होता, तो मैं अच्छे अंकों से पास होता, लेकिन पूरे साल मैंने कई झमेले किए। इस वजह से पढ़ाई कर नहीं कर पाया। लेकिन हे बुद्धि के देवता, भले ही आप बुद्धि

के देवता हैं, मैं पढ़ाई नहीं कर पाया इसलिए मुझे दंडित न करो। मुझे सजा मत दो, बल्कि मुझे इनाम दो। मतलब बिना पढ़े अच्छे अंकों के साथ परीक्षा में पास करो। हे भगवान, परीक्षा में पढ़ाई न करनेवाले मेरे जैसे को अच्छे अंकों के साथ परीक्षा में पास करने की तुम्हें बुद्धि हो इसलिए मैं तुम्हें आधा किलो पेड़ा घूस दे रहा हूँ।"

कुरुंदकर आगे कहते हैं, "दरअसल जब आप मन्नत मांगते हैं तो मन-ही-मन कहते हैं, 'प्रभु, आप रिश्वत लेनेवाले ही नहीं, रिश्वत लेनेवाले और बदमाश भी हैं। क्योंकि आपको दिए जानेवाले प्रसाद के पेड़े बाद में मैं ही खानेवाला हूँ, यह आपको समझ नहीं।" अगर हम यह सब समझ लें तो हमें एहसास होगा कि हम 'मनौती पूरी करनेवाले भगवान' इस विचार में 'भगवान' के नेक विचार का कितना अवमूल्यन करते हैं और उसे रिश्वत लेनेवाले कार्यालय के कर्मचारी के स्तर तक ले आते हैं। अब मैं आपको बताता हूँ, इन भगवान के नौ रूप हो गए हैं। एक निर्माता के रूप में; दो नियंत्रक के रूप में; तीन निर्गुण-निराकार; चार आनन्द निधि; पाँच मनोचिकित्सक; छह सलाहकार; सात शॉक एब्जॉर्बर अर्थात् अवशोषक; आठ चमत्कार करनेवाला; नौ मनौती पूरी करनेवाला।

ईश्वर के जिस रूप का हम विरोध नहीं करते, जिस रूप में हम संवाद करना चाहते हैं, जिससे हम सहमत होना चाहते हैं, वह तुकाराम महाराज या गाडगे बाबा का है। मेरा मतलब तुकाराम महाराज ने कहा है—

जो होते हैं पीड़ित-शोषित। उन्हें कहें जो अपना।
यही संत की पहचान। भगवान का वही ठिकाना।

मतलब जो थके-हारे हुए लोगों के दर्द दूर करनेवाले मनुष्य हैं, उन्हीं में ईश्वर है। उन्होंने आगे कहा है—

मृदु सबाह्य नवनीत। वैसे सज्जन का चित्त।
जो अपाहिज है। उन्हें लगाता गले।
दया जैसे पुत्र पर। वैसा ही दास और दासी पर।
तुकाराम कहें। वही भगवान की मूर्ति।

उन्हीं की वजह से आज के जमाने में, जो गुलाम और दासी यानी अपने नौकरों को बच्चों से ज्यादा प्यार करते हैं, मैं वहीं पर साक्षात् भगवान देखता हूँ। तुकाराम महाराज भगवान के ऐसे मानवतावादी रूप को मूर्त करते हैं।

गाडगे बाबा का उदाहरण तो आप जानते ही होंगे। गाडगे बाबा हर साल आषाढ़ी और कार्तिकी के दिन पंढरी के पांडुरंगा जाते, लेकिन उन्होंने कभी भी आषाढ़ी और कार्तिकी का एक बार भी व्रत नहीं किया। वे कभी भी भगवान के दर्शन के लिए मन्दिर नहीं गए। वे और उनके साथी चन्द्रभागा के तट पर झाड़ू लगाते, जिसे

लोग गंदा कर देते थे, और जब वे शाम को कीर्तन के लिए खड़े रहते, तो उनके सामने हजारों लोग होते।

बाबा पूछते, "क्या तुमने भगवान को देखा?" जब तक बाबा का नाम नहीं हुआ था तब तक उनके सामने खड़े लोग सोचते थे, यह आदमी ऐसा क्यों पूछ रहा है तुमने भगवान को देखा? लोग कहते, "देखा!" बाबा कहते थे, "कमाल है! आपने भगवान को देखा! आपका भगवान कहाँ रहता है?" लोग सोचते थे, अरे, ये बाबा कुछ नहीं जानते! वे कहते थे, "ओह, हमारे भगवान मन्दिर में रहते हैं। उसका कमर पर हाथ है। वह एक ईंट पर खड़ा है। उसका रंग श्याम है। उसके बाजू में रखमाई हैं।" गाडगे बाबा जैसे कुछ भी नहीं जानते हैं ऐसी मुद्रा में कहते, "कमाल है! क्या तुम्हारा भगवान मन्दिर में रहता है? मेरा भगवान तो मेरे मन में रहता है।" लेकिन लोगों की कुछ समझ में नहीं आता। फिर गाडगे बाबा अपनी ग्रामीण शैली में पूछते, "आपका भगवान नहाता है या नहीं?" लोग कहते, "हाँ, नहाता है!" बाबा कहते, "तुम्हारे भगवान को कौन नहलाता है?" लोग कहते, "हम नहलाते हैं!" बाबा कहा करते, "ओह, जो तुम्हारा देवता स्वयं स्नान नहीं कर सकता, वह भला तुम्हारे भाग्य का स्नान क्या करेगा!" आगे बाबा पूछते, "क्या तुम्हारा भगवान धोती पहनता है?" लोग कहते, "हाँ, पहनता है!" बाबा कहते, "आपके भगवान को कौन धोती पहनाता है?" लोग कहते, "जी, हम पहनाते हैं!" इस पर बाबा कहते, "अरे, आपका भगवान जो अपनी धोती नहीं पहन सकता, वह आपके भाग्य का वस्त्र क्या देगा!" इसके बाद बाबा पूछते, "आप भगवान को नैवेद्य देते हैं या नहीं?" लोग कहते, "जी।" बाबा पूछते, "भगवान को नैवेद्य देने पर क्या करते हैं?" लोग कहते, "हाथ में लाठी लेकर पास बैठते हैं।" बाबा पूछते, "क्यों?" लोग कहते, "कौआ-कुत्ता उसको खाएगा। उसे भगाने के लिए।" बाबा कहते, "ओह, जो आपके भगवान उनके लिए चढ़ाए गए प्रसाद की रक्षा नहीं कर सकते, वह आपके जीवन को बचाने के लिए क्या करेंगे?"

और दोस्तो, बाद में गाडगे बाबा एक बड़ा मौलिक प्रश्न पूछते। प्रश्न ऐसा होता—"क्या किसी ने जीता-जागता देव देखा? जिन्दा ईश्वर?" और 'जिन्दा ईश्वर' कभी किसी नहीं देखा होता। इसलिए लोग पसोपेश में पड़ते और इधर-उधर देखते। गाडगे बाबा के पास एक आदमी खड़ा होता था। अनगढ़ चेहरा, सफेद दाढ़ी, शरीर पर मोटे खादी के कपड़े, नंगे पांव। उनकी ओर इशारा करते हुए गाडगे बाबा कहते, "अरे, इस भाऊराव पाटिल को देखो। वह महार-मतंगों के बच्चों को पढ़ाने का काम करता है। उसे भगवान कहो। अरे, उस गांधी बाबा को देखो, वह देश के लिए मर रहा है। उसे भगवान कहो। बेघरों को घर दो, बेसहारा लोगों की सेवा करो, गूंगे जानवरों पर दया करो। भाइयो भगवान इसमें हैं। भगवान मन्दिर में नहीं होता। भगवान मन में होता है। मन्दिर में तो पुजारी का पेट होता है।" अर्थात् आपकी मानवता

को; करुणा को; अगर कोई ईश्वर के नैतिक आविष्कार का दूसरा रूप कहता है, तो हम उसके साथ संवाद करना पसन्द करेंगे। क्योंकि यही नैतिकता का मार्ग है।

लेकिन इस पूरी प्रस्तुति के बाद भी हमें एक बात पर हमें गौर करना होगा कि ईश्वर का विचार मनुष्य के मन में कैसे जड़ पकड़ता है? ईश्वर की कल्पना को लेकर अन्धविश्वास विरोधी समिति की भूमिका किस अर्थ में अधिक वैज्ञानिक है? छोटे बच्चे का दिमाग कंप्यूटर की तरह होता है। जैसे एक खाली कंप्यूटर की अपनी बुद्धि नहीं होती है, कंप्यूटर उसी तरह प्रतिक्रिया देता है जैसे उसमें प्रोग्राम फीड किया जाता है, और एक छोटे बच्चे में भी हम लगातार प्रोग्राम को फीड कर रहे हैं; भगवान के नाम पर।

यानी माता-पिता बच्चे से कहते हैं, "देखो, दूसरों से बहस मत करो; दूसरों से बहस करनेवाले बच्चों को भगवान पसन्द नहीं करते। दूसरों को मत मारो; दूसरों को मारनेवाले बच्चों को भगवान पसन्द नहीं करते। कभी झूठ मत बोलो; भगवान झूठ बोलनेवाले बच्चों को पसन्द नहीं करते। सुबह जल्दी उठो; भगवान उन बच्चों को प्यार करते हैं जो सुबह जल्दी उठते हैं। माता-पिता को नमस्कार करो; भगवान उन बच्चों से प्यार करते हैं जो अपने माता-पिता को नमस्कार करते हैं। स्वच्छता रखो; ईश्वर स्वच्छ बच्चों से प्रेम करता है।" कहने का तात्पर्य यह है, जो कुछ अच्छा है, वह ईश्वर को भाता है, और जो कुछ बुरा है, वह ईश्वर को नहीं भाता। ऐसे संस्कार बचपन से ही दिए जाते हैं।

इससे ऐसे संस्कार प्राप्त व्यक्ति से जब हमारा मुकाबला होता है उस समय, अगर हम उससे कहते हैं, "ईश्वर नहीं है", तो वह या तो हमारा विरोध करता है, अगर वैचारिक रूप से विरोध नहीं कर पाता, तो वह भाग जाता है; लेकिन वह आन्दोलन को कभी पसन्द नहीं करेगा। इसलिए हम चाहते हैं कि वह व्यक्ति आन्दोलन से प्यार करे। आन्दोलन को समर्थन देना चाहिए। हमें यह भी समझने की जरूरत है कि हमें लोगों की मानसिक स्थिति को बदलने के लिए समय निकालने की जरूरत है। मेरा मतलब मैं एमबीबीएस होने के बाद बदल गया। मेरे 12 साल बाद मेरी पत्नी बदल गई। इसका मतलब यह है कि आपको खुद को बदलने के लिए समय देना होगा। उसके बाद, आपको आगे बढ़ने के लिए और उस भूमिका में सक्रिय होने के लिए अधिक समय देना होगा जिसे आप स्वीकार करते हैं।

महाराष्ट्र में इसका एक अच्छा उदाहरण मिलता है। डॉ. बाबासाहेब आंबेडकर ने अपने अनुयायियों से कहा, "आपके घर में जो देवी-देवता हैं, वास्तव में पत्थर हैं। वे आपके किसी काम के नहीं हैं। उन पत्थरों को फेंक दो।" लाखों लोगों ने बाबासाहेब की बात मान ली और घर में तब तक जो देवी-देवता थे लेकिन बाद में पत्थर या धातु की मूर्तियाँ बन गए; उन्हें उठाकर पानी में डुबो दिया, लेकिन इनमें से कई अनुयायी—कुछेक तो आज भी—गाँव के मन्दिर में जाते रहे। जिस समय

लाखों लोग दीक्षा भूमि के लिए नागपुर जाते हैं, उनमें से कई शेगाँव के गजानन महाराज के दर्शन के लिए जाते हैं। इसका कारण यह है कि 'घर में भगवान' को अस्वीकार करना आसान है; 'मन के देवता' को नकारना एक लम्बी प्रक्रिया है।

अपितु मन के भगवान को नकार देना है या उन्नत बनाना है इसको लेकर देश के संविधान ने आपको दो विकल्प दिए हैं। आपने भगवान को अस्वीकार किया तो भी आप इस देश के नागरिक हैं; अगर आप इस विचार को बढ़ावा देते हैं तो भी आप इस देश के नागरिक हैं। इसकी आपको पूरी आजादी है। 'ईश्वर' और 'धर्म' पर अन्धविश्वास विरोधी समिति की भूमिका मूल रूप से इस समाज को नीति की नींव पर खड़ा करने की है, और हम मानते हैं कि इस समाज विवेक के आधार पर नीति की नींव पर खड़ा हो सकता है। जो लोग कार्य को ईश्वर या धर्म के आधार पर करना चाहते हैं, उनसे हम अवश्य ही संवाद करेंगे, क्योंकि अन्धविश्वास विरोधी समिति समाज नैतिक और शोषण से मुक्त बनाने में सबसे अधिक रुचि रखती है। इसलिए इसी दृष्टि से 'ईश्वर' और 'धर्म' को लेकर अन्धविश्वास विरोधी समिति की भूमिका को समझना चाहिए।

विवेकवाद

तर्कवाद और अन्धविश्वास के उन्मूलन के लिए आन्दोलन की शुरुआत अन्धविश्वास के उन्मूलन से हुई थी। हालाँकि यह आन्दोलन अन्धविश्वास के उन्मूलन से शास्त्रीय विचार, शास्त्रीय विचार से वैज्ञानिक दृष्टिकोण, वैज्ञानिक दृष्टिकोण से धर्मशास्त्र, धर्मशास्त्र से धर्मनिरपेक्षता और धर्मनिरपेक्षता से तर्कवाद और मानवतावाद की ओर बढ़ना चाहता है तो स्वाभाविक रूप से, तर्कवाद का मूल्य अन्धविश्वास विरोधी आन्दोलन के व्यापक दर्शन का हिस्सा है। विवेकवाद का दर्शन क्या है? विवेकवाद सुखी जीवन का दर्शन है। लेकिन साथ ही यह खुशी भौतिक, बौद्धिक, भावनात्मक, नैतिक और रचनात्मक है। दूसरी ओर, यह खुशी पूरी मानव जाति, सभी जानवरों और प्रकृति के अनुकूल है। तीसरी ओर जब यह सुख अस्तित्व में आता है, तो साध्य-साधन शुचिता का पालन किया जाता है। अत: इतने सन्तुलित और व्यापक अर्थ में विवेकवाद सुखी जीवन का दर्शन है।

धर्म ने पहले मानव इतिहास में एक सुखी जीवन जीने की कोशिश की थी। दुनिया के सभी धर्मों ने दो सवालों के जवाब देने की कोशिश की थी। उनमें से एक है, 'What is truth?' दूसरा प्रश्न यह है कि 'What is good?' पहला प्रश्न, सचाई क्या है? दूसरा प्रश्न यह है कि वांछनीय क्या है? गैलीलियो बता रहा था कि सत्य क्या है, और गैलीलियो ने जो सत्य कहा वह पवित्र शास्त्र के सत्य से भिन्न था। इसके चलते गैलीलियो को एकान्त कारावास की सजा सुनाई गई थी। लेकिन जैसे मुर्गे को ढक दिया इसलिए सूरज का उदित होना रुकता नहीं। इस उक्ति के अनुसार 1642 में गैलीलियो की मृत्यु हो गई, और 1992 में, ठीक 350 साल बाद, पोप ने घोषणा की कि "हमने गैलीलियो को जो सजा दी वह गलत थी। उसके लिए हम खेद व्यक्त करते हैं।" इसका अर्थ यह हुआ कि क्या सत्य है और क्या असत्य इसका निर्णय अब ज्ञान के क्षेत्र में वैज्ञानिक दृष्टिकोण की सहायता से पूरी दुनिया में लेना तय हो गया है। महान धर्माधिकारी बीमार होने पर यदि इलाज चाहता है, तो वह धर्मग्रंथ पर निर्भर नहीं है; वह विशेषज्ञ डॉक्टरों का आधार लेता है। इसलिए धर्म निर्णायक रूप से एक क्षेत्र से हट गया।

लेकिन धर्म का एक और महत्त्वपूर्ण क्षेत्र था, 'What is good?' अच्छा क्या है? क्या अच्छा है और क्या बुरा? क्या सच है और क्या झूठ? कुजीवन क्या है और सुजीवन क्या है? याद रखें, धर्म की अवधारणा को अच्छी तरह से समझने की जरूरत है। मार्क्स के शब्दों में से एक हमेशा कहा जाता है : Religion is the opium of the people. धर्म लोगों के लिए अफीम है; लेकिन उससे पहले मार्क्स ने कहा था : but before that, it is heart of the heartless people; sole of the soleless mind; sigh of oppressed. मतलब, यह एक अफीम की गोली है; लेकिन उससे पहले, मनुष्य की अपनी नैतिक मुक्ति के लिए जो आखिरी उत्पीड़ित की आह है।

एक बेहतर नैतिक जीवन जीने के लिए सभी धर्मों का उदय हुआ। दो हजार साल पहले ईसाई धर्म का उदय हुआ। उस समय यूरोप में गुलामों का बाजार होता था और व्यापार होता था। गुलाम दम्पती से पैदा हुए बच्चे पर भी उसके माता-पिता का अधिकार नहीं था। राज्य को बच्चे को किसी को भी बेचने का अधिकार था। ऐसे समय में, ईसाई धर्म यह कहते हुए उभरा, "अपने पड़ोसी से वैसे ही प्यार करो जैसे तुम खुद से करते हो।" इसलिए स्वाभाविक रूप से रोमन सम्राट ईसाई धर्म के प्रबल विरोधी थे। या 600-700 साल पहले, जब अरब में इस्लाम का उदय हुआ, अरब में एक गिरोह का साम्राज्य था। ये गिरोह आपस में लगातार झगड़ रहे थे। इसमें खूब खून-खराबा हुआ। महिलाओं को कोई भी, कई बार मनमुताबिक इस्तेमाल करता, उसका उपभोग कर छोड़ देता। यह आम बात थी। ऐसे समय 'इस्लाम यानी शान्ति', ऐसा अर्थ होनेवाला और आप एकपत्नीत्व धारण करें और पत्नी के अनुमति हो तो भी अधिक से अधिक चार स्त्रियों से शादी कर सकेंगे, ऐसा 1400 साल पहले, इस्लाम ने क्रान्तिकारी होनेवाला नीति का सन्देश दिया। मतलब जीवन में 'नीति' लाने के लिए धर्म का उदय हुआ।

अर्थात् मनुष्य भी नीति का पालन करने लगा; इसका अर्थ क्या है? किसी समय वह धर्म पर होनेवाली श्रद्धा के कारण नीति का पालन कर रहा था। कभी देव धर्म के डर से नीति का पालन कर रहा था। कुछ समय के लिए वह परलोक के कल्याण के लिए नीतियों का अनुसरण कर रहा था। कभी मोक्ष की इच्छा से नीति का पालन कर रहा था।

मतलब एक सार्वभौमिक समझ है कि 'धर्म के दबाव के कारण मनुष्य नैतिक रूप से व्यवहार करता है।' कांट की एक प्रसिद्ध कहावत है 'इन दो बातों के बारे में ज्यों-ज्यों सोचता हूँ तो मेरा मन अचम्भित होता है। पहली बात तो यह है कि यह आकाश विशाल तारों से भरा हुआ है। अब, अकेले हमारी आकाशगंगा, आकाशगंगा में सूर्य से बड़े दो सौ अरब तारे हैं, और अब तक एक ट्रिलियन आकाशगंगाएँ खोजी जा चुकी हैं। अगर आप इन सभी के बारे में सोचेंगे, तो आपका मन आश्चर्य से भर जाएगा, यह स्वाभाविक है। दूसरी बात उन्होंने कही कि 'व्यक्ति के मन में

नैतिकता का भाव कहाँ से आता है? यदि नीति का पालन नहीं किया जाता है, तो डर लगता है। तब मन यह कहता है कि पूरी दुनिया मेरे खिलाफ जाएगी, लेकिन मैं नैतिकता के साथ काम करूँगा। मनुष्य के लिए ऐसे साहस का आधार क्या है?'

इन प्रश्नों के मानवी इतिहास को ज्ञात उत्तर थे—'मनुष्य के मन में नैतिकता की भावना धर्म से ईश्वर से आती है। नैतिकता का पालन न करें तो ईश्वर और धर्म का डर होता है; और 'पूरी दुनिया मेरे खिलाफ जाएगी, लेकिन मैं नैतिकता के साथ काम करूँगा', यह साहस मनुष्य द्वारा ईश्वर और धर्म की सहायता से बनाए रखा जाता है। अर्थात् वैसे देखा जाए तो धर्म की नीति का उद्देश्य अच्छा ही था। प्रत्यक्ष में मात्र 'देवता के गाँव जा रहे थे चोर के गाँव पहुंचे' ऐसा हो गया।

यानी मनुष्य को मुक्त करनेवाली नीति उसे अधिकाधिक तकलीफदेह लगने लगी और उसी के साथ वह दांभिक बनने लगी। बाइबिल में कहा गया है कि एक बार ऊँट सूई की **आँख** से आगे निकल जाएगा, लेकिन अमीरों की स्वर्ग तक पहुँच नहीं होगी। इतनी प्रच्छन्नता से ईसाई धर्म गरीबों के पक्ष में था। लेकिन जब राजा और पोप ने ईसाई धर्म पर पकड़ बना ली, पोप ने मुक्ति परमिट जारी कर दिया। अर्थात् आप अपनी क्षमता के अनुसार पोप महाशय को पाँच हजार, दस हजार, पन्द्रह हजार, पचास हजार रुपये दें। आपके द्वारा भुगतान की गई कीमत पर आपका लाइसेंस जारी किया जाएगा। वह लाइसेंस आपके मरने के बाद आपके ताबूत में रखा जाएगा। फिर आपके स्वर्ग के दरबार में में जाने के बाद वहाँ का फरिश्ता आपका लाइसेंस देखेगा। अगर आपने पचास हजार रुपये दिए हैं, तो वह आपको आगे की पंक्ति में बिठा देंगे; पाँच हजार दिए हों तो पिछली पंक्ति में बिठाया जाएगा। यानी जिस मकसद से धर्म की रचना की गई थी, उसी पर खतरा मंडराने लगा।

यह लेन-देन कैसा था? डॉ. बाबासाहेब आंबेडकर ने एक जगह चिढ़कर पूछा है, "कुत्ते और बिल्लियाँ जहाँ जाकर पानी पीते हैं, तुम मेरे भाइयों को वहाँ पानी नहीं पीने देते। तुम मुझे उस मन्दिर में बैठने नहीं देते, जहाँ मवेशी जाकर बैठ सकते हैं। मेरे दफ्तर का एक चतुर्थ श्रेणी का अधिकारी भी मेरे शरीर पर दूर से फाइलें फेंकता है...।" आगे उन्होंने ऐसा संतप्त प्रश्न पूछा, "Are these people are demons or devils or fools?" अर्थात् ये लोग कौन हैं? ये लोग राक्षस हैं या शैतान या मूर्ख? और जिस पर उन्होंने उत्तर भी दिया है, ये आदमी अच्छे हैं। तो ये लोग ऐसा व्यवहार क्यों करते हैं? क्योंकि उन्हें ऐसा करने का धर्म ने आदेश दिया है।

आज हर जगह नारी शिक्षा का विकास हो रहा है, लेकिन जिस समय महात्मा फुले और सावित्रीबाई ने लड़कियों को पढ़ाना शुरू किया, अगर आप पुणे के बुद्धिमान लोगों द्वारा तैयार किए गए पर्चों को देखेंगे, तो आप मुस्कराएँगे। पर्चों में लिखा था—'यह फुले कहता है कि लड़कियों को पढ़ाना चाहिए, लेकिन लड़कियों को बिलकुल नहीं पढ़ाना चाहिए। क्योंकि अगर लड़कियाँ पढ़ना-लिखना सीख

जाती हैं, तो जिन लड़कियों ने पढ़ना सीख लिया है, वे खराब किताबें पढ़ लेंगी और जिन लड़कियों ने लिखना सीख लिया है, वे अपने पतियों को वाहियात पत्र लिख देंगी।' आज हम यह सुनकर हंस पड़ते हैं; लेकिन महात्मा फुले के पिता नहीं हंसे। फुले के पिता ने फुले को बुलाकर कहा, "बच्चियों को पढ़ाने का यह धंधा बन्द करो।" फुले ने कहा, "क्यों?" फुले के पिता ने कहा, "ओह, धर्म में लिखा है कि 'सीखना यह महिला का काम नहीं है'।" फुले ने कहा, "हाँ, लेकिन मैंने लड़कियों को पढ़ाने का फैसला किया है। फुले के पिताजी ने कहा, "धर्म की नीति का पालन सभी को करना चाहिए। उसे इस तरह रौंदा नहीं जा सकता। इसलिए धर्म की नीति के अनुसार तुम लड़कियों को पढ़ना बन्द कर दो।" हालाँकि फुले लड़कियों को पढ़ाने पर जोर देते रहे, उस समय उनके पिता ने कहा, "यदि तुम लड़कियों को पढ़ाना चाहते हो, अर्थात् यदि धर्म के नियमों का पालन नहीं करना चाहते हो, तो घर छोड़ दो।"

अर्थात् लड़कियों को पढ़ाने हेतु डेढ़ सौ साल पहले धर्म की नीति को जाँचकर 21 साल के महात्मा फुले और 18 साल की सावित्रीबाई ने अपने ही घर की दहलीज पार की। इसी के चलते आज स्त्री शिक्षा का प्रसार इतने अनुपात में हो पाया है। इस प्रकार एक ओर धर्म की नैतिकता दांव पर लगी थी तो दूसरी ओर पारम्परिक मूल्यों की विश्वसनीयता दांव पर लगी थी। यानी मान लीजिए पातिव्रत्य एक पारम्परिक मूल्य था। पति चाहे जैसा भी हो, जुआरी हो, शराब हो, वेश्या के पास जाता हो; लेकिन पत्नी को विश्वास होना चाहिए कि उसका पति उसका भगवान है। आज क्या स्थिति है? हममें से किसी के साथ ऐसा नहीं होना चाहिए, लेकिन अगर अपनी बहन की शादी के बाद उस पर ऐसी नौबत आए तो हम उसे क्या कहेंगे? हम उसे ऐसा बताएँगे, "यही पति तुम्हारे भाग्य में है और वह भगवान है। इसलिए अपना जीवन उसकी देखभाल करने और जीवन भर उसकी सेवा करने में व्यतीत करो?" या ऐसा कहेंगे, "बड़ी खुशी से तुम्हारा विवाह किया लेकिन यह तो कुछ अजीब ही हो गया। यह दुष्ट आदमी तुम्हारे नसीब में आ गया। उसे छोड़ दो; तलाक लो और नई जिन्दगी शुरू करो। क्योंकि मर्यादा से ज्यादा तुम्हारी व्यक्तिगत स्वतंत्रता महत्त्वपूर्ण है।" क्योंकि 'पातिव्रत्य' एक पारम्परिक मूल्य हुआ करता था और अब उसकी जगह 'व्यक्तिगत स्वतंत्रता' इस आधुनिक मूल्य ने ली है।

या अगर मजदूरों की हड़ताल के बाद मालिक कहता है, "मैं आप में से प्रत्येक के लिए बहुत दयालु हृदय से एक हजार रुपये प्रतिमाह देने जा रहा हूँ," तो आज के मजदूर कहेंगे, "कौन सा वहम पाल रखे हो! जो राशि हमें दे रहे हो वह दान नहीं है, हमारे पसीने की कमाई है और आप हमारे पसीने की कमाई से मिलनेवाले लाभ का एक हिस्सा हमें दोगे।" इसका मतलब है कि एक नई इहवादी या तर्कवादी नीति का जन्म हुआ।

यह नीति किस पर आधारित है? यह नीति उस कार्यकारण भाव पर आधारित है जिसे हम वैज्ञानिक दृष्टिकोण में देखते हैं। तो नीति का सरल सूत्र क्या है? वह सूत्र ऐसा है—और लोग मेरे साथ ऐसा व्यवहार करें ऐसा मुझे लगता है, वैसा ही व्यवहार मुझे औरों के साथ करना चाहिए। मुझे लगता है कि वे मेरे साथ जो व्यवहार करते हैं वह मुझे यह पसन्द नहीं है तो मुझे दूसरों के साथ वैसा व्यवहार नहीं करना चाहिए। मेरा मतलब है, मुझे यह पसन्द है जब दूसरे मुझसे प्यार करते हैं तो मुझे भी दूसरों से प्यार करना चाहिए। मुझे अच्छा लगता है कि दूसरे मेरी मदद करें, इसलिए मुझे भी दूसरों की मदद करनी चाहिए। जब दूसरे मुझे चोट पहुँचाते हैं तो मुझे यह पसन्द नहीं है, इसलिए मुझे दूसरों को चोट नहीं पहुँचानी चाहिए। जब दूसरे मुझे धोखा देते हैं तो मुझे अच्छा नहीं लगता तो मुझे दूसरों को धोखा नहीं देना चाहिए। यह हुआ नीति का कार्यकारण भाव। इस प्रकार इतनी सरल बुद्धि या विवेक से धर्म से भिन्न एक नैतिक दर्शन का उदय हुआ, जिसे हम 'विवेकवाद' वहते हैं। याद रखें, यह दर्शन धर्म विरोधी नहीं है, बल्कि धर्म से भिन्न है। 'व्यक्तिगत स्वतंत्रता और उसकी जिम्मेदारी' इस दर्शन की नींव है। मेरा मतलब है, यह दर्शन इसी पर आधारित है। इस वजह से, स्वाभाविक रूप से, सभी को सुखद निर्णय लेने की स्वतंत्रता है, और यह स्वतंत्रता सभी के लिए समान है, इसी पर यह दर्शन टिका हुआ है। इसी कर्ण व्रत-उपवास और 'विधवाओं को शादी नहीं करनी चाहिए' जैसे मानसिक बंधन की इस दर्शन को आवश्यकता नहीं है।

हम महसूस करेंगे कि नीति का यह हिस्सा बेहतर मानवीय सम्बन्ध बना सकता है या समाज में प्रगति ला सकता है। मेरा मतलब है, मान लीजिए कि एक कक्षा में बच्चे हैं और बच्चों को पढ़ाई के दौरान शान्त रहना चाहिए। तो बच्चे दो तरह से शान्त रह सकते हैं। एक तो 'सभी का पढ़ाई के दौरान शान्त रहना। इससे सभी की पढ़ाई अच्छी होती है। हर कोई अच्छी तरह समझ सकता है।' यह बात गुरुजी को समझा देनी चाहिए। दूसरे, गुरुजी मारपीट करनेवाले हो सकते हैं। अगर शोर होता है, तो उन्हें इतना पीटा जाता है कि चुप रहना बेहतर होता है। दोनों कारणों से शान्ति होगी, लेकिन बेहतर शान्ति पहली तरह की होगी क्योंकि यह निर्णय स्वयं लिया होता है।

या मान लीजिए ऑफिस में दो टेबल हैं। दोनों टेबल एक-दूसरे से सटे हुए हैं। लोग स्वेच्छा से बिना पूछे काम होने पर पैसे देंगे, इस प्रकार का काम दोनों टेबल पर है। जब पहले टेबल पर काम होता है और लोग पैसे देते हैं तो टेबल का क्लर्क वास्तव में पैसे लेना चाहता है। लेकिन उसके ठीक बगल में उसके सिर पर दत्त भगवान की तस्वीर है इसलिए इस लिपिक को डर है कि 'यह त्रिमुखी दत्त लगातार मुझे देख रहा है' और वह पैसे नहीं लेता है। दूसरे टेबल पर भी वैसे ही पैसे दिए जाते हैं, लेकिन इस टेबल का क्लर्क पैसे देनेवालों से कहता है, "यह वह जगह है जहाँ

मुझे काम करने हेतु रखा है। इसलिए आपको मुझे पैसे देने की जरूरत नहीं है।" दोनों टेबल पर मनी लॉन्ड्रिंग नहीं है। पहले टेबल पर इसलिए नहीं होती है, क्योंकि ऊपर दत्त की तस्वीर है तो दूसरे टेबल पर इसलिए नहीं होती है, क्योंकि यह कर्मचारी के विवेक का निर्णय है। इनमें से कौन सा बेहतर है? दूसरा विकल्प अधिक बेहतर है। यदि आप पहले कर्मचारी के सिर पर होनेवाली दत्त की तस्वीर हटाते हैं, तो वह शायद सोचेगा कि अब भगवान को सीधे कुछ नहीं दिखाई देगा, पैसे लेने में कोई आपत्ति नहीं है। लेकिन दूसरा कर्मचारी कहेगा, 'मेरे काम के लिए अगर मुझे वेतन मिलता है, तो मुझे अलग से पैसे नहीं लेने चाहिए।' इस वजह से एक तरफ तो यह नीति अपने विवेक की नींव रखती है।

अब दूसरी ओर यह नीति क्या करती है? मनुष्य समाज में बढ़ता है। समाज के बिना, यदि कोई अकेला व्यक्ति एक द्वीप पर अकेला रहता है तो उसकी अन्तरात्मा, उसकी नीति का कोई सवाल ही नहीं होगा। चाहे वह दिनभर किसी को गालियाँ दे, बदन पर कपड़े पहने या न पहने, कुछ भी गलत नहीं होगा। क्योंकि एक ऐसे द्वीप पर जहाँ उसके अलावा कोई नहीं है, उस द्वीप पर इन बातों से कोई समस्या ही निर्माण नहीं होगी। लेकिन हम समाज में बढ़ते हैं। जब हम छोटे होते हैं, तो हम स्वाभाविक रूप से लोगों से प्यार चाहते हैं। जब हम बूढ़े होते हैं तो हमें लोगों की मदद की जरूरत होती है। अतः स्नेह, प्रेम, दया, परोपकार, करुणा सभी समाज के रख-रखाव के लिए आवश्यक हैं। यह अपरिहार्य और प्रशंसनीय है, इसे हम जानते हैं। अर्थात् व्यक्ति-उन्मुखता के लिए समाज का नैतिक होना आवश्यक है। लेकिन किसी समाज के नैतिक होने के लिए, उस समाज के व्यक्ति को नैतिक होना चाहिए। यह सीधा-सरल है कार्यकारण भाव है। उसके लिए प्रभु को पुकारने की कोई आवश्यकता नहीं है।

बेशक इस नीति के दो आयाम हैं जिन पर गौर करने की आवश्यकता है। पहला आयाम है समाज व्यस्था का। यानी जब समाज में सामंती व्यवस्था थी और एक राजा या एक बड़े जमींदार के संरक्षण में सेना या नौकर थे, उस समय स्वामीनिष्ठा एक प्रभावी मूल्य था। लेकिन जब पूँजीवाद उभर रहा था, कृषि में फंसे लोगों को कारखाने में लाने की जरूरत थी तब 'व्यक्ति स्वतंत्रता' नामक एक नया मूल्य उभरा। अतः यह समझ लेना चाहिए कि इस तरह से परिस्थिति नए मूल्यों को या नये नीतिमूल्यों को जन्म देती है।

दूसरी बात यह है कि जब तक स्थिति पूरक न हो, आप अपनी इच्छानुसार बहुत सीमित अर्थों में ही नैतिक व्यवहार कर सकते हैं। यह जानना आसान है कि आपको अपने पड़ोसी से प्यार करना चाहिए क्योंकि यह उपयोगी भी है। सवाल यह है कि मान लीजिए मैं एक झोंपड़पट्टी में रहता हूँ। मलिन बस्तियों में 100 झोंपड़ियाँ हैं; एक ही नल है और इसमें सुबह एक घंटा पानी आता है। वहीं एक-दूसरे के

बर्तन नल पर स्वाभाविक रूप से एक-दूसरे को खटक जाएँगे और पड़ोसियों के बीच पानी भरने को लेकर आए दिन झगड़ा होना स्वाभाविक है। अगर 100 घरों में 100 नल होते तो यह झगड़ा नहीं होता।

'बुजुर्गों को प्राथमिकता देने की नीति' पर हम सभी सहमत हैं। लेकिन जब बस स्टैंड खचाखच भरा हो और सामने खड़ी बस गाँव की आखिरी बस है, उस समय 'आसपास खड़े सभी बूढ़े और औरतें बस में चढ़ जाएँ, उनके बाद मैं बस में चढ़ूंगा', ऐसा कहते हुए हम रुकते नहीं। इसके विपरीत, यदि हमारे पास अधिक शक्ति है, तो हम सभी को पीछे धकेलकर सबसे पहले बस में जगह पकड़ते हैं। हर आदमी के बैठने की जगह जरूर होगी, ऐसी व्यवस्था की जाए तो बूढ़ों का सम्मान होगा। इसका मतलब यह हुआ कि हम जिस नीति का पालन करना चाहते हैं वह सामाजिक वास्तविकता से अवगत होनी चाहिए और सामाजिक परिस्थितियाँ उस वास्तविकता के लिए अधिक से अधिक अनुकूल होनी चाहिए।

नीति हमेशा समय के साथ बदलती रहती है। यानी 100 साल पहले महाराष्ट्र में तीन बातें नैतिक मानी जाती थीं। एक, हमेशा सच बोलो। दो, ब्राह्मणों को मांस नहीं खाना चाहिए। तीसरी, महिलाओं को शिक्षित नहीं किया जाना चाहिए। आज क्या स्थिति है? सच कहें तो सत्य बोलना यह एक शाश्वत नीति है। तो आज और कल सत्य यही होगा कि 'लोगों द्वारा सच बोलना सामाजिक मामलों के लिए उपयोगी है' क्योंकि यह एक शाश्वत नैतिक मूल्य है। आज हम कहें कि ब्राह्मणों को मांस 'मूल्य' के रूप में नहीं खाना चाहिए और यदि मांस खानेवाले ब्राह्मणों को अनैतिक माना जाता है, तो यह बहुत ही हास्यास्पद होगा, क्योंकि सब्जियाँ खाने से या मांस खाने से आपमें नैतिकता नहीं आती है। आज का समाज : 100 साल पहले जो नारी शिक्षा अनैतिक थी, वह आज बहुत नैतिक हो गई है। जैसे कि कोई भी सरकार कहती है, "हमें पहले महिला शिक्षा को सुगम बनाना चाहिए। क्योंकि उनकी शिक्षा काफी समय से पिछड़ी हुई है।" कहने का तात्पर्य यह है कि हम महसूस करेंगे कि सामाजिक परिवर्तन की नीति की नींव तर्कवादी दर्शन द्वारा रखी जा सकती है।

लेकिन अगर आप कहते हैं 'मैं समाज को बदलना चाहता हूँ', तो लोग पूछेंगे, 'क्या आप जानते हैं कि समाज कैसे बदलता है?' आज समाज को बदलने के लोकप्रिय तरीके क्या हैं? पहला तरीका है राजनीति। एक और तरीका है आर्थिक। तीसरा है धर्म या जाति। चौथा है हिंसा। इनमें से राजनीति का रास्ता आज इस देश में आम लोगों को लगभग अनुपलब्ध ही है। क्योंकि चुनाव और राजनीतिक दल वास्तव में बहुत महँगी प्रक्रिया बन गए हैं। अर्थव्यवस्था कब की अन्तरराष्ट्रीय शक्तियों के हाथों में जा चुकी है। इसे बदलने के लिए आपके पास बहुत कम ताकत है। धर्म और जाति के आधार पर समाज को बदलना तर्कवादी स्वीकार ही नहीं करेंगे। नक्सलियों की तरह हिंसा के आधार पर समाज बदलने का तो पुरजोर विरोध ही होना चाहिए।

मतलब मैं समाज को बदलना चाहता हूँ, लेकिन मेरे हाथ में राजनीति नहीं है, मेरे पास पैसा नहीं है, मुझे धर्म का आधार नहीं चाहिए, मैं हिंसा के खिलाफ हूँ। ऐसे समय में मेरे हाथ में एक ही चीज बचती है। और वह है विवेकवाद।

हम इस विवेक के आधार पर परिवर्तन की पहल कैसे कर सकते हैं? वह शुरुआत करने का मतलब समाज के पारम्परिक मूल्यों को बदलना है। मानक मूल्य क्या हैं? वे मूल्य जो किसी समाज को आकार देते हैं, आदर्शात्मक मूल्य कहलाते हैं। वास्तव में, ये पारम्परिक मानदंड समाज को संकट में डालते हैं। लेकिन जब समाज संकट में होता है तब भी पारम्परिक मूल्यों को नहीं हटाया जाता है। क्योंकि उनके सन्दर्भ में समाज में मानसिक गुलामी पैदा होती है। अगर आप अपने आस-पास देखेंगे तो पाएँगे कि ये मूल्य राजनीतिक धोखाधड़ी हैं; जबरन आर्थिक शोषण करते हैं, रुढ़ि- परम्पराओं का उत्पीड़न पैदा करते हैं। अगर हम कुछ उदाहरण देखेंगे तो यह बात और स्पष्ट हो जाएगी।

उदाहरण के लिए आज महाराष्ट्र में, देश में कुपोषण की समस्या बहुत बड़ी है। लेकिन आज भी हर शादी में करीब 10 किलो चावल बर्बाद हो जाता है और सरकारी आंकड़ों के मुताबिक महाराष्ट्र में हर साल तीन लाख शादियाँ होती हैं। इसका मतलब है कि हर साल 30 लाख किलो चावल सिर्फ लोगों के सिर पर बिखेरने के लिए इस्तेमाल किया जाता है। दरअसल, हम चाहते हैं कि वे दूल्हा-दुल्हन के सिर तक पहुंचें, लेकिन असल में वे सामनेवाले के सिर पर ही पहुंच जाते हैं। उनको रंग लगाया होता है। इसलिए बाद में उन्हें इकट्ठा करने से भी कोई लाभ नहीं होता। हालाँकि इसमें फूल बिखेरने और ताली बजाने का विकल्प होता है, फिर भी परम्परा के दबाव के कारण इसका अंधाधुंध उपयोग किया जाता है।

या दिन-ब-दिन शादी महँगी होती जा रही है। साधारण विवाह कहा जाए तो भी दोनों पक्ष एक-एक लाख रुपये खर्च करते हैं और उनके पास वे लाख रुपए नहीं होते हैं। उन्हें किसी से पैसे उधार लेने पड़ते हैं, या फिर उन्हें अपने शेष जीवन की जमा पूँजी उसी पर व्यय करनी पड़ती है। यदि विवाह सादगी से सम्पन्न करके वही पैसा दूल्हा और दुल्हन को उनकी गृहस्थी के लिए दिया जाए तो? भले ही लोग वास्तव में इस बात से सहमत हों, लेकिन रूढ़ि और परम्पराओं का दबाव ऐसा होता है कि अन्य लोग तुरन्त पूछना शुरू कर देते हैं, "क्या शादी बार-बार होती है! शादी तो बढ़िया होनी चाहिए।" मतलब 'शादी ठाटबाट से होनी चाहिए' यह परम्परागत मानक मूल्य है। इससे समाज का नुकसान होता लेकिन उसके बारे में कोई बात नहीं करता क्योंकि उसको लेकर मानसिक गुलामी निर्माण हो गई है।

या आर्थिक शोषण कैसे किया जाता है? मान लीजिए कि यह गर्मी है। आप बाहर गए हैं। आपके साथ घर के कुछ युवा लड़के हैं। सभी को प्यास लगी है। इसलिए आप कोल्डड्रिंक पीने का फैसला करते हैं। बाजू में आपको एक कोल्डड्रिंक की

दुकान दिखाई देती है। आप दुकान में जाते हैं और दुकानदार से पूछते हैं, "आपके पास कौन से कोल्डड्रिंक हैं?" वह कहता है, "हमारे पास गन्ने का अच्छा रस है; लस्सी है; छाछ है; कोकम सिरप है; नीबू सिरप है।" तो सभी लड़के एक-दूसरे की तरफ देखकर हँसने लगते हैं क्योंकि यह उनके दिमाग में मजबूती से बसा हुआ है कि 'ठंडा मतलब कोका कोला'। तो वे सभी कोका कोला माँगते हैं। शायद कोका कोला नहीं तो पेप्सी माँगेगे।

वास्तव क्या है? मैंने जो कुछ भी कहा है उसमें कोकम सिरप हो; नीबू सिरप हो; गन्ने का रस हो; लस्सी हो; छाछ हो—इनमें कोका कोला की तुलना में बहुत अधिक पोषण मूल्य होता है। साथ ही इनकी कीमत कोका कोला से भी कम है। साथ ही, मेरे देश के गरीब भाइयों को इससे पैसे मिलेंगे; और कोका कोला निश्चित रूप से हानिकारक है। हालाँकि ऊपर बताए गए पेय पदार्थों के मामले में ऐसा नहीं है। फिर भी, इस देश में कोका कोला की खपत लगातार बढ़ रही है। यह इस गलत धारणा के कारण है कि 'कोका कोला पीने का अर्थ है जीवन का आनन्द लेना।' इस तरह का एक गलत मूल्य या प्रमाण मूल्य इस समाज में निर्माण हुआ है। इससे भले ही देश का परोक्ष रूप से आर्थिक शोषण हो रहा हो—क्योंकि वास्तव में इस देश में जो पानी कृषि या पीने के लिए इस्तेमाल किया जाना चाहिए, उस पानी के प्रचंड उपयोग से कोका कोला को बनाया जाता है, फिर भी हम कोका कोला पीते हैं।

या आज, अगर कोई राजनीति करने, चुनाव लड़ने की सोचता है, तो सबसे पहला सवाल तुरन्त पूछा जाता है, 'आपके पास कितना पैसा है?' और दूसरा सवाल पूछा जाता है, 'आपकी जाति क्या है? और किस जाति के निर्वाचन क्षेत्र में अधिक लोग हैं?' दरअसल, हमारा लोकतंत्र कहता है, 'एक आदमी, एक वोट, एक मूल्य।' मैं एक आदमी हूँ तो मेरे पास एक मूल्य है। तो मेरी एक राय है। इसका मेरी जाति या उम्मीदवार के पैसे से कोई लेना-देना नहीं है। लेकिन हकीकत में आज अलग-अलग तरह के प्रलोभन दिखाकर और पैसे देकर वोट हासिल किए जाते हैं। यह सब राजनीतिक धोखा चल रहा है।

अब मैं समझता हूँ कि इन पारम्परिक मूल्यों में शक्ति सम्बन्ध हैं। लेकिन सत्ता का यह निष्कासन एक बड़ी क्रान्ति का हिस्सा हो सकता है। मुझे नहीं लगता कि यह आज सम्भव है। उदाहरण के लिए, आज समाज में महिलाओं की गौण भूमिका है। लेकिन नारी का गौण स्थान जीवन के सभी क्षेत्रों में मौजूद है। दूसरे शब्दों में, उन्हें राजनीति में 50 प्रतिशत सीटें दी जानी चाहिए, यह बिल अभी प्रलम्बित है। आर्थिक दृष्टि से विवाह के बाद भी पति के घर या जमीन पर उसका नाम नहीं होता। समाज में तो बड़ी मात्रा में स्त्री भ्रूण हत्या प्रचलित है। समाज में स्त्री और पुरुष का अनुपात खतरनाक रूप से गिर रहा है। सांस्कृतिक कारणों से महिलाओं का किसी भी रूप में विज्ञापन के लिए अंधाधुंध इस्तेमाल किया जा रहा है। अगर वह विधवा है तो भी

अपनी बेटी के धार्मिक कार्यों में उसे न कन्यादान का अधिकार है और न ही वह अच्छे कार्यों की शुरुआत कर सकती है। प्रमाण मूल्यों में ये सभी सत्ता सम्बन्ध होते हैं और इन सभी सभी सत्ता सम्बन्धों के खिलाफ संघर्ष करना पड़ता है।

लेकिन अगर मैं यह लड़ाई नहीं लड़ सकता, तो मैं क्या कर सकता हूँ? अन्धविश्वास उन्मूलन से विवेकवाद तक यात्रा करनेवाले एक कार्यकर्ता या जागरूक नागरिक के रूप में मैं क्या कर सकता हूँ? मैं अपनी विवेक बुद्धि को प्रखर कर सकता हूँ। मैं अपने प्रखर विवेक के साथ नये समतावादी मूल्यों का निर्माण कर सकता हूँ और अपने जीवन में उनका आचरण कर सकता हूँ। इस प्रभाव के कारण आसपास के परिवारों के लोग भी ऐसा करना शुरू कर देंगे और शायद समाज में भी यह बदलाव सम्भव होगा। अर्थात् बड़े पैमाने पर सामाजिक परिवर्तन होकर समाज के मूल्यों में बदलाव चाहे जब होगा, लेकिन जब तक ऐसा नहीं होता, मुझे अपने विवेक से नये मूल्यों का आचरण शुरू करना होगा, और भले ही मैं आचरण नहीं कर सकता तो मुझे सही मूल्यों का उच्चारण करना होगा। मैं भले ही अपनी बेटी का अन्तर्जातीय विवाह न कर सकूँ, लेकिन यह कहना भी जरूरी है, "जाति अन्धविश्वास है और बच्चों की शादी जाति से परे होनी चाहिए।"

क्योंकि उससे संविधान के कर्तव्य का पालन होता है। इन नये मूल्यों के कारण व्यक्ति में प्रगल्भता आती है, प्रत्येक व्यक्ति का मूल्य होने से लोकतंत्र मजबूत होता है। यह मूल्य की अभिव्यक्ति बन जाता है, और यह समाज को लाभान्वित करता है। इसलिए नये और उचित प्रमाण मूल्यों के उच्चारण से संविधान के कर्तव्य की पूर्ति, व्यक्ति की प्रगल्भता, व्यक्ति के रूप में लोकतंत्र के सशक्तीकरण को महत्त्व दिया जाता है और समाज का उत्थान ये सभी लाभ हैं। नि:सन्देह यदि कोई व्यक्ति जैसा बोलता है, वैसा ही कार्य करता है, तो वह कहीं अधिक प्रभावशाली होता है, लेकिन उचित मूल्यों का उच्चारण भी महत्त्वपूर्ण है।

मार्क्स का एक विधान है कि "जब विचार जनसाधारण को पकड़ लेते हैं, तो वे भौतिक शक्तियाँ बन जाते हैं।" भौतिक शक्ति 440 वोल्ट की बिजली तक सीमित नहीं है। भौतिक शक्ति सिर्फ बाँध के पानी में नहीं होती। लोगों के विचारों को एक करने में भी भौतिक शक्ति शामिल है। जब महाराष्ट्र के कुछ गाँवों के लोगों के विचार एकाग्र थे, वे गाँव जो कभी अस्वच्छ परिस्थितियों का स्थान हुआ करते थे, इतने सुन्दर और साफ हो गए कि हम चकित हो गए। इसका मतलब यह हुआ कि ग्राम स्वच्छता अभियान के विचार ने उन गाँवों के लोगों के मन पर कब्जा कर लिया और स्वच्छता की भौतिक शक्ति का निर्माण किया। अत: अन्धविश्वास विरोधी समिति के कार्यकर्ता अन्धविश्वास उन्मूलन से कर्तव्यनिष्ठा तक की इस यात्रा को जिद से और सैद्धान्तिक रूप से करना चाहते हैं ताकि जनता को सही विचारों से समझाया जा सके और उनसे भौतिक शक्ति उत्पन्न की जा सके।